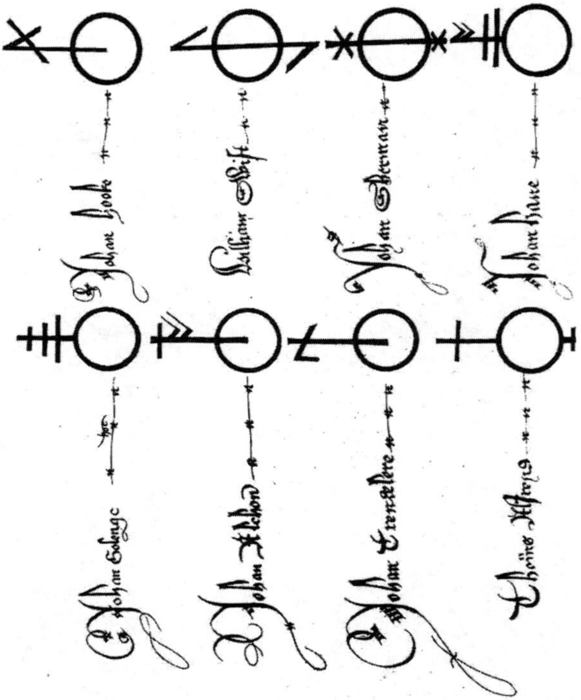

在伦敦市政厅注册的制桶工匠标识，1420 年

The
Historical Foundations of
the Law Relating to
Trade-Marks

商标法的历史基础

[美] 弗兰克·I.谢克特 著
朱 冬 译

知识产权出版社
全国百佳图书出版单位

图书在版编目（CIP）数据

商标法的历史基础/（美）弗兰克·I. 谢克特著；朱冬译. —北京：知识产权出版社，2019.9

ISBN 978-7-5130-5859-9

Ⅰ.①商… Ⅱ.①弗… ②朱… Ⅲ.①商标法—历史 Ⅳ.①D913.402

中国版本图书馆 CIP 数据核字（2018）第 218292 号

责任编辑：刘　睿　邓　莹　　**责任校对**：王　岩

文字编辑：邓　莹　　**责任印制**：刘译文

商标法的历史基础

［美］弗兰克·I. 谢克特　著

朱　冬　译

出版发行：知识产权出版社有限责任公司　　**网　　址**：http://www.ipph.cn

社　　址：北京市海淀区气象路 50 号院　　**邮　　编**：100081

责编电话：010-82000860 转 8346　　**责编邮箱**：dengying@cnipr.com

发行电话：010-82000860 转 8101/8102　　**发行传真**：010-82000893/82005070/82000270

印　　刷：北京嘉恒彩色印刷有限责任公司　　**经　　销**：各大网上书店、新华书店及相关专业书店

开　　本：880mm×1230mm　1/32　　**印　　张**：8.5

版　　次：2019 年 9 月第 1 版　　**印　　次**：2019 年 9 月第 1 次印刷

字　　数：230 千字　　**定　　价**：46.00 元

ISBN 978-7-5130-5859-9

前　　言

本书并不是为卷帙浩繁的现代商标法著作添砖加瓦，这些文献是法官们和律师们唾手可得的。本书的目的在于照亮到目前为止关于商标法历史起源仍然“晦暗的历史踪迹”，从历史的角度批判地分析商标法的现状和发展趋势。牢记霍姆斯（Holmes）法官反对令人着迷的“复古主义陷阱”的警告，[1] 我尽量地仅仅围绕现代商标法是由何处发展而来以及其未来发展的基础应当为何等问题来组织史料。当然，有时我会被一些令人着迷的不相关问题所吸引而偏离主题讨论，例如出版商和印刷商的标记(device)，对这些问题的研究被放在单独的注释或者附录之中，以避免扰乱本书讨论的主线。在对跨越6个世纪的商业符号使用和仿冒进行考察的过程中，我已经不可避免地被带入中世纪法以及行会生活和准则的各种生僻领域之中。我敢断言，从这些领域中选取的材料不但会引起法律专业人士的兴趣，还会引起经济史学家以及那些以非法学视角关注商标和带有商标的商品问题的研究者的兴趣。

本书不可避免地涉及法律、经济以及社会发展的各个阶段和不同年代，在这样一本著作的写作过程中给予我帮助的人的名单一定会很长。英国的图书馆馆员、学者、档案保管员以及考古学

---

[1] Oliver Wendell Holmes, Jr., *The Path of the Law*, 10 Harv. L. Rev. 457, 474 (1897). ——译者注

协会的工作人员十分耐心地回复我的咨询，对我的研究助益良多。给予我帮助的人实在太多了，以至于无法在本前言中逐一提
xiv 及他们的名字。作为他们友善的典型代表，感谢英国公共档案局（Public Record Office）的秘书 A. E. 斯坦普（Stamp）先生以及伦敦市政厅（Guildhall）的档案管理员 A. H. 托马斯（Thomas）先生，他们从各自保管的档案中为我誊写了大量的段落。对在我研究的特定阶段给予我帮助之人的致谢将被安排在本书的相应部分。在我的研究恰逢瓶颈期时，加州大学法学院院长奥林 · K. 麦克默里（Orrin K. McMurray）在其任职于哥伦比亚大学期间将我从单纯的法律档案，如判例年鉴（the Year Books）❶ 的死胡同中解脱出来，把我引向行会文献和其他的考古资料。没有保罗 · 维诺格拉多夫（Paul Vinogradoff）先生的大力支持，我将无法完成本书。同时我还必须指出，在他 1923 年访问哥伦比亚大学时，他首先向我指出 16—17 世纪枢密院（Privy Council）❷ 和星室法庭（Star Chamber）❸ 的行政记录对本书主题的重要意义。

感谢哥伦比亚大学法学院前任院长、联席法官（Associate Justice）哈伦 · F. 斯通（Harlan F. Stone）的鼓励，是他建议将本书列入哥伦比亚法律研究丛书之中。在本书写作过程中，我得到了与哥伦比亚大学 H. E. 英特马（Yntema）、H. 奥利芬特（Oliphant）、N. 道林（Dowling）和 A. P. 埃文斯（Evans）等教授进行研讨的宝贵机会。特别感谢英特马教授在本书写作过程中提出的宝贵建议，以及他对本书的校对。从哥伦比亚大学参考文

---

❶ 判例年鉴，1535 年以前英国判例报告的总称，以诺曼法语写成，是了解爱德华一世之后普通法发展的主要资料。——译者注

❷ 枢密院，设立于 15 世纪，起源于诺曼王朝的御前会议，为英王之下的最高行政机关，在 18 世纪为内阁取代，逐渐蜕变为咨询机关。枢密院司法委员会为整个英联邦最高审级的法院。——译者注

❸ 星室法庭，因位于威斯敏斯特一个带有星形装饰屋顶的大厅而得名，主要管辖刑事案件，同时管辖涉外民事案件、海商法案件以及公司之间的诉讼等特殊民事案件，于 1641 年撤销。——译者注

献馆员 I. 马奇（Mudge）女士和我的朋友亚历山大·马克思（Alexander Marx）教授那里，我得到了关于印刷商和出版商标记方面研究的指导和参考文献，关于上述问题的研究成果已经以论文的形式提交给 1924 年的美国文献资料协会（American Bibliographical Society）年会。感谢哥伦比亚大学图书馆的工作人员，特别是借阅部主任弗雷德里克·C. 厄尔布（Frederic C. Erb）先生、哥伦比亚大学法学院图书馆馆员弗雷德里克·C. 希克斯（Frederick C. Hicks）教授以及和蔼的助理图书馆馆员劳伦斯·H. 施梅尔（Lawrence H. Schmehl）先生，感谢他们一直以来在图书借阅方面给予我的慷慨支持。在此，还需感谢美国国会图书馆、哈佛大学图书馆、费城自由图书馆、纽约市美国商标协会图书馆和纽约市律师协会图书馆的协助。 xv

与芝加哥律师爱德华·S. 罗杰斯（Edward S. Rogers）先生和纽约律师汉斯·V. 布里森（Hans V. Briesen）先生就商标法中各种问题的讨论给了我不少启发，他们也为本书提供了许多有用的注释。布里森先生还热心地对本书进行校对。我的妻子在本书的写作过程中给予我莫大的帮助，并为本书制作了参考文献和索引。感谢 J. 皮尔庞特·摩根（Pierpont Morgan）图书馆馆员贝尔·德科斯塔·格林（Belle de Costa Greene）女士从 1609 年版的斯宾塞（Spenser）的《仙后》（*Faerie Queene*）一书中复制了本书第三章中彼得·肖特（Peter Short）的出版商标记，感谢诺森伯兰郡（Northumberland）公爵提供第四章的附录中枢密院诉托马斯·贾普（Thomas Jupp）案件的复印件，感谢伦敦刀具公会许可本书在第五章中复制刀具生产者的标记。最后，需要感激西德尼·C. 厄兰格（Sidney C. Erlanger）先生殷勤的合作和对本研究的兴趣，是他协助笔者完成了本书的写作。

弗兰克·I. 谢克特

1925 年 3 月 30 日

目　　录

xvii

第一章　概述——问题和渊源 …………………………………… 1
第二章　中世纪的商人个人标识和所有权标识 ………………… 19
第三章　行会和公会贸易管制中的生产标识 ………………… 41
第四章　商标和国家产业管制——纺织品贸易 ………………… 85
第五章　刀具贸易中商标法的发展 ………………………… 109
第六章　现代商标法的发生 ……………………………… 134
第七章　现代法律难题的历史考量 ………………………… 158
参考文献 ……………………………………………… 183
索　　引 ……………………………………………… 210
译 后 记 ……………………………………………… 243

插图索引

	页码[1]
在伦敦市政厅注册的制桶工匠标识，1420 年	卷首插画
伊普斯威奇（Ipswich）商人托马斯·庞德（Thomas Pownder）手持其商人标识的纪念铜牌，1525 年	24
1609 年出版的斯宾塞《仙后》上彼得·肖特使用的印刷者标记	70
法庭记录中的伦敦刀具制造者标识，1606—1676 年	117

[1] 本书正文中的页码均指原书中的页码，即本书边码。——译者注

判例表

	页码
A. Bourjois & Co. , Inc. v. Katzel (275 Fed. 539)	5, 6
A. Bourjois & Co. , Inc. v. Katzel (260 U. S. 689)	6, 149, 167
Addley Bourne v. Swan & Edgar, Ld. (20 Rep. Pat. Cas. 105)	143
American Fibre Chamois Co. v. de Lee (67 Fed. 239)	162
American Washboard Co. v. Saginaw Mfg. Co. (103 Fed. 281)	163
Amoskeag Mfg. Co. v. Spear (2 Sandf. 599)	12, 19, 137, 144 – 145
Anheuser – Busch v. Budweiser Malt Products Corp. (287 Fed. 243)	167
Apollo Bros. v. Perkins (207 Fed. 530)	154
Attorney – General v. Jupp (3 Rushworth Hist. Coll. 102)	91 – 93, 96 – 100
Aunt Jemima Mills Co. v. Rigney & Co. (234 Fed. 804)	163
Aunt Jemima Mills Co. v. Rigney & Co. (247 Fed. 407)	169, 170
B. V. D. Co. v. Kaufmann & Baer Co. (272 Pa. 240)	162
Baily v. Merrell (3 Bulstr. 95)	143

	页码
Barton v. Rex – Oil Co. (2 F. (2d) 402)	158, 166
Bayer Co., Inc. v. United Drug Co. (272 Fed. 505)	168
Blanchard v. Hill (2 Atkyns 484)	9, 10, 129, 134, 135, 136, 137, 138
Blofeld v. Payne (4 B. & Ad. 410)	142
Boardman v. Meriden Britannia Co. (35 Conn. 402)	19
Booth & Brother v. Burgess (72 N. J. Eq. 181)	157
Burgess v. Burgess (3 De G. M. & G. 896)	9
Burroughs, Wellcome & Co. v. Thompson & Capper (21 Rep. Pat. Cas. 69)	162
Burton v. Stratton (12 Fed. 696)	166
Cabrier v. Anderson (Atkyns & Overall, Clock – Makers 137 of London, 259)	137
Canal Company v. Clark (13 Wall. 311)	19
Candee Swan & Co. v. Deere & Co. (54 Ill. 439)	145, 147
Chadwick v. Covell (151 Mass. 190)	153, 155
Charles Goodall & Son Ld. v. John Waddington Ld. (41 Rep. Pat. Cas. 658)	137
xxii Coca – Cola Co. v. J. G. Butler & Sons (229 Fed. 224)	162
Coca – Cola Co. v. Koke Co. of America (254 U. S. 143)	148, 167
Coca – Cola Co. v. Old Dominion Beverage Corporation (271 Fed. 600)	160, 167
Coca – Cola Co. v. Stevenson (276 Fed. 1010)	154, 156, 167
Collins Co. v. Brown (3 K. & J. 423)	136, 153

页码

Coty, Inc. v. Parfums de Grand Luxe, Inc. (298 Fed. 865) 4

Crawshay v. Thompson (4 Man. & G. 357) 9, 142, 143

Darcy v. Allen (11 Co. Rep. 84b) 136

Day v. Ward (2 Arber's Transcripts of the Registers of the Stationers' Company 758) 75 – 76

Derringer v. Plate (29 Cal. 292) 153

Dixon Crucible Co. v. Guggenheim (2 Brewster [Pa.] 321) 137, 145

Eastman Photographic Materials Co., Ld. v. John Griffiths Cycle Corporation, Ld. (15 Rep. Pat. Cas. 105) 108

Edelsten v. Edelsten (1 De G. J. & S. 185) 143, 152

Elgin National Watch Co. v. Illinois Watch Case Co. (179 U. S. 685) 161

Everett O. Fisk & Co. v. Fisk Teachers Agency (3F. (2d.) 7) 111

Falkinburg v. Lucy (35 Cal. 52) 145

Farina v. Silverlock (24 L. J. Ch. N. S. 632) 136

Farina v. Silverlock (39 L. & Eq. 514) 152

Federal Trade Commission v. Bernstein (4 F. T. C. D. 114) 107

Federal Trade Commission v. Pure Silk Hosiery Mills, Inc. (15 T. M. Rep. 63) 165

Federal Trade Commission v. Sheffield Razor Co. (4 F. T. D. C. 373) 107

	页码
Federal Trade Commission v. Winsted Hosiery Co. (258 U. S. 483)	165
Fishel & Sons, Inc. v. Distinctive Jewelry Co., Inc. (196 App. Div. [N. Y.] 779)	167
Fisher v. Star Co. (231 N. Y. 414)	158
Florence Mfg. Co. v. J. C. Dowd & Co. (178 Fed. 73)	5, 163
France Milling Co. v. Washburn – Crosby Co. (3F. (2d) 321)	167
France Milling Co. v. Washburn Crosby Co. (U. S. C. C. A., 2nd Cir., April 6, 1925, not yet reported)	169, 170
George G. Fox Co. v. Hathaway (19 Mass. 99)	167
xxiii Gibblett v. Read (9 Mod. 459)	136
Godillot v. Harris (81 N. Y. 263)	149
Goldwyn Pictures Corporation v. Goldwyn (296 Fed. 391)	162
Gorham Mfg. Co., *Re* Application of (41 App. D. C. 263)	154
Hall v. Barrows (32 L. J. Ch. N. S. 548)	9, 137
Hall v. Barrows (4 De G. J. & S. 150)	163
Hamilton & Smyth v. Davis (5 Burr. 2723)	31
Hanover Milling Co. v. Metcalf (240 U. S. 403)	19, 146, 153, 154
Hanover Star Milling Co. v. Allen & Wheeler Co. (208 Fed. 513)	155 – 156
Harkert Cigar Co. v. Herman (196 N. W. [Sup. Ct. Ia.] 986)	167
Harrod's Limited v. R. Harrod Limited (41 Rep. Pat. Cas. 74)	158

	页码
Havana Cigar & Tobacco Factories, Ld. v. Oddenino (41 Rep. Pat. Cas. 47)	160, 168
Havana Cigar & Tobacco Factories, Ld. v. Tiffin (26 Rep. Pat. Cas. 473)	162
Hennessy v. Braunschweiger & Co. (89 Fed. 664)	154
Hebe Co. v. Shaw (248 U.S. 297)	164
Henry Mfg. Co., Inc. v. Henry Screen Mfg. Co., Inc. (204 App. Div. [N. Y.] 27)	167
Hercules Powder Co. v. Newton (266 Fed. 169)	156
Higgins Co. v. Higgins Soap Co. (144 N. Y. 462)	161
Hilson Co. v. Foster (80 Fed. 896)	167
Hirst v. Denham (L. R., 14 Eq. 542)	9
Howard v. Henriques (3 Sandf. [N. Y.] 725)	135
Hughes v. Alfred H. Smith Co. (205 Fed. 302)	149
Hygrade Provision Co. v. Sherman (U.S. Sup. Ct. Adv. Ops., Feb. 2, 1925, p. 169)	164
Imperial Cotto Sales Co. v. N. K. Fairbanks Co. (276 Fed. 686)	162
Imperial Tobacco Company of India, Ltd. v. Bonnan (41 Rep. Pat. Cas. 441)	149
Industrial Finance Corporation v. Community Finance Co. (294 Fed. 870)	162
International News Service v. Associated Press (248 U.S. 215)	158, 160, 161

	页码
Jacob Ruppert v. Knickerbocker Food Specialty Co. (295 Fed. 381)	167
xxiv Jamieson & Co. v. Jamieson (15 Rep. Pat. Cas. 169)	143
Jersey City Printing Co. v. Cassidy (63 N. J. Eq. 759)	157
John Bene & Sons v. Federal Trade Commission (299 Fed. 468)	165
Joseph Farrow & Co., Ld. v. John F. Seyfried & Sons, Ld. (38 Rep. Pat. Cas. 114)	162
Joseph Schlitz Brewing Co. v. Houston Ice & Brewing Co. (241 Fed. 817)	163
Juvenile Shoe Co., Inc. v. Federal Trade Commission (289 Fed. 57)	165
Juvenile Shoe Co., Inc. v. Federal Trade Commission (263 U. S. 706)	165
Kayser & Co. v. Italian Silk Underwear Co. (160 App. Div. [N. Y.] 607)	154
Knott v. Morgan (2 Keen 213)	12
Kodak, Ld., In the Matter of the Trade - Marks of (20 Rep. Pat. Cas. 337)	167
L. B. Silver Co. v. Federal Trade Commission (289 Fed. 985)	165
Leather Cloth Company Limited v. American Leather Cloth Company Limited (4 De G. J. & S. 137)	143, 152

	页码
London General Omnibus Co. v. Lavell (70 L. J. Ch. 17)	143
Loughran v. Quaker City Chocolate & Confectionery Co. (286 Fed. 694)	158
Louis Bergdoll Brewing Co. v. Bergdoll Brewing Co. (218 Fed. 131)	154, 156
Magnolia Metal Co. v. Tandem Smelting Syndicate, Ltd. (17 Rep. Pat. Cas. 477)	9, 10
Margarete Steiff, Inc. v. Bing (215 Fed. 204)	160
Marsh v. Billings (61 Mass. 322)	145
Menendez v. Holt (128 U. S. 514)	167
Michell v. Wines in the Hands of Taylour (2 Select Pleas in Admiralty [Selden Soc. vol. xi] 13)	32
Miller Tobacco Manufactory v. Commerce (45 N. J. L. 18)	145
Millington v. Fox (33 Myl. & Cr. 338)	138, 142, 161
Montgomery v. Thompson (1891 A. C. 217)	148
Motley v. Downman (3 Myl. & Cr. 1)	152
Munn & Co. v. The Americana Co. (83 N. J. Eq. 308)	163
N. K. Fairbank Co. v. Central Lard Company (64 Fed. 133)	167
National Picture Theatres v. Foundation Film Corp. (266 Fed. 209)	156
Nelson v. Winchell & Co. (203 Mass. 75)	149
Oppenheim, Oberndorf & Co., Inc. v. President Suspender Co. (3 F. (2d) 88)	167

xxv

	页码
Pasley v. Freeman (3 T. R. [D. & E.] 51)	143
Patton Paint Co. v. Sunset Paint Co. (290 Fed. 323)	19
Peekskill Theatre, Inc. v. Advance Theatrical Co. (206 App. Div. [N. Y.] 138)	158
Pennsylvania Central Brewing Co. v. Anthracite Beer Co. (258 Pa. 45)	161
Perry v. Truefitt (6 Beavan 66)	144, 146
Potter – Wrightington v. Ward Baking Co. (288 Fed. 597)	167
Powell v. The Birmingham Vinegar Brewery Co. Ld. (13 Rep. Pat. Cas. 235)	148
Prestonettes, Inc v. Coty (264 U. S. 359)	155
Reddaway v. Bernham ([1896] A. C. 199)	153
Rodgers v. Nowill (5 C. B. 109)	143
Rolls – Royce of America, Inc. v. Howard Wall, Inc. (15 Trade Mark Rep. 12)	170
Rosenberg Bros. & Co. v. John F. Elliott 3 F. (2d) 682.	170
Royal Baking Powder Co. v. Federal Trade Commission (281 Fed. 744)	165
Saxlehner v. Siegel Cooper Company (179 U. S. 42)	161
Scandinavia Belting Co. v. Asbestos & Rubber Works of America, Inc. (257 Fed. 937)	12, 137
Schendel v. Silver (63 Hun [N. Y.] 330)	167
Selchow v. Baker (93 N. Y. 59)	167
Shredded Wheat Co. v. Humphrey Cornell Co. (93 Fed. 59)	148

	页码
Siegert v. Findlater (L. R. 7. Ch. Div. 801)	148
Singelton v. Bolton (3 Doug. 293)	137
Smail v. Sanders (118 Ind. 105)	154
Smith v. Walker (57 Mich. 456)	145
Southern v. How (Popham143; J. Bridgeman 125; Cro. Jac, 469; 2 Rolle 5; *idid.*, 29)	6, 7, 8, 9, 10, 12, 126, 134, 141, 164
Standard Oil Co. v. Federal Trade Commission (282 Fed. 81)	5
Stonebraker v. Stonebraker (33 Md. 252)	145
Summerfield Co. v. Prime Furniture Co. (242 Mass. 149)	161
Sykes v. Sykes (3 B. & C. 541)	137, 142 xxvi
Taylor v. Carpenter (3 Story 458)	134
Thomas G. Carroll & Son Co. v. M'Ilvaine & Baldwin (171 Fed. 125)	154
Thompson v. Winchester (19 Pick. [Mass.] 214)	134
Trade-Mark Cases, The (100 U. S. 82)	140, 141, 153, 154
Traiser v. J. W. Doty Cigar Co. (198 Mass. 327)	154
Truax v. Corrigan (257 U. S. 312)	156
Ugiera Salvagina, Case of The (Acts of Privy Council, N. S., 1590-94, *passim*)	33-34
Union Fishermen's Coöperative Packing Co. v. Point Adams Packing Co. (108 Ore. 535)	5

页码

United Drug Company v. Rectanus Company (248 U. S. 90) 4, 154

Vogue Co. v. Thompson - Hudson Co. (300 Fed. 509) 169 - 170

Walter v. Ashton (1902 2 Ch. 282) 169

Walter Baker & Co. v. Slack (130 Fed. 514) 148

Weston v. Ketcham (51 How. Prac. [N. Y.] 455) 162

Wisconsin White Lily Butter Co. v. Safer (182 Wis. 71) 126

Witte v. Bauderer (225 S. W. [Tex.] 1016) 161

制 定 法 表

英国制定法

		页码
1226（?）❶	51 Hen. Ⅲ（面包师标识）	49－50
1353	27 Edw. Ⅲ，Stat. 1，c. 4（纺织品上的毛织品检验官印记）	86
	27 Edw. Ⅲ，Stat. 2，c. 13（商人城镇规章：商人标识作为所有权证明）	29，31，34
1363	37 Edw. Ⅲ，c. 8（金匠标识）	59
1391	15 Ric. Ⅱ，c. 10（吉尔福德纺织品）	82
1399	1 Hen. Ⅳ，c. 19（禁止劣质布匹印记）	82
1405－1406	7 Hen. Ⅳ，c. 7（箭头制造者标识）	105
1423	2 Hen. Ⅵ. c. 17（金匠标识）	59
1464－1465	4 Edw. Ⅳ，c. 1（纺织品的官方印记）	81
1467	7 Edw. Ⅳ，c. 1（纺织者标识）	84
1477－1478	17 Edw. Ⅳ，c. 1（金匠标识）	59

❶ Attributed in some MSS. to 13 Edw. I (See *Stat. of the Realm*, 1, 202, asterisked note).

		页码
1482 – 1483	23 Edw. Ⅳ，c. 6，clause Ⅵ（天鹅标识）	35
1483 – 1484	1 Ric. Ⅲ，c. 8（布匹上的城镇印记）	84
1503 – 1504	19 Hen. Ⅶ，c. 6，clause Ⅲ（锡镴器工匠标识）	61，102
	19 Hen. Ⅶ，c. 7，clause Ⅱ（反诉讼行会规章）	18
1523	14 and 15 Hen. Ⅷ，c. 3（纺织者标识）	84
1531 – 1532	23 Hen. Ⅷ，c. 4，clause Ⅺ（制桶匠标识）	57
1534	26 Hen. Ⅷ，c. 16（纺织者标识）	84
1535 – 1536	27 Hen. Ⅷ，c. 12（纺织者标识以及纺织品上的官方标记）	86
1581	23 Eliz.，c. 8（制腊工匠标识）	128
1660	12 Car. Ⅱ，c. 22（科尔切斯特纺织品印记）	93
1662	14 Car. Ⅱ，c. 33（印刷商和书商标识）	76 – 77
1698	9 and 10 Wm. Ⅲ，c. 28（钟表匠名称）	137
1726	13 Geo. Ⅰ，c. 26，clause XXX（苏格兰亚麻制品标识）	128
1801	41 Geo. Ⅲ，c. 97，Local（谢菲尔德刀具制造者标识）	121
1862	25 and 26 Vict.，c. 88（商标假冒）	139 – 140
1875	38 and 39 Vict.，c. 91（商标注册）	140

美国制定法

		页码
1787	Mass. Laws and Resolves, 1787, c. 102（帆布奖金）	130
1788	Mass. Laws and Resolves, 1788, c. 80（帆布奖金）	130
1789	Mass. Private and Special Laws, 1789, c. 43, sec. 5（“贝弗利棉纺织品”印记和标牌）	130－131
1791	Mass. Laws and Resolves, 1791, c. 91（帆布奖金）	130
1870	41st Congress, Sess. Ⅱ, c. 230, 16 Stat. at L. 198（商标法）	140
1876	44th Congress, Sess. Ⅰ, c. 274, 19 Stat. at L. 141（商标法）	140
1905	58th Congress, Sess. Ⅲ, c. 592, sec. 5, 33 Stat. at L.（Pt. 1）725（十年标识条款）	106
1920	66th Congress, Sess. Ⅱ, c. 104, sec. 9, 41 Stat. at L.（Pt. 1）535（十年标识条款，修订版本）	106

3

第一章
概述——问题和渊源

“对于某些主题，英语世界的律师们惊人地缺乏好奇之心。他们认为，那些作为现代商业活动的核心以及不厌其烦的诉讼之源的法律制度，就像以弗所（Ephesus）[1] 的形象一样，是为了应受保护群体的利益凭空产生的。这些制度带来的法律问题得到了人们细致的关注，由其生成的法律关系亦有机会被进行微观的分析。但是，（关于这些法律制度是如何产生和发展的）该主题本身——作为真正有趣和重要的问题——则仍然未被触及。”上述英国法律史学家爱德华·杰肯斯（Edward Jeckens）在研究可流通票据（negotiable instruments）早期历史时写下的文字，[2] 几乎可以同样有力地适用于商法的各个部分。出于一些不同寻常的原因，当发现有必要在其问题所属的特定法律领域中追根溯源时，律师们往往会以一种略显杂乱的风格在手头掌握的早期普通法原始材料中进行搜寻。如果在那里一无所获，他们就会十分满意地终止

---

[1] 以弗所，公元前10世纪雅典在爱奥尼亚建立的殖民地。根据希腊神话，雅典王子安德鲁克罗斯（Androclos）在德尔斐祈求神谕，询问如何找到新的定居点。神谕指示，一头野猪和一条鱼将带他到达新定居点。一天，安德鲁克罗斯和朋友正在篝火上煮鱼，一条鱼从锅里飞进了灌木丛，火花点燃灌木丛，一只野猪从灌木丛中跑出来。安德鲁克罗斯杀死了野猪。他回想起神谕，便在这个地方建立了以弗所。——译者注

[2] *Select Essays in Anglo - American Legal History*，iii，51.

探索，并宣告被研究的法律缺乏深厚的历史根基。就本票（promissory notes）、提单（bills of lading）、租船合同（charter - parties）和保险单（polices of insurance）而言，它们在普通法发展中的出现均是相对晚近的事情，但是，事实上这些商业规则均有其自身悠久的、复杂的历史，法律的发展也是在未受到普通法影响的情况
4 下独立进行的，而这些历史对于那些大多数在日常实践中处理本票、提单、租船合同和保险问题的人而言，仍然是门“新学问”。[1]

没有哪一个领域在起源的不明和对起源问题“惊人地缺乏好奇之心”方面表现得比商标法更为明显。既然我们承认商标和商誉在当今商业活动中发挥着如此重大的作用，既然我们牢记是从所谓的专门商标（technical trade - marks）[2] 法中发展出了全面限制商人观念中掠夺和狡诈本性的不正当竞争法（unfair competition or *concurrence déloyale*）[3]，简短地对商标法在王室法院（royal courts）[4] 中的发展进行考察就显得十分必要。

在此时此刻指出也许不会不合适，本书对商标法历史发展进行的考察不仅仅是出于学术兴趣。类比专门商标案件中所适用法律的做法，给商标法和不正当竞争法带来了两大难题。这些难题

---

[1] 关于该主题，see Holdsworth，*History of English Law* i（3rd ed.），544；v. 144；以及《盎格鲁 - 美利坚法律史论文选》（*Select Essays in Anglo - American Legal History*）第三卷中的下列论文：T. E. Scrutton，“General Survey of the History of the Law Merchant”；W. R. Vance，“The Early History of Insurance”；S. Brodhurst，“The Merchants of Staple”；W. Mitchell，*The Law of Merchant*，pp. 77 - 78.

[2] 专门商标，又译“狭义商标”。19 世纪末 20 世纪初普通法系商标法上的术语，其指代的范围大致相当于现代商标法理论中的臆造商标和任意商标。——译者注

[3] See *Coly*，*Inc. v. Parfum de Grande Luxc*，*Inc.*，（U. S. C. C. A.，2nd Cir.），298 Fed. 865，877；*United Drug Company v. Rectnus Company*，248 U. S. 90，97；Rogers，*Good Will*，*Trade Mark and Unfair Trading*，p. 127.

[4] 王室法院，英国中世纪中央司法机关，包括民事法院（Court of Common Pleas）、王座法院（King's Bench）和财税法院（Court of Exchequer）三部分。——译者注

使得英美两国法院的思维变得复杂，为解决这些难题而提出的相互矛盾的理论在实质上影响了法院在不断涌现的该类案件中的判决。首先，在英美两国法院中，商标中权利的属性始终是一个未决问题。弗雷德里克·波洛克（Frederick Pollock）先生指出：[1]

> 法院对商标和商业名称（trade name）[2] 的保护，起初源于对商业欺诈的制止。在越来越被类比为所有权之后，商标权已经演变成一种类似专利权和版权的法定特许权，侵害 5
> 商标的行为在制定法中不再被作为一种欺诈行为，而是被作为一种对无形特许权的侵犯，或者是对有形财产占有权的侵犯……

其次，除了关于确定商标中权利的属性以及商标侵权的性质这样的本体论问题以外，还需要考虑一个非常实际的问题，即商标案件，特别是不正当竞争案件的救济基础为何。“任何商标或者商业名称中都不存在为普通法所认可的财产。……法院禁止该类欺诈性使用的理由在于保护公众不被欺诈。”[3] 在英国，更大程度上是在美国，[4] 法院殚精竭虑地试图对在该类案件中真正的救济基础到底是欺骗公众还是对涉案商标所有者的侵害这一问题给出结论。最近，美国第二上诉巡回法院考察了上述难题，并指出：“在商标法之外的商业名称以及类似案件中，存在一种在准财产权和不被欺诈性竞争所侵害的个人权利两种观念之间的摇摆。但是，最近的判决已经回归到前者。”[5] 尽管如此，在美国

---

[1] Pollock on *Torts*（12th ed.，1923）312 –313.

[2] 19 世纪末 20 世纪初，普通法中的“商业名称”一词被用来指代专门商标以外的商业标识，范围大致相当于现代的描述性标识和通用性标识，对其保护只能适用仿冒原则。——译者注

[3] Stephens，*Commentaries on the Laws of England*（16th ed. 1914）ii，58.

[4] C. G. Haines，“Efforts to Define Unfair Competition”，29 *Yale Law Journal* 27.

[5] *A. Bourjois & Co.，Inc. v. Katzel* 275 Fed. 539. See *Standard Oil Co. v. Federal Trade Commission*，282 Fed. 82，85.

法院的意见中仍然可以发现倾向于坚持欺诈公众不仅是侵害商标
权的一个认定标准，而且是该种侵害的救济基础的观点。[1] 霍夫
（Hough）法官在对上述法院意见——因为原告没能证明对公众
6 的欺诈，因此不能获得保护——的异议中指出：“商标应当首先
被看作保护商标所有者的营业（bussiness）不受各种不正当竞争
行为的侵害，还是保护公众不受仿冒之害，仍然是一个未决问
题。”[2] 当该案上诉到美国最高法院时，美国最高法院推翻了巡
回法院的判决，强调原告的投资和对原告财产权的损害，完全没
有考虑下级法院所强调的缺乏欺诈公众这一因素。[3]

本书不揣冒昧地对商标法的起源进行研究，以期能够在一定程度上阐明导致关于商标法救济基础不同意见产生的原因，澄清仍然在许多法域中出现的关于适当救济基础认识的混乱状况。[4]不可否认，法院在探寻充分的救济基础过程中体现出的不同意见以及由此导致的混乱状况，不仅归因于其没能跟上商标功能进化的步伐，在后面的研究中我们会反复提及这方面的证据；而且归因于早期普通法法院在禁止商标剽窃案件中表现出的神秘性和不确定性。

王室法院首次涉及商标问题，是在 1656 年被报道的 *Southern v.
7 *How* 一案中，王室民事法庭（Common Pleas）法官多德里奇
（Dodderidge）在其与本案无关的回忆性附带意见（reminiscent

[1] See *Florence Mfg. Co. v. J. C. Dowd & Co.*, 178 Fed. 73; *Union Fisher－men's Cooperative Packing Co. v. Point Adams Packing Co.*, 108 Ore. 535, 548. 以及后文第 162—163 页引用的判例。

[2] 75 Fed, at p. 543.

[3] 260 U. S. 689. 霍姆斯法官撰写了法院的判决意见。

[4] See J. L. Gold, “Equity: Trademarks: Nature of Infringement” in 7 *Cornell Law Quarterly* 373. 作者对上诉巡回法院的判决意见进行了评述，赞同多数意见“保护公众不受欺诈”是“商标法的首要目标”的主张（35 *Harvard Law Review* 624）。See also *infra*, ch. vii.

dictum）中提到了一起发生于伊丽莎白统治时期的纺织者侵权案件。多德里奇法官附带意见的权威性及其影响的深远性如此超乎寻常却又毫无根据，而且展现了如此有趣的“司法过程”，以至于我们有必要对 *Southern v. How* 一案的各种报告以及该附带意见的不同版本进行较为详细的论述，即使是冒着重复那些在商标法律实践者眼中的陈旧知识的危险。该附带意见所表达的推理是不清晰的，其记载的事实仅能够被五个关于本案的差距甚大的判例报告中的一个所证实。*Southern v. How* 一案是一个王座法院审理的诉讼，涉及被告通过受雇人向原告销售假珠宝。1656 年出版的《波帕姆判例集》（*Popham Report*）首次对该案进行了报道，报道称该案判决于詹姆士一世十五年❶夏季作出，与商标法没有任何关系，但是该判例集称：❷

> 多德里奇说，伊丽莎白二十二年❸发生过一起由纺织者向民事法院提起的诉讼，鉴于原告已经因纺织品经营而获得了很大的声誉，因此他获得了巨额的利润，而且他常常将自己的标识使用在纺织品上以表明该纺织品系由他生产。另一个纺织者看到这一现象，他将相同的标识使用在了自己生产的劣质纺织品上，目的在于欺骗他。可以确定的是，原告的诉讼请求应当得到支持。

需要注意的是，出现在《波帕姆判例集》中的 *Southern v. How* 一案，事实上并不是波帕姆亲自报道的，而是被放在“自其死后其他博学的学者报道的著名案例”的栏目中。其后，关于

---

❶ 即 1617—1618 年。中世纪英国采用君主在位纪年法，以君主继位的日期为岁首计算年份，不同君主在位纪年的岁首均不相同，每一年可能跨两个公元纪年。例如，詹姆士一世于 1603 年 3 月 25 日继位，因此，詹姆士一世一年即为 1603 年 3 月 25 日至 1604 年 3 月 24 日。以此类推。——译者注

❷ p. 144.

❸ 即 1579—1580 年。——译者注

Southern v. How 一案的报告还有四个版本——1659 年《布里奇曼判例集》（*J. Bridgeman Report*）[1] 中报道的于詹姆士一世十三年[2]春季判决的 *Southern v. How* 一案，并没有提到多德里奇法官的附带意见。同是出版于 1659 年的《克罗克判例集》（*Croke Report*），[3] 记载该案判决系于詹姆士一世十五年夏季作出，其中包含一个完全不同版本的多德里奇法官的附带意见，该意见是关于纺织者的案件，明确指出本案诉讼并非由标识被滥用的纺织者提出，而是由被欺诈的消费者所提起的：

> 多德里奇引用了一个伊丽莎白三十三年[4]发生在民事法庭的案例，格洛斯特郡（Gloucestershire）的一位纺织者生
> 8 产质量上乘的纺织品，以至于在伦敦，当人们看到标有其标识的纺织品时就会直接买下，而不会再去寻找其他产品；另一个纺织者在未经他许可的情况下，将该纺织者的标识用于自己生产的劣质纺织品上；购买这种纺织品的人以欺诈为由提起诉讼，法院判决认定其主张成立。

1676 年出版的《罗尔判例集》（*Rolle Report*）第 2 卷，包含了两个相互矛盾的关于 *Southern v. How* 一案的报道。第一个报道[5]记载该案是于詹姆士一世十五年春季作出的判决，与上述《布里奇曼判例集》的记载类似，并没有提及多德里奇法官关于纺织者案的附带意见。第二个报道[6]记载该案判决于詹姆士一世十六年[7]春季作出，称：

---

[1] p. 125.
[2] 即 1615—1616 年。——译者注
[3] Cro. Jac. 469.
[4] 即 1590—1591 年。——译者注
[5] 2 Rolle 5.
[6] *Ibid*, p. 28.
[7] 即 1618—1619 年。——译者注

> 多德里奇法官在一件发生在伊丽莎白二十三年❶的由民事法院审判的案件中提到，有一位来自格洛斯特郡的纺织者，他生产的纺织品的价格比其他人高很多，却更受欢迎。他在自己的纺织品上使用了别人从未使用过的标识。后来，有一个纺织者假冒了该标识，并将该标识使用在自己生产的纺织品上，这些产品质量低劣，却被作为质量上乘的产品进行销售。判决认为上述行为构成欺诈。多德里奇法官没有明确指出是谁受到了欺诈，到底是在先使用上述标识的纺织者，还是购买产品的人。似乎应当仅仅是购买产品的人。……❷

总结一下关于该案的各种判例报告之间的显著差异：第一，在五个报告中有三个提到了发生于伊丽莎白时代的纺织者案件。❸ 第二，这三个报告中，仅有一个（《波帕姆判例集》）明确地表明该案是纺织者的标识被侵害。另外的两个判例报告，一个（《克罗克判例集》）则明确地指出该诉讼是由消费者提起的，另一个（《罗尔判例集》第 2 卷第 26 页）也许并没有对该问题给予专门的关注，似乎相信该诉讼是由购买者提起的。第三，《波帕姆判例集》中多德里奇法官的附带意见认为纺织者案件发生在伊丽莎白二十二年，《罗尔判例集》第二卷则说是在伊丽莎白二

---

❶ 即 1580—1581 年。——译者注

❷ 原文为：Dodridge（*sic*）Justice in 23 Eliz. in le Common Banke le case fuit, que un cloathier de Gloucester fait cloathes queux fueront pluis deere, & pluis vendable que les cloathes d'ascun auter, & il mist special marke sur eux que null auter cloathier avoit devant, & apres un cloathier avoir counterfeit le dit marke, & mitte ceo sur ces cloathes, queux ne fueront cybien, mes uncore il vend eux cy chare come lauter per cest deceipt fuit adjudge que action sur le case gist vers luy, mes Mr. Justice Dodridge ne dit per quel deux ceo gist lou per le cloathier que primerment avoit le dit marke, ou pur le vendee, mais semble que gist pur le vendee. ...——译者注

❸ 原文是否定句，应为印刷错误，现根据上下文改为肯定句。——译者注

十三年，而《克罗克判例集》说该案发生在伊丽莎白三十三年。
第四，五个报告中仅有两个（《波帕姆判例集》和《罗尔判例
9 集》第2卷第5页）认为*Southern v. How*一案是于詹姆士一世十
五年作出判决的，另外三个报告则给出了不同的判决日期。

不论多德里奇法官回忆的事实如何，也不管关于该附带意见内容的证据之间如何相互矛盾，仅就该附带意见本身而言，*Southern v. How*一案似乎已经取得了相当重要的权威地位，即确立了未经授权使用商标是非法的，该行为可以成为欺诈之诉的主题。该案在判例摘编中被归入欺诈之诉的类别之中。❶ 肯特（Kent）大法官（Chancellor）也认为*Southern v. How*一案是“一个纺织者对另一个纺织者提起的诉讼”。❷

英国法院明确依据*Southern v. How*一案为制止商标剽窃找到了古典的管辖依据。在1742年的*Blanchard v. Hill*一案❸中，哈德威克（Hardwicke）勋爵似乎认为《波帕姆判例集》第151号案件（Popham 151）的权威性在于确立了在普通法上一个纺织者有权对另一个纺织者滥用其商标提起诉讼。在1842年的*Crawshary v. Thompsom*一案❹中，莫尔（Maule）法官引用《波帕姆判例集》和《罗尔判例集·夏季案件》（*Cro. Jac.*）报道的*Southern v. How*一案，但是没有指明依据的是哪一个版本。在1853年的*Burgess v. Burgess*一案❺中，奈特·布鲁斯法官（Knight Bruce，L. J.）打断律师的辩论，指出“该法律早在《波

---

❶ See 1 Nelson's *Abr.* 38，§，7；3 Bacon's *Abr.*（3 d ed.）560（K）；1 Viner's *Abr.*（2nd ed.，London 1791）574；1 Comyn's *Dig.*（London 1780），166.“基于欺诈的类案诉讼”（Action Upon the Case for a Dociet）（A9）.（类案诉讼，又译为“间接侵害之诉”，是英国令状制度出现僵化的背景下发展出来的，主要包括过失侵害之诉、欺诈之诉、诽谤之诉等。——译者注）

❷ See 2 *Kent's Commentaries*，7th ed.，p. 446，note b.

❸ 2 Atkyns 484，at p. 485.

❹ 4 Man. & G. 357，at pp. 385 – 386.

❺ 3 De. G. M. & G. 896，at p. 902.

帕姆判例集》中的 *Southern v. How* 一案中即已确立起来”。在1863年的 *Hall v. Barrows* 一案❶中，罗米利掌卷法官（Romilly, M. R.）❷论述道：“最早在《波帕姆判例集》中普通法上便已经确立了对商标的剽窃之诉。”在1872年的 *Hirst v. Denham* 一案❸中，培根副大法官（Bacon, V. C.）❹表达了对 *Southern v. How* 一案的怀疑——并非关于该案是否为商标所有人提出的侵权诉讼，而是本案是否为第一个该种类型的案件。

最后，仅仅在二十多年以前，在1900年的 *Magnolia Metal Company v. Tandem Smelting Syndicate, Ltd.* 一案❺中，霍尔斯伯里（Halsbury）大法官在对仿冒案件原告诉讼请求的分析中指出，该种诉讼“被广泛接受为一种诉因（cause of action）已经有250年之久”。 10

> “法官大人”，[霍尔斯伯里继续道，❻]“本案的诉因，如我已经说过的，是十分古老、为人熟知的……[在引用多德里奇法官在 *Southern v. How* 一案中的意见后，]回溯过去，早在伊丽莎白统治时期，原告诉讼请求所主张的，就已经毫无疑问地成为一种诉讼形式。在该类案件中，享有盛誉的生产者有权在销售产品时表明自己生产者的身份，有权制止他人欺诈地将其产品冒充为该生产者的产品进行销售的行为，如果上述有权方被侵权，他就可以获得救济。正如我所说，上述规则自伊丽莎白统治时代就已经为我们的法院所确立，任何人均有权以此为由提起诉讼。”

---

❶ 32 L. J. N. S., Equity, 548, at p. 551.

❷ 掌卷法官（Master of Rolls），早期职能是督导抄写大法官卷宗，后取得了一些司法职权，成为衡平法院的正式法官。——译者注

❸ L. R., 14 Eq. 542, at p. 549.

❹ 副大法官（Vice Chancellor），设立于1813年，主要职能在于协助大法官行使衡平法上的初审权，后逐渐取得单独审判案件的权力。——译者注

❺ 17 Rep. Pat. Cas. 477, at p. 483.

❻ *Ibid*, p. 484.

对霍尔斯伯里大法官的意见，没有人提出反对意见。

对 *Southern v. How* 一案中多德里奇法官的附带意见看似冗长的考察，使得我们可以清楚地看到该意见的实际有效性和后续权威性，即使还没有弄清楚该案是否发生在1618年，以及在伊丽莎白统治中后期王室法院是否会对该类诉讼给予救济。在 *Southern v. How* 一案之后，王室法院对商标保护主题出现了绝对的沉默。直至1742年，在商标侵权中寻求禁令救济的案件才首次出现，在 *Blanchard v. Hill* 一案[1]中，一位博学的衡平大法官拒绝给予禁令救济，理由在于给予商标保护可能造成并且保护垄断。在其他法律部门中，我们无法找到比商标法更好的例证来说明近年来保罗·维诺格拉多夫先生所提出的“法律潜在完善性的臆造特征”（the fictitious character of the latent completeness of the law）了。[2]

11 然而，那些在商标法领域取得卓越成就的实务家和学者们，都少有例外地倾向于认为商标法实际上是19世纪的产物，并没有试图去探究19世纪以前的商标使用状况；如有商标使用，这些商标所要达到的功能和目的为何，及其进入法律保护或者监督的方式等问题。另外，科里（Kerly）在近期出版的《论商标法》[3]（*Treatise on Law of Trademarks*）一书中指出，“关于此主题的法律不会被追溯到19世纪之前”。另一位英国商标法学者塞巴斯蒂安（Sebastian），在论述商标保护问题时也有类似的观点：“这种权利最早可能在伊丽莎白女王统治时代就得到了承认，直到1883年已经完全被确立起来……”[4] 美国学者（对上述问题）同样缺乏好奇心。霍普金斯（Hopkins）在另外一部综合性的论著——《商标、商业名称和不正当竞争》

[1] 2 Atkyns 484.

[2] P. Vinogradoff, *Introduction to Historical Jurisprudence*, p. 27.

[3] 5th ed. (1923) p. 2.

[4] Sebastian, *Trade Mark Registration* (2nd ed. 1922) p. 3.

（*Trademark*, *Trade Name and Unfair Competition*）中论述商标和商标法的起源时，以雄辩的但“不甚严谨”的口吻写道：

我们沿着这些晦暗的历史踪迹行走于近乎绝对的黑暗之中。那些显示出未来商标重要性的标识随手可及。但是，我们重新追溯到贸易中识别性标识的使用，则是在罗马达到极盛之时即随之崩塌、中世纪的阻隔、超出大西洋范围以外新世界的发现、现代欧洲为国家和人民所认同之后的事了。即使到那时，在商人们开始流动起来之前，商标法也没有出现。追溯商标法的历史对我们而言易如反掌。但是关于早期商标使用的历史，没有人进行过研究，而且大多数关于早期商标使用的证据已经化为乌有。对于那些具有启发意义的古代标识典型例证的保存，全部是由考古学家们完成的，我们应当对他们表示感谢。

法院在讨论该主题时表现出的模糊性和不确定性并不比学者 12
们少，但是，如上文关于 *Southern v. How* 一案的讨论所显示，回顾起来，法院的自然倾向是尽可能地扩张对商标的管辖权，该种倾向甚至可以追溯到判例年鉴时代。❶ 1919 年美国第二上诉巡回法院论述道：❷

经常被论及的是，商标中的绝对财产原则自判例年鉴时代就已经流行开来。但是，对案件记录的研究无法证实厄普顿（Upton）先生的观点，他宣称：“商标中的财产，具有绝对的排他性，早在我们有司法记录的时代起，就已

❶ 在 *Knott v. Morgan* 一案中，辩护人在法庭辩论阶段主张仿冒法“自判例年鉴时代以来即已经被确立起来”。(1836) 2 Keen 218. 在 *Amoskeag Mfg. Co. v. Spear* 一案中，杜尔（Duer）法官引用上述案例称：“商标中的排他性财产权原则自判例年鉴时代即已流行，这是一项古老的法律原则，与衡平法上的商标保护原则完全不同。”(1849) 2 Sandf. 599 at p. 604.

❷ *Scandinavia Belting Co. v. Asbestos Rubber Works of America Inc.*, 257 Fed., pp. 937, 941, per Rogers, Cir. J.

经存在，而且被认可为一项可以买卖和转让的合法占有物（legal possession）。”[1]

我们对多德里奇法官附带意见的论述，可能使人们对霍普金斯先生所主张的“追溯商标法的历史对我们而言易如反掌”[2] 论述的准确性产生怀疑。另外，如其他领域的法律史一样，我们所知的商标法历史不应仅仅依赖于英国人和美国人的论述，还要依赖外国学者的论述。约瑟夫·科勒（Joseph Kohler）的《商标保护法》（*Das Recht des Markenschutzes*）一书是我们研究的基础和起点。古斯塔夫·拉斯提格（Gustav Lastig）的《商标法和商标注册》（*Markenrecht und Zeichenregister*）一书，亚历山大·布朗（Alexandre Braun）对布朗与卡皮泰纳（Capitaine）的《制造商标和商业商标》（*Les marques de fabrique et de commerce*）[3] 一书的“历史概述”（Introduction Historique），菲利普·杜南特（Philipe Dunant）的《论瑞士的制造商标和商业商标》（*Tratié des marques de fabrique et de commerce en Suisse*）一书对该主题做出了进一步的贡
13 献。这些作者们辛勤地发掘“晦暗的历史踪迹”，找回大量有价值的史料，不仅阐明了其本国早期商标和商标法的历史，也说明了商标法发展的一般趋势。英美作者忽视商标法这一主题的迹象可以在《盎格鲁－美利坚法律史论文选》一书中得到证实，编者欲构筑“一个展示过去 6 个世纪以来英美法的一般图景”，[4] 但是该书并没有提及商标和不正当竞争的主题，却提到了诸如专利法、保险法和承运人责任等同样独立的专门主题。美国的商标法学者，或多或少地依赖于欧洲的研究，仅对历史问题不时地显

[1] 引用 Upton on *Trademarks*, p. 10.（重点号为作者所加。）

[2] Hopkins, *op. cit.*, p. 2.

[3] 在法国，制造商标是指生产商拥有的商标，商业商标是指销售商拥有的商标，二者合称商品商标。——译者注

[4] Praface to vol, ii, p. v.

出略有兴趣的样子。❶ 目前为止，尚没有对自英国王室法院管辖商标案件以来商标法的历史进行追溯或者以历史的眼光对现代商标法进行考察的系统性努力。

从法律的角度而论，任何该种研究遵从的方法和使用的资料均被认为是非正统的。法律评论者倾向于在判例年鉴中寻找商标法的“始祖”，❷ 但是这些判例主要关注的是土地占有、封建税费、暴力犯罪和诽谤，与商业无关，对我们的研究也没有任何帮助。中世纪❸英国法学家布拉克顿（Bracton）、格兰维尔（Glanvil）、布里顿（Britton）和弗莱达（Fleta）的论著，与欧陆的同行们相反，❹ 对该主题没有显示出任何兴趣。

地方法院的诉讼也没有为我们提供任何关于商标法起源的线 14
索。民事法庭（the Leet Courts）热衷于——多为法律职业者所厌恶——对私人申诉提供救济以及解决私人纠纷。❺ 但是，就其长期以来公布的记录而言，民事法庭对商标的兴趣被限定在对强制面包师和制桶工匠附着或者打上标识的制定法规定的定期罚款的多

---

❶ See W. H. Browne, *Treatise on the Law of Trademarks*, (2nd ed. 1898) Introd.; E. S. Rogers, “Some Historical Matter Concerning Trademarks,” 9 *Michigan Law Review* 29; L. E. Daniels, “History of the Trademark,” 7 *Bulletin U. S. Trademark Assn.*, New Ser., 239; E. S. Rogers, *Good Will, Trade-marks and Unfair Trading* (1919 reprint) ch. iii.

❷ See *supra*, p. 12.

❸ 该文中，作者使用中世纪（“medieval”和“Middle Ages”）指代的时间范围一直延伸至17世纪。他通过指明具体的日期来缓解这种术语上的任意性，但是在一般意义上使用该术语则并不准确。

❹ See C. Dietzel, *Das Handelszeichen und die Firma*, in *Jahrbuch des Gemeinen Deutschen Rechts*, iv, p. 230 *passim*; Albert Braun, *op. cit.*, p. 25 *et seq.*; G. Lastig, *op. cit.*, p. 185 *et seq.*; P. Dunant, *op. cit.*, p. 31. 大部分中世纪学者将商标法的起源追溯至《科尼利亚法》(*Lex Cornelia*）中一条关于虚假签章的规定（*De falsis*, D. Book XLVIII, tit. X），但是很明显上述法律是关于在遗嘱上伪造签章的规定。See Kohler, *op. cit.*, p. 39; D. R. Pella, *Marcas de Fábrica y de Comercio en España* (1911), p. 15. *Cf. infra*, p. 129.

❺ See F. J. C. Hearnshaw, *Leet Jurisdiction in England*, pp. 218-219; William Hudson, *Leet Jurisdiction in the City of Norwich* (Selden Soc., vol. 5) pp. xxxiv, 8.

多少少显得有些无力的执行之上，直至16世纪，仅有一处例外。[1]唯一的例外是1564年萨洛普伯爵的（the Earl of Salop）领地法庭（Manor Court）[2] 授予哈勒纳姆郡（Hallamshire）刀具工匠标识[3]，对刀具贸易中独特商标法体系的发展产生了一定影响，在后续章节中的论述中还会提到。[4] 自治市法庭（Borough Court）[5] 的记录中，尽管记载了布匹[6]和食物[7]销售过程中的欺诈诉讼，但是欲找到商标侵权或者不正当竞争案件则终是一无所获。

令人期待的是，适用商人法的集市法庭和自治市的行商法庭（Borough Piepowder Court）[8] 的记录，也许会对商标法的历史做出有价值的贡献。然而，尽管这些法庭处理各种商业纠纷，[9] 这些纠纷发生在来自英格兰和国外的商人云集的集市中，其中也没

---

[1] 1923年10月30日，赫恩肖（Hearnshaw）教授告诉作者："在我考察过的民事法庭的纪录中，不存在任何关于商人或者手工业者之间就标识使用产生的争议。"然而，民事法庭中出现过对那些未能依管制性规定添加强制性标识的人进行惩罚的例子，see *infra.*, pp. 51 – 52（面包师标记），p. 59（制桶工匠标记）；*cf. infra*, pp. 82 – 83（考文垂纺织品标识）。

[2] 领地法庭，英国封建时代的地区性司法机构，主要受理庄园主管辖范围内涉及侵权、合同、土地的民事案件，适用每个庄园自有的习惯法。——译者注

[3] R. E. Leader, *History of the Cutlers of Hallamshire*, i, p. 7.

[4] See *infra.*, p. 120.

[5] 自治市法庭，中世纪英国一种可以审理民事案件的低级法庭，管辖权主要来源于特许状、习惯等。——译者注

[6] W. H. Stevenson, *Records of the Borough of Nottingham*, ii, p. 71 No. XXXI.

[7] *Ibid*, p. 131.

[8] 行商法庭，又称泥足法庭，是中世纪集市上设立的简易法庭，由集市管理者主持，即时处理集市上商人间的纠纷以及盗窃等轻微刑事案件。——译者注

[9] See *Select Cases on the Law Merchant*, i（Selden Soc. vol. 23）pp. 102（因未能按照样品交付货物的违约行为），91（没收与样品不符的货物），110（执行腰带生产者行会关于禁止使用铅质饰物的规定），85（商业诋毁），97（剥夺卖方销售三文鱼所获得对价的侵权行为 – "de dicto bargaino ejecit"）；see also W. S. Holdsworth, *History of English Law*, v, pp. 109 – 113.

有出现涉及不正当使用商标的案件。[1] 海事法院，管辖海港城镇和伦敦商人之间的纠纷，如我们在后一章将要看到的，[2] 特别是在16世纪，经常有机会去处理涉及商人标识的案件，但是这些法院的记录中的线索明确地指出这类标识是所附着货物的所有权标记，与商人标识之间的利益冲突无关。[3]

上文我们提到了要求制桶匠和面包师为了消费者利益在产品
上标注标识的制定法。[4] 我们将有机会再次提及这些成文法，[5] 16
也会提及类似的强制金匠[6]、箭头制造者[7]、纺织者[8]、锡镴器工匠[9]和制蜡工人[10]在其制造产品上附着标识以识别生产者的制定法。尽管这些制定法在序言和说明中认真地考查了个体标识的

---

[1] 罗杰斯主编的《商人法案例选》第一卷未涉及任何有关该主题的内容（Selden Soc. vol. 23），赛尔登社（Selden Society）负责此事的编辑 E. E. 沃特金斯（Watkins）女士告诉本书作者该书第二卷亦不会涉及上述内容。近期关于商人法中各种问题研究的概要，see W. A Bewes, *The Romance of the Law Merchant*, pp. 19–25. 很难找到能够支持《大英百科全书》中商人法条目下关于“现代英国商标法中的基本原则应当归功于商人法”的权威论述（11th ed., vol. xvi, p. 300）。

[2] See *infra.*, p. 31 *et seq.*

[3] 正如罗杰斯指出的，直到15世纪，“商人和手工业者之间的界限还没有被清晰地划定”（*Gild Merchant*, i, p. 107）。但是，该领域的相关法律在海事法院（Admiralty Courts）中有所发展，例如租船合同、提单、保险、票据、涉外合同，等等（See Reginald G. Marsden, *Select Pleas in the Court of Admiralty*, Vol. 1（Selden Soc. vol. 6）Introd. p. lxvii; *ibid.* Vol. Ⅱ（Selden Soc. vol. ii）Introd. pp. lxxix – lxxx）。该法律似乎仅仅适用于流动的中间商或者贸易商，而并不涉及那些依法须将生产标识添加在产品上的实际生产者或者手工业者。马利纳斯（Malynes）在《商人法》（*Lex Mercatoria*）一书中将商人定义为“持续地从事商品的买卖交易，或者在本国和外国从事易物交易的人”（1622, p. 5）。莫洛伊（Molloy）在《马里迪莫法》（*De Jure Maritimo*）一书中采取了与之实质上相同的商人定义，并认为，“那些购买产品并将其以其他形式而非原初形式用于自己的艺术或者生产中的人，应当被称为艺术家，而非商人……”（1676, Book iii, ch. Xiii, p. 436）。

[4] See *supra.*, p. 14,

[5] See *infra.*, pp. 57（制桶工匠），51 *et seq.*（面包师）.

[6] See *infra.*, p. 59.

[7] See *infra.*, p. 105.

[8] See *infra.*, p. 84, 86.

[9] See *infra.*, p. 102.

[10] See *infra.*, p. 128.

功能及使用情况，但是这并不能说明商标法体系的发展，仅仅是记录或者确认了为特定目的而使用某种标识的特殊必要性。

那么，在何处能够找到现代商标法的萌芽呢？我将在浩瀚的商人和手工业者组织的记录中寻找答案，辅之以文物研究者和考古机构关于贸易因素的研究，在这些材料中我们将看到在中世纪贸易中的标识或者符号的使用、滥用和法律特性的最初表征。

首先，对中世纪的经济结构和生产方式作一个简要考察，将为我们提供一个简单的理由，以解释在早期王室法院记录中没有任何商标诉讼证据的现象。中世纪贸易大部分掌握在行会（gilds 或者“misteries”）手中，组成行会的目的之一在于，未经行会同意，禁止行会成员之间向除由行会官员和行会成员自行组成的法庭以外的法庭提起诉讼，惩罚那些试图对本行会成员的违法行为寻求“普通法上”救济的行会成员。下一章将讨论行会的性质和作用，[1] 此处需要强调的是，对行会成员间的纠纷进行仲裁实际上是每一个英国行会和同业公会（livery company）会长和执事（wardens）的首要职责，而诉诸司法诉讼则是一种最为严重
17 的违反行会规则的行为。早期的“伯利恒圣母兄弟会规章”（Ordinances of the Brotherhood of Our Lady of Bethlehem）中出现了以下的典型条款：

> 他们亦同意，当任何本兄弟会成员间发生争议时，认为自己被侵害的一方须向本兄弟会申诉，以确保该侵害行为不受干预地在当事人之间得到处理。任何一方不得向其他机构申诉，也不能以其他方式进行申诉。如果任何人违反本项规定（*soit rebel*），本兄弟会不会再给他改过自新的机会，他将永远被驱逐出本公会。[2]

---

[1] See *infra.*, ch. iii.

[2] A. H. Johnson, *History of the Worshipful Company of the Drapers of London* i, 200. 毫无疑问，该规定如此重要以至于可以被称为“法律”（*lege*）（*Ibid*, i, p. 262），它会被提交公会的定期“集会”审阅。

1379年伦敦杂货商公会的记录中有如下条目：

> 旧公会于今年8月18日批准并颁布了关于哪些成分属于货物不良成分的规定，用以消除或者防止杂货商公会成员之间的一切纠纷，包括买方和卖方均是同一公会成员的情形，也包括买方是杂货商公会成员，且交易时尚未达成明示协议的情形。❶

---

❶ *Ms. Archives of the Company of Grocers of London* (ed. J. A. Kingdon), pt. i, p. 56. 关于对行会外诉讼进行惩罚、提供仲裁途径的类似规定，以及行会仲裁的实例和规则，see *Cooper's Company*, *London* (ed. J. F. Firth), pp. 42, (1456) 85; *Goldsmiths' Records* in Herbert, *Livery Companies of London*, ii, p 171 (1462); *Annals of the Barber - Surgeons of London* (ed. S. Young), pp. 33 (before 1388), 201 (1606); C. Welch, *History of the ... Paviors of London*, p. 9 (1479); *History of the Saddlers of London* (ed. J. W. Sherwell), pp. 169 - 171 (*passim*) (1606 - 1639); *Some Account of the Worshipful Company of Ironmongers of London* (ed. J. Nicholl), pp. 118, 120 - 121 (1504); *Annals of the Founders' Company of London* (ed. W. M. Williams), pp. 87 - 88; Coventry *Smith's Records* in *Coventry Leet Book* (ed. M. D. Harris, ii, p. 744 (1540); "Company of Stitchmen of Ludlow" (ed. G. M. Hills), in *Journ. Brit. Archaeol. Assn.*, vol. 24, p. 329 (1569); Ordinances of Listers of York *in York Memorandum Book* (Surtees Soc. Pub. vol. 125), pp. 211 - 12 (1472); "Shrewsbury Gild of Barber - Chirurgeons," in *Trans. Shropshire Archæol. & Nat. Hist. Soc.*, vol. 5, P. 265 (1432); Aberdeen Gildsmen *in E. Bain*, *Merchant and Craft Gilds*, p. 129 (1599); Dublin Carpenters, Millers, Masons, etc. in *Journ. Royal Assn. of Antiquaries of Ireland*, vol. 35 (vol. XV, 5 th Series), p. 321 (1537); Dublin Merchants, *ibid.*, vol. 30 (vol. X, 5th Series), p. 44 (1438).

在研读上述关于行会成员间仲裁规则以及其他行会规则的规定时，应当看到大多数该类规定"仅仅是一种复述，而不是创新"(see Sellars, Introd. to *York Memorandum Book*, pt. ii, [Surtees Soc. Pub. vol. cxxv], p. li), ——也就是说，这些规定仅仅是对已经存在的贸易管制或者习惯的确认或者证明，或者仅仅是早期规定的重复或者较晚的版本。例如，1346年在布里斯托，"当时的所有贸易行会规则均由市长、记录法官（Recorder）和48名议员进行复审，有些内容被修改；后来这些规则被写入本书（即《布里斯托红皮书》）以便有据可查……"(See Francis F. Bickley, Introd. to *The Little Red Book of Bristol*, i, p. xxi.) 类似的例子，see Toulmin Smith, *English Gilds*, pp. 293 and 430 (Bristol gilds); *ibid.*, *p.* 363 (Usages of Winchester); *ibid.*, *pp.* 411 - 412 (Worcester); also L. Toulmin Smith "The Bakers of York and Their Ancient Ordinary," *Archaeol. Rev.*, vol. i at p. 125.

18 尽管1504年❶的一项英国国会法案禁止排除诉讼条款，上述条款在此后的一个世纪里仍然持续稳定地发挥着效力。❷ 考虑到这些规定，早期普通法报告中未包含商业纠纷的原因就变得显而易见了。然而，从行会记录中寻找现代商标法的萌芽之前，下一章有必要考察商人和手工业者，除按照行会或者成文法的要求以外，是如何开始使用某种标识——上文所提到的“商人标识”的，以及那些标识的法律含义为何。

---

❶ 19 Hen. Ⅶ c. 7, *Stat. of the Realm*, ii, p. 653.

❷ E. Lipson, *Economic Hist. of England*, i, pp. 309 - 310, and *supra.*, p. 17, n. 2.

第二章 中世纪的商人个人标识和所有权标识 19

商标通常被法院定义成一个标识、记号或者符号，“最重要的、真正的作用”，如法院所说，“是指示其附着产品的来源或者所有者”。[1] 这种对商标功能的定义从商标法的形成时期直到现代仍然被几乎不变地、一致地使用着。[2] 在本书的论述过程中，我们将有机会根据近年来产品生产和销售方式的发展来讨论该概念在现代社会的准确性和适当性；[3] 在这里，指出从历史来源来看该概念至少是合适的就足够了，该概念描述了两个关系——“来源或者所有者”——是在商标法发展之初标识中所暗含的含义。

商标法的历史当然与商标自身的历史不可分割地联系在一起。约瑟夫·科勒是多个研究领域的专家，他在对早期商标和商

---

[1] See *Hanover Milling Co. v. Metcalf* , 240 U. S. 403, 412.

[2] Cf. *Hanover Milling Co. v. Metcalf* , *supra*, 发生在 1915 年的一个典型案例，同一个法院判决的第一个商标案件是 *Canal Company v. Clark*, (1871) 13 Wall. 311, 322. 早期类似的判决有 *Amoskeag Manufacturing Company v. Spear*, (1849) 2 Sandf. (N. Y.) 599, 606, 以及 *Boardman v. Meriden Britannia Company*, (1868), 35 Conn. 402, 413, 须与 *Patton Paint Co. v. Sunset Paint Co.* , (1923) 290 Fed. 323, 325 进行比较。See also Hopkins, *op. cit.* sec. 3. 搜集了司法上对商标的不同定义。

[3] See *infra*, pp. 147 – 150.

标法历史的重构过程中，运用了大量的当时可以获得的考古材
20 料。[1]科勒的著作出版后的40多年间，考古学有了很大的进展，为我们增加了许多关于早期商标使用的知识。在科林斯湾附近的克拉库（Korakou）的史前聚居地遗迹发现了距今至少4000年前的带有陶器工匠标识的碗碟；[2] 最近出版的耶鲁大学收藏的希腊和意大利花瓶目录，复制了公元前5世纪[3]和公元前4世纪[4]制陶工匠的作坊标识；据报道，最近纽约大都市艺术博物馆得到的一个同时期的希腊赤陶花瓶，似乎也使用了“可能是制陶工匠印记”的标识。[5] 但是，除非为了阐明某些商标法原则的普世性或者发展状况，本书并不试图重写商标在英国出现之前的历史，也不会专门论及商标法在英国或者欧洲大陆的使用情况。

司法上对商标功能的认识——商品“来源或者所有权”的指示——是建立在中世纪标识使用基础之上的。严格地讲，指示所有者的标识根本不是商标，而仅仅是所有权标识，该种标识有时可能（也可能不）具有指示其所附着产品来源的功能。[6] 我们将在后文论及，与19世纪的法院或者17—18世纪的评论家和辞
21 典编纂者不同，20世纪的法院似乎不再仔细考察专门商标和所

---

[1] *Das Rechtdes Markenschutzes*, pp. 30 – 51.

[2] See C. W. Blegen, Korakou, *A Prehistoric Settlement Near Corinth* (American School of Classical Studies at Athens 1921) Fig. 3, No. 6, pp. 5, 11.

[3] See P. V. C. Baur, *Catalogue of the Rebecca Darlington Stoddard Collection* ... (Yale Oriental Ser. Researches: vol. viii, 1922) No. 445, p. 225.

[4] *Ibid.*, No. 468, p. 230; *cf.* Nos. 56, p. 243; 647, p. 286.

[5] See *Bulletin of The Metropolitan Museum of Art*, vol. xix, No. 5, May 1924, p. 128. 关于科勒的研究之后发现的罗马油灯上的标识，see H. B. Watters, *History of Ancient Pottery* (Based on the Work of Samuel Birch, 1905) vol. ii, p. 423 et seq. See also E. Hannover, *Pottery and Porcelain* (tr. Rackham, 1925) i, ch. Ⅰ and Ⅱ.

在本书付印之后，“德普罗罗克（De Prorok）探险队”的领队报道称，在古尤蒂卡（Utica）、突尼斯（Tunis）地区的陶窑中发现了“80个制陶工匠标识”，“其中有几个迄今为止在北非的迦太基（Punic）尚属首次发现。在该陶窑中发现的迄今最古老的油灯被认为生产于公元前9世纪”。(New York Times, March 15, 1925).

[6] W. H. Browne, *op. cit.*, p. 14 n. 1.

有权标识（proprietary mark）的区别。❶ 因此，在对现代商标的质变过程和商标法发展的研究中需要将所有权标识涵盖进来。

上文已经对商人标识作了区分，❷ 那些被海事法院或者其他法院认为是货物所有权的标识，被称为“商人个人标识和所有权标识”，生产标识则是用来指示货物来源或者出处的。本章将讨论所有权标识，接下来的三章将讨论生产标识或者来源标识。但是在讨论开始之时，须注意的是，同一个标识通常可能具有个人标识或者所有权标识❸以及生产标识的双重功能。正如上文所述，❹ 直至 15 世纪，手工业者通常又是商人。作为手工业者，按照制定法或者行会规章，必须在产品上使用标识，❺ ——作为商人，则被要求在商品的包装上使用标识，以使不识字的仓库管理员能够识别商品的所有者，同样，也可以使海事法院能够识别在公海上捕获或者在英国海岸失事船只中货物的所有者。

中世纪英格兰个体商人标识的普遍使用，不仅可以从那些保留至今的标识中追溯其真实来源，也可以从该时代的文学作品中得到印证。关于此种联系，经常被英国古物研究者所引用的，是创作于1394 年前后的《农夫皮尔斯的信条》（*Pierce the Ploughman's Crede*） 22
中对某个修士传教士（Friars Preachers）教堂的描写：

> 精致宽阔的窗子　玻璃上花纹繁复，
> 盾牌形状闪耀其间　上面可以看到
> 众多的商人标识　它们成对地出现，
> （教堂）总共有超过 22 扇窗子　商人标识的数量就是其

---

❶ See *infra*, pp. 124, 127 - 128, 147.

❷ See *supra*, pp. 15, 18, 20.

❸ 下文关于商人标识使用情况的讨论将对个人标识与所有权标识进行区别。前者表达个人的人格，后者则指示所有者。在中世纪，法律上具有重要意义的是所有权标识而非商人的个人标识。

❹ *Supra*, p. 15, n. 4.

❺ See ch. iii.

两倍。[1]

早于《农夫皮尔斯的信条》40余年的一首名气稍逊的诗——《温纳与韦斯特》（*Wynnere and Wastoure*）——提供了当时商人标识使用情况的另一份证据。《温纳与韦斯特》是一首对1352年英国社会经济状况进行描写的头韵体诗，详细描述了一场于国王爱德华三世和黑太子（the Black Prince）[2] 台前举行的各行各业的集会，听取代表富有商人、节俭者和身怀技艺者的“温纳”与代表肆意挥霍的、鲁莽的、不产出却自我放纵的军人阶层的“韦斯特”之间的争论。在集会上可以发现那些带有商人标识的旗帜夹杂在教皇、律师和修道士的旗帜中间。

> 我看到还有其他标记，在空中飘扬，
> 有些是纺织者的标记，有些是酒庄的标记，
> （还有其他的）商人标识，如此之多，如此密集
> 以至于我无法将其一一记录下来，在本王国的全境内，
> 任何（人）在阳光下均能将其辩认出来。[3]

从事英格兰和苏格兰城镇古物研究的学者证实了文学作品中
23 关于中世纪商人标识广泛使用描写的真实性。这些标识不仅被用于在交易中指明附着产品的所有权，而且获得了显著的社会意义。在中世纪的商业史中，商人们似乎很早就在其获得一定的声望和优势之后，持续地使用他们的标识以指示其产品。他们——

---

[1] Ed. W. W. Skeat（Early English Text Soc. 1867）p. 7，lines 175 – 178.

[2] 黑太子爱德华（1330—1376），英王爱德华三世的长子，英法百年战争中英军著名的指挥官。——译者注

[3] *A Good Short Debate Between Winner and Waster*（Selected Early English Poems, ed. Sir Israel Gollancz for Early English Text Soc.，Ⅲ）lines 188 – 192. 编辑对比了本诗与《农夫皮尔斯的信条》中的“商人标识”，他认为本诗中的“商人标识”显然是商人的个人标识，而不是葡萄酒和羊毛贸易中的集体标识。参见其对第189—190行的注解。See also *Reliquae Antiquae*, ed. T. Wright & J. O. *Halliwell*, vol. 11（London 1845），p. 280（cited in Murray，*New Eng. Dict.* vol. 6，p. 168，1450年）：

> “大厅尖尖的屋顶上，商人的标识，
> 被霜和雪覆盖变成了灰白色。”

特别是富有的毛纺织者——为了表明其财富得到上帝的认可，建设或者修缮教堂，接受他们捐赠的人为了表达感谢之情，就会把他们在产品或者包装上使用的标识放置在教堂。将近两个世纪以前，布洛姆菲尔德（Blomefiled），一位博学的诺福克（Norfolk）历史学家，在论及爱德华三世统治时代时写道：

> 对这些标识的使用是如此有益，以至于当时所有商人都拥有特定的标识，他们将这些标识使用在产品上，这些标识由两个纹章合于一个盾形徽章之上或者仅仅是一个盾形图案；在所有的城市和大市镇，例如诺里奇（Norwich）、林恩（Lynn）等地的房屋、窗子和墓碑上均能找到大量的商人标识；对所有者的记忆通过这些标识被保留下来，对于所有研究地方记录的人而言，找出是谁在使用这样的标识是十分容易的事；于是，当我们在某座房屋上看到商人标识时，我们可以得知这是此人的住所；当我们在一个光秃秃的墓碑上发现商人标识时，那就是此人的坟墓；当我们在教堂的窗子或者其他公共建筑上发现商人标识时，则意味着他是该建筑的捐助者；然而任何的使用均不及在古代契据上使用该类标识的频率，因为商人们总是在这些契据上打上他们的标识。[1]

自布洛姆菲尔德时代起，便可以在商人所属的行会或者公会， 24
或者由商人捐助的教堂，或者其健在的家人在教堂中设置的纪念

---

[1] F. Blomefield, *History of Norfolk*, vol. 1, p. 106（ed. 1739）, quoted from edition of 1805（vol. 1, p. 160, n. 5）, by Edward Duke, *Prolusiones Historicae*（Salisbury 1837）p. 83. 后者搜集了林恩、诺里奇、索尔兹伯里（Salisbury）和南安普顿（Southampton）等地商人标识使用的例子(*ibid.*, pp. 83 – 86)。See William C. Ewing, "Notes of the Norwich Merchants' Marks"（*Pub. of Norfolk and Norwich Archæol. Soc.*, vol. iii, p. s77）提供了很多有价值的数据以及 13—16 世纪的 300 多个标牌中标识的复制件；J. Paul Rylands, "Merchants' Marks and Other Mediaeval Personal Marks"（*Trans. Hist. Soc. of Lancashire and Cheshire*, vol. lxii, [New Ser. vol. xxvi], p. i）复制了 87 个该种标识。See Stow, *Survey of London*（ed. C. L. Kingsford, vol i, p. 274）"Concerning Arms of John Wells, Grocer"; R. R. Sharpe, *Cal. of Wills*, pt. i, p. 272, 托马斯·卡尔顿（Thomas Carleton）在遗嘱中要求，将他的"纹章"放在他坟墓的十字架上（*ibid.*, p. 544），他的母亲和祖父在遗嘱中要求在后人的墓碑上打上皮货商"纹章"。

铜牌上找到更多关于中世纪商人标识的信息。大量的这类铜牌，例如复制于下一页的1525年伊普斯威奇的商人和“百户长”（Bayley）托马斯·庞德的纪念铜牌上就有一个商人标识。❶ 商人标识通常由粗糙的线性图案组成，可能是所有者姓名首字母的押花图案，或者是一个反写的数字“4”，古物研究者们认为是一个十字架的变形，或者是对上帝的羔羊（*Agnus Dei*）一词的变形，❷ 在上帝的庇佑下，商人祈求经营上获得成功。有时，押花图案与反写的“4”是同时出现的，如在托马斯·庞德的铜牌中。

这些标识有时是可以被继承的，有些情况下，不同的家族分支保有同一标识，但是伴有细微的变化以防止误认。❸ 为了维护

---

❶ See W. H. Macklin, *The Brasses of England*, (2nd ed.) p. 97, 关于该铜牌描述, also *ibid.*, pp. 163 - 173. 该书提供了一份英格兰毛纺织者（wool - staplers）的铜牌的列表。关于其他纪念铜牌上商人标识的实例或者文献, see Trans. *Monumental Brass Society*, vol. ii, p. 9, vol. vi, pp. 70, 332; H. Haines, *Manual of Monumental Brasses*, pt. i, pp. cxvii *et seq.*; J. S. Cotman, *Engravings of Sepulchral Brasses in Norfolk and Suffolk*, 2nd ed. vol. i, Plates 58 and 60; C. T. Davis, *Monumental Brasses of Gloucestershire*, pp. 56, 74, 95, 123, 136; E. H. W. Dunkin, *Monumental Brasses of Cornwall*, Plates LXI, Fig. 3, LXII, Fig. 3; J. L. Thorneley, *Monumental Brasses of Lancashireand Cheshire*, facing p. 286; J. M. Neale, *Illustrations of Monumental Brasses*, pp. 50 *et seq.*; T. F. Bumpus, *London Churches*, i, 165.

❷ 更多关于将反写的数字“4”作为商人标识使用历史的有价值的信息, see David B. Morris, *The Stirling Merchant Gild*, pp. 160 - 170; J. P. Rylands, *op. cit.*, pp. 30 - 32.

❸ See J. P. Rylands, *op. cit.*, pp. 8 - 9（插图）; *cf.* W. C. Ewing, *op. cit.*, p. 179. See C. Ffoulkes, “The Craft of the Armourer” in *The Connoisseur*, vol. xxiv, at p. 102（图5和图6）p. 103, 展示了奥格斯堡（Augsburg）著名的军械制造商科尔曼（Colman）家族不同成员军械标识的演变情况；此外，同一作者，“The Armourers of Italy,” in *The Connoisseur*, vol. xxv, p. 31,（图7），展示了米兰的军械制造商中同样杰出的米萨利亚（Missaglia）家族成员军械标识演变的类似情况。米萨利亚标识被发现于米兰铸剑工匠街口柱子的柱头上。See W. Boeheim, “Werke Mailänder Waffenschmiede” in *Jahrbuch der Kunsthistorischen Sammlungen* (Vienna), vol. ix at P. 384; G. F. Laking, *European Arms and Armour*, i, pp. 198 *et seq.*

纪念铜牌，1525 年，纪念伊普斯威奇商人托马斯·庞德与他的妻子艾玛（Emma）。铜牌上部中间的盾形中显示了他的商人标识，右上部是投机商人行会纹章，左上方是伊普斯威奇的市镇纹章。

（该铜牌原安放于圣玛利教堂的圣坛之上，现藏于伊普斯威奇博物馆。——译者注）

25 商业上的优势地位，商人们很快与纹章官（Heralds）[1] 之间产生了矛盾，这些官员对“贸易是否会使绅士阶层灭绝”的问题给出了肯定的回答，他们惧怕一种新的半纹章（semi - heraldry）或者假纹章（pseudo - heraldry）体系的侵蚀，这些不会给他们带来荣誉，也不会带来酬金。[2] 在说明“皇家纹章官（king of arms）在其管辖范围内拥有何种权威时”，兰开斯特（Lancaster）的纹章官弗朗西斯·锡恩（Francis Thynne）在 1605 年说道：“他可以禁止任何商人或者任何其他人将其姓名、标识或者图案使用在饰有纹章的盾牌之上，这种特权属于并且仅属于携带武器的绅士而不属于其他任何人。”[3]

然而，尽管纹章官们强烈谴责，商人标识的使用并没有停止。一个有趣的事例表明了这些标识如何被广泛地传播。商人标识出现在 17 世纪的英格兰、威尔士和爱尔兰作为非法的“应急之钱”（money of necessity）而发行的贸易代币（trade token）的图案中。这些贸易代币取代了在联邦时期和共和国时期就已经停止发行的铜币。[4] 这些代币，于 1648 年发行开始，至 1671 年被

---

[1] 纹章官，英国王室或者贵族成员，在早期负责登记纹章、宗谱、管理葬礼事宜、充当信使、宣布战争与和平等。——译者注

[2] See Wm. Newton, *A Display of Heraldry*, pp. 394 *et seq.*; Duke, *op. cit.*, p. 82; Charles Boutell, *Heraldry*, pp. 117 - 118, pp. 367 *et seq.*

[3] Francis Thynne, *A Discourse of the Duty and Office of an Herald of Arms reprinted in A Collection of Curious Discourses*, by Thomas Hearne, 2nd ed., London 1775, i, at p. 153. See Northumbrian Monuments (Newcastle - upon - Tyne Records Ser. vol. iv) p. 141, no. 293.

[4] 关于决定发行贸易代币的货币条件的出色总结，see “Reasons Submitted by Thomas Violet of the Mint Committee to Prove the Necessity of Making Farthing Tokens” in *Cal. State Papers*, Dom., 1651, pp. 313 - 315, No. 23 (Aug. 10, 1651).

王室禁止。而在恢复国王的1/4便士和1/2便士的铜币时，[1] 这些铜币被要求一面含有商人标识，而另一面含有发行人的姓名、其妻子的姓名以及其营业所在地的城镇或者地址，或者上述信息的首字母。

我们已经如此深入地考察了英国中世纪商人标识在社会和经
济中的使用状况。现在，我们将对这些商人标识的法律意义进行 26
检视。

杜南特[2]和布朗[3]向我们展示了商人标识在欧洲大陆被广泛使用的情况，这些标识被用于在船只失事、海盗抢劫或者其他意外事故中证明对货物的所有权。布朗提到了一张1420年的商业票据（*Handelsbuch*），该票据由但泽市（Danzig）[4] 的一位商人持有，在其边缘包含大量的荷兰、英国和热那亚（Genoses）商人的标识。[5] 在同时代的另一份文件中，三艘由里加（Riga）开往佛兰德斯（Flanders）的船只的所有人对英国人给其船只造成的损失提出抗议。船上的货物是亚麻，属于100个商人所有，这些商人的标识对应于各个商人的姓名。[6] 类似的，杜南特也提醒人们注意在货物上出现并记载于装载货物船只登记簿中的商人标识的功能，这些标识是为了初步推定（*prima facie* presumption）

---

[1] Wm. Boyne, *Trade Tokens Issued in the 17th Century* (revised ed.) i, Introd. pp. xix *et seq.*; W. Gilbert, "Token Coinage in Essex in the 17 th Century," in 7 *Trans. Essex Archaeol. Soc.*, *New Ser.*, vol. xiii, pp. 184 *et seq.*; Gray and Symonds, "Somerset Trade Tokens, XVII Century," in *Proceedings Somer setshire Archæol. And Natural Hist. Soc.*, vol. lxi, pp. 115 *et seq.*

[2] *Traité des marques de fabrique*, pp. 10 *et seq.*

[3] Braun and Capitaine, *Les marques de fabrique*, Introd., p. xvii.

[4] 关于英国商人与但泽在中世纪的关系，see *York Memorandum Book*, vol. ii (Surtees Soc. Pub. vol. 125) Introd. pp. xix *et seq.*

[5] 该文件是W. 范斯拉斯基（von Slaski）题为“15世纪但泽的贸易”（*Danziger Handel in XVten Jahrhundert*）的博士学位论文的基础（Heidelberg, 1905）。

[6] Braun and Capitaine, *op. cit.*, Introd. p. xvii.

货物所有权而使用的。[1] 他还提到了一份公证文书，记载了来自马略卡岛（Majorca）的商人在塞维利亚（Seville）高级法院提起的诉讼，要求返还在一次沉船事故中被抛弃在佛兰德斯海岸上的蜡球。在货物所有者巴塞洛缪斯·察加拉（Bartholomeus Çagarra）的代理人伯纳德斯·杜兰（Bernardus Duran）能够确切地证明其在蜡上使用了所有人的标识（“*qualiter signum seu marca, de qua erant signate seu marcate dicte balle erat et est dicti Bartholomei Çagarra*”）之前，[2] 塞维利亚的西班牙人执行官（bailiff）拒绝交出这些货物。该法律文件复制了原告巴塞洛缪斯·
27 察加拉的标识，并引用了塞维利亚法官和市政委员会治安官（Alguazil）的判决，要求执行官在没有保证人的情况下将货物交给察加拉，因为许多证人已经证明其所有人的地位，并且长期在这些货物上使用该标识：

> 被传唤的所有证人均指出，每个人均可以通过宣誓的方式获得一个标识，该标识将被记载在登记簿上；该标识是属于巴塞洛缪斯·察加拉的，长期以来他一直使用该标识，现在该标识每天都在被使用……[3]

正如英国商人在外国登记机构登记其标识一样，这些外国商人

---

[1] *Op. cit.*, pp. 12 – 13. 关于中世纪德国城镇中用于识别丢失或者失窃货物的类似标识，see also Kohler, *op. cit.*, p. 27.

[2] 杜南特提到的文件，为法国国家图书馆所藏，E. T. 哈米（Hamy）在一篇发表于《历史研究》（*Études historiques et géographiques*）上的题为“1332 年的一个船难”（Un Naufrage en 1332）的文章中描述了该文件。（Paris 1896），pp. 95 – 103. 文中包含许多关于商人标识使用情形的有趣材料。哈米在该书的第 444—447 页公开了整个文件，上述拉丁文引文即出自该文。

[3] *Ibid.*, p. 445.（原文为：Et dicti testes dixerunt omnes et singuli quod per sacramentum quod fecerant quod hoc signum seu marca, quod est scriptum seu signatum in ista carta, quod est et erat dicti Bartholomei Çagarra, et quod magnum tempus erat quod usus fuerat hoc signo seu marca et nunc cotidie utitur eo . . . ——译者注）

的标识有时也会进入英国的贸易记录之中。例如，在大雅茅斯（Great Yarmouth）公会登记簿中，就有许多的外国标识，主要是布拉班特（Brabant）商人的标识，这些标识通常经过外国公证人的公证。[1]

我们将会发现，在14世纪以后的几个世纪里，英国法中将商人标识作为认定其所附着或者使用的货物所有权的决定性依据的做法，一直延续并且几乎没有任何改变。在爱德华三世统治时期，“对于船只航行最大的持续性危险，莫过于海上猖獗的、屡禁不止的海盗行为，这段时期所有进行海上扩张的国家对此都难辞其咎”。[2] 在爱德华三世之前的相当长的时间里，船只在海上失事货物被扔到岸上时，货物将被作为“遇难船只的残骸”（wreck）归国王所有，除非“一只狗或者其他活着的动物逃脱，藉此可能发现其所有者；或者货物上使用了标识，能够识别其所有者”。[3] 相应的，在海盗盛行的爱德华三世统治时期，密封的 28
和开口的案卷（Close and Patent Rolls）记载，为了证明对货物的所有权而诉诸货物上的商人标识的情况时常出现。当然还存在其他的情况，我们将会看到，即使在与海盗无关的案件中，出于某种原因需要认定货物的所有权时，仍然可以借助商人标识。以下来看几个关于上述两类情形的例子。

爱德华三世十七年（1343年），有一份对南安普顿郡长（Sheriff）[4] 的命令：

---

[1] See Henry Harrod, *Notes on the Records of the Corporation of Great Yarmouth*, *Pub. of the Norwich and Norfolk Archæol. Soc.* vol. iv, pp. 258 – 259.

[2] Frank Sargeant, “The Wine Trade with Gascony,” in *Finance and Trade under Edward III*, ed. George Unwin (Manchester University Historical Ser., No. XXXII), p. 292.

[3] T. L. Mears, “Admiralty Jurisdiction” in *Select Essays in Anglo – American Legal History* ii, p. 333.

[4] 郡长，英国国王在各郡的代表，为各郡的首席官员，负责主持郡法院。——译者注

> 要求向布鲁日（Bruges）市民康拉德·科万纳奇（Conrad Covenache）交付20匹不同颜色的布匹……因为康拉德已经恳求国王下令将合同中约定的带有包装序号和康拉德标识（*signa quibus signantur*）的布匹返还给他，作为布鲁日市民约翰·德鹏润（John de Peroun）和吉尔斯·德霍夫特（Giles de Hooft）的代理人，他要求返还剩余的15匹布，理由是其中5匹布带有康拉德的标识（*signo suo*），6匹布带有约翰的标识（*signo ipsius Johannes*），9匹布带有吉尔斯的标识（*signo ipsius Egidii*）。[1]

类似的，1346年，德文郡（Devon）郡长和国王的警卫官（king's sergeant - at - arms）哈维·蒂雷尔（Harvey Tirel）被命令归还西班牙商人桑希斯（Sancius）在英国海岸上发生的海盗事件中失落的若干桶葡萄酒，桑希斯和蒂雷尔在"达特茅斯（Dertemuth）的理查·戈登（Rechard Gordon）酒馆发现了两大桶（tun）带有桑希斯标记（*de signo predicti Sancii*）的酒"，[2] 他辩认出了这些酒桶。同年，伊普斯威奇的地区行政官被命令"将九大桶和一小桶（pipe）蓝色颜料归还给詹姆士（James）所说的厄本（Urbaen），布鲁日市民，如果他们确认上述货物上带有其标识（*dicto signo in eisdem litteris inserto signato*）"。[3]

29 1356年的一条记录表明英国商人追踪在海外被盗货物的惯用方式，以及他们对其标记在佛兰德斯法庭上证明价值的认识程度：

> 致佛兰德斯布鲁日的市长、副市长和市议员（échevins）。要求按照理查德·德斯坦霍普（Richard de Stanhope）及其律师的请求，依据本市的交易习惯及时地给予保护。他们希

---

[1] *Cal. Close Rolls*, Edw. Ⅲ, 1343—1346, Feb. 24, 1343, p. 17.
[2] *Cal. Close Rolls*, Edw. Ⅲ, 1346—1349, pp. 10 - 11.
[3] *Cal. Close Rolls*, Edw. Ⅲ, 1346—1349, p. 13.

望国王在类似的案件中也会给予相同的保护，因此写信敦促国王尽快这么做。国王已经接到了理查德的请求，说明他有38萨普拉（sarplar）❶的羊毛被抢走，这些羊毛上均带有他的商人标识，其中一部分装载在特威德河（River Twede）上的一艘佛兰德斯船只上，莱斯克吕塞（Lescluses）的水手休·斯卡特（Hugh Scuter）是该船的负责人；另一部分被放在特威德河沿岸的贝里克（Berwick）镇，之后被盗贼搬到船上运到了佛兰德斯，这些盗贼被受理理查德仆人及其律师诉讼的市长等人的使节抓获，发现羊毛上的商人标识，尽管仆人以理查德的名义主张追回羊毛，要求将羊毛交还给他，但是他们仍然不正当地拖延交付，据此理查德已经向国王请愿要求给予救济。❷

爱德华三世二十七年（1353年）通过了一个重要的法案，❸规定在海上或者在岸上失落货物的外国商人在证明其对货物享有所有权的情况下有权追回货物，而不必提起普通法上的诉讼。❹为适用这种取回货物的简易程序（summary procedure），该法案列举了三种证明所有权的方法，其中之一就是通过货物上的标识

---

❶ 萨普拉，英国毛包重量单位，相当于2240磅。——译者注

❷ *Cal. Close Rolls*, Edw. Ⅲ., 1354—1360, pp. 305 - 306. 关于布鲁日的市长和副市长的作用和司法管辖权, see Malcolm Letts, "Law and Order in a Medieval Town," 39 *Law Quarterly Review*, p. 224. 其他关于商人标识的证明性使用的例子, see *Cal. Close Rolls*, *Edw.* Ⅲ, 1343—1346, *ibid.*, p. 7（致南安普顿的郡长）; *Cal. Close Rolls*, Edw. Ⅲ, 1349—1354, p. 3（致桑威奇的市长和地区行政官）; *ibid.*, p. 48（致伦敦的郡长）; *ibid.*, p. 54（致托马斯·德达格沃思）（Thomas de Dagworth）.

❸ Statute 2, c. 13, *Stat. of the Realm*, i, p. 338.

❹ "商人为了取回为其所有的货物，须提供其标识、海关通行证，或者国外善良守法商人的证言"（*Soit receu de prover les ditz biens estre les soens par ses marches ou par sa carte ou coket ou par bons et loialx marchantz privez ou estrangers et par tides proeves soient meismes les biens deliveres au marchant saunz autre seute faire a la coë lei*）。See *Select Pleas in the Court of Admiralty*, Vol. I（Selden Society Pub. vol. 6）, Introd. p. 1.

来证明所有权：

30 本法设立以下条款：无论本国还是外国商人，如果其货物在海上遭遇抢劫，当被抢劫的货物进入本王国以及本王国的领地时，该商人可以通过诉讼的方式取回上述货物。为此，他需要证明他是上述货物的所有人。证明的方法有，[提供其标识、航海图或者海关通行证（*per ses merches ou per sa carte ou coket*）]，或者提供本国或者外国的善良守法商人的证言。依据这些证据（*per tieles proeves*），该商人不必再依普通法提起其他诉讼即可取回上述货物。此外，进出本王国或者本王国领地的任何船只，如果由于遭遇暴风雨或者其他灾害而撞上海岸防护堤导致货物被冲上陆地，这些货物不能被称为遇难船的残骸，依据前述证据，它们需被及时地并毫无欺诈或者主观恶意地送到作为货物所有人的商人或者商人的仆人手中……❶

在1367年的一份“对普利茅斯（Plummuth）市的市长、地区行政官以及市民（the true men）”命令中，我们看到了上述法案的实际适用情况。该命令要求那些被指定的人：

接受询问并尽力提供……海难之后被冲上岸的来自圣安东尼（St. Antony）的一艘船上货物的相关信息，这些货物被该市以及临近地区的市民搬下船来占为己有，商人们可以通过其标识、标签或者其他有效证据（*per signa metas vel alias evidencias veraces*）来证明这些货物为他们所有却被他人侵夺，这些货物须被及时地、毫无保留地送至……船主……该船的监管人……或者……这些商人的律师手中……❷

---

❶ *Stat. of the Realm*, i, p. 338.

❷ *Cal. Close Rolls*, Edw. Ⅲ, 1364—1368, Feb. 7, 1367, p. 36.

一份1371年的记录显示，在威斯敏斯特（Westminister），人们对肖勒姆（Shoreham）——英国猖獗的海盗活动的中心——的地区行政官漠视爱德华三世二十七年颁布法案的行为表达了强烈的不满。[1] 该案中的海盗行为明显是针对伦敦的商人，该命令显示，这些商人没有获得爱德华三世二十七年颁布的法案中规定 31
的简易程序的保护，因为“国王的意愿是保持该法案尚处于无人违反的状态……”[2] 直至1771年[3]，爱德华三世二十七年颁布的法案才被曼斯菲尔德（Mansfield）勋爵所在的法院援引，该案中，原告要求追回在一次沉船事故中被扔在岸上的大桶牛脂，这些桶上标有与提单上相同的原告标识。被告主张这些货物是“遇难船只的残骸”，因为没有人、猫或者狗从失事船只中活着逃出来。曼斯菲尔德大法官愤愤不平地将“遇难船只的残骸”的主张抛至一旁，支持了原告的诉讼请求。

在这个时代，市政当局将商人标识作为所有权的证据，将加盖该类标识的行为作为一种推定所有权证据。伦敦市长和伦敦市公会写给加来（Calais）市长和市政官的信中为上述实践提供了一个很好的例子。信中记载亨利·汉加德（Henry Hangard）以及其他几位亚眠（Amiens）的市民在格罗斯特从“伦敦的市民约翰·派克纳姆（John Pykenham）”那里以1200英镑的价格购买了200匹布，“每匹布上都被打上了亨利的标记”。这封信说明派克纳姆已经做好了向亨利交付布匹的准备。“但是亨利及他的货物……均无法找到。因此，为了协助本国的约翰·派克纳姆获得

---

[1] 关于肖勒姆存在的仿冒情况，see Henry Cheal, *The Story of Shoreham Piracy*, pp. 121 et seq.

[2] *Cal. Close-Rolls*, Edw. Ⅲ, 1369—1374, August 22, 1371, p. 325.

[3] *Hamilton v. Davis*, 5 Burr. 2732.《坎贝尔的大法官生涯》(*Campbell's Lives of the Chief Justices*) 一书误导性地提及和不准确地引用了该案。(N. Y. 1873) iii, p. 316.

价款……全能的上帝将为其保管货物”。[1]。

16 世纪的海事法院和枢密院案卷中反复地提到商人标识。
32 这些标识除了附着在货物或者包装之上，也被标注或者复制在提单或者船只登记簿中。[2] 例如，一份日期为 1541 年 11 月 28 日的提单被作为证据提交给海事法院，该提单中记载“46 猪头桶（hogsheads）鲸油，在民用油桶上标注的均是记载在附注中的标识以及民用油桶的副标识……”[3] 在 *Michell v. Wines in the Hands of Taylour* 一案中，一次船难中受到损害的货物被命令移交给原告：

> 其中 9 小桶（vessels or butts）克里特岛葡萄酒是文森特·米歇尔（Vincent Michell）的货物，这些货物上带有其通常使用的标识，而这些货物现在还在托马斯·泰勒（Thomas Taylour）的手中保管。……[4]

在 1557 年的一件运输案件中，提单中包含以下信息：

> 我，科内利斯·丹尼斯（Cornelys Denys），承重约 55 吨的名为约伯（Job）号独桅船（master under God）的船长，承认在鲁昂（Roane）港口收到当地居民彼得·德弗洛

---

[1] *Cal. of Letters from the Mayor and Aldermen of the City of London*，1350 - 1370，ed. R. R. Sharpe，p. 146，1366 年 4 月 9 日。亦参见 1364 年 7 月 26 日致法国海军上将的信件，控诉来自诺曼底的水兵盗窃了 360 片白锡，这些锡片上的标识被认为是体现了主张返还货物人的信息（*ibid.*，p. 95）。

[2] See W. P. Bennett，*History and Present Position of the Bill of Lading*，p. 2；Scrutton on *Charter Parties*（ed. 1923），Index s. v. “Marks on Goods.”

[3] *Select Pleas in the Court of Admiralty*，vol. i（Selden Society Pub.），vol. 6，p. 112.

[4] *Ibid.*，vol. ii（Selden Soc. Pub. vol. Ⅱ），p. 13（1550）.（原文为：Que quiden novem vasa sive buttas vini Cretici fuerunt et sunt bona propria dicti Vincentii Michell et signo sive stigmate suo solito et consueto depicta et signata et inmanibus et custodia dicti Thome Taylour remanent et existunt. ——译者注）

> (Peter de Flo）以托马斯·沃克（Thomas Walker）和理查德·索顿斯托尔（Richarde Saltonstall）先生的名义装上船的货物，包括 36 件梅干、6 捆帆布、3 个半包的纸[1]、两捆线、一桶扁桃仁以及一桶半的葡萄籽（vergus)[2] 和梨干，全部都清楚地被打上了附注中的标识，还有一个半包纸上面标有该标识……（*marcque de la marcque cy dehors reste ungue demye balle de pappier marcque de ceste marque . . .*）[3]

同时期枢密院颁布的法案，在处理涉及海盗和其他主张返还
货物的问题时，同样强调货物所包含的标识，而且经常将商人标 33
识复制在具体命令的纸张边缘。[4] 例如，有一份日期为 1545 年 6 月 24 日的保证书（recognizance），内容为向某位西班牙人交付“241 匹……在边缘标有该标识的……帆布……”[5] 1546 年，[6] 至少有 6 件被报道的案件命令归还货物，或者指责当局没有遵照先前的命令归还货物，在这些案件中，这些货物被描述为“带有在命令边缘记载的那些标识”。根据 1570 年的枢密院命令：

> 一些外国商人被传呼至枢密院大臣台前，经过宣誓之后，要求根据商品上的标识来确认近期在某港口停泊的船只上的全部商品中哪些是属于西班牙人的，哪些不是。[7]

---

[1] 本书引文为“peper”，根据文本出处，应为“paper”。在此根据原文出处更正。——译者注

[2] 疑为“verjus”的误写。在中世纪，“verjus”一词既可以指未成熟的葡萄榨出的酸葡萄汁，亦可以指用盐保存的未成熟的葡萄籽。See Odile Radon et al., *The Medieval Kitchen: Recipes from France and Italy*, p. 19（University of Chicago Press 2000）. 结合上下文，本书暂译为葡萄籽。——译者注

[3] *Ibid.*, vol. ii, p. 62. 关于其他的例子，see *ibid.*, pp. 2, 61, 63。

[4] See *Acts of the Privy Council*（New Ser.）, vol. i, Preface, p. xvii.

[5] *Ibid.*, p. 201. See also p. 248.

[6] *Ibid.*, pp. 378, 382, 434, 435（两个条目）, 537 - 538.

[7] *Ibid.*, vol. viii, p. 17.

1585年，枢密院的大法官们在写给五港同盟（the Cinq Ports）[1] 的沃登（Warden）勋爵的信中，就多弗·黑文（Dover Haven）持有和非法出售的货物“恳求沃登勋爵”：

> 根据本信所附记录中商人们所使用的标识，颁布命令将下述商品和货物进行返还：将14个鞋楦和1桶（barrill）油脂交还给查尔斯·塔尔文（Charles Talven），将120匹奥斯特兰（Osteland）布交还大卫·海埃克斯（David Haeex），将3袋羊毛和6桶动物油脂交还雅克·盖利（Jaques Gellee）……[2]

1590—1593年枢密院的诸多法案均涉及乌吉拉·萨尔维吉娜号船（*Ugiera Salvagina*）案件，一个十分著名的诉讼案件（*cause célèbre*），该案将是我们相关的讨论中关注的最后一个案
34 子。该案起因于25包胡椒，为在达特茅斯市扣押的乌吉拉·萨尔维吉娜号船中的一部分货物，这些胡椒“被从包裹的最上方取出，在包裹的最下方则发现了相互矛盾的标识”。[3] 1590年1月24日的第一条记录[4]中提到，原告威尼斯的货物所有人和其他几位律师参加了本案审理。在海事法院的所有程序均被撤销后，经各方当事人同意，该案被枢密院交给三位枢密院成员和几位对大陆法颇有研究的学者进行仲裁，最后再决定如何处理。[5] 最终，1593年7月，在仲裁员报告的基础上，作出了一份分配乌吉拉·萨尔维吉娜号船上货物的命令，采纳了“出纳员账簿”清单中记载的商人标识与胡椒、象牙、凤仙花包裹上的标识相对应的方式

---

[1] 五港同盟，中世纪时期由英格兰东南部的黑斯廷斯、新罗姆尼、海斯、多佛和桑威奇五个港口为保护英吉利海峡沿海航行而组成的同盟。——译者注

[2] *Ibid.*, vol. xiv, pp. 10 - 11.

[3] See *Acts of the Privy Council* (New Ser.), vol. xxiv, p. 386.

[4] *Ibid.*, vol. xx, p. 234.

[5] *Ibid.*, vol. xxiii, p. 92, 1592年8月2日。

来确定货物的所有者。[1]

简单地总结一下，本章列举的证据表明，中世纪的所有权标识尽管严格地讲不是现代意义上的商标，却是现代商标法发展中的重要因素。正如市政档案、海事法庭记录以及爱德华三世二十七年的制定法所展现的，商人标识被认为是证明所附着产品的所有权的初步的但常常是决定性的证据。商人标识这种标示所有权的特性仍然存在于目前关于商标功能的司法理念中，并且成为其鲜明的特征。

论天鹅标识 35

天鹅标识是英国最古老的所有权标识之一，至今仍发挥着原初的作用。在英国法上，天鹅被认为是"皇家鸟类，除非国王赏赐，即使在公共河流或者港湾中，任何人不得对天鹅主张享有所有权。为了表明享有该特权，国王会授予一个天鹅标识"。[2]

亨利四世和亨利五世徽章上的主要标识即是一只银色的天鹅，他们在继承王位之前即已经在其徽章上使用这样的银色天鹅标识。根据 1483 年的一项制定法，除国王的子嗣以外，任何人不得使用天鹅标记，除非拥有年价值 5 马克的无限制自由土地保

---

[1] See *Acts of the Privy Council* (New Ser.), vol. xxiv, pp. 385 – 393. 拉斯提格引用了一个发生在意大利的类似的有趣案例，几个在佛罗伦萨（Florence）海关登记了标识的英国商人将一些货物交给弗罗伦萨的商人萨缪尔 · 布德里斯（Samuel Budriess)，由其代为销售并向其支付佣金。布德里斯将部分货物卖给了亚历山大 · 布奇（Alessandro Pucci)，但是几天后他就破产了。英国商人可以以其标识为证据向布奇的债权人主张取回属于他们的货物。(*op. cit.*, pp. 72 – 73.)

[2] W. Yarrell, *History of British Birds*, (4th ed.) iv, p. 329.

有权（a frealold of the clear yearly value of five marks）。❶ 天鹅标识本身，爱德华·科克（Edward Coke）先生称为“cigninota”，以刀或者其他工具刻在天鹅喙的皮肤里。国王的天鹅饲养者负责保管天鹅标识登记簿，任何新的标识均不得妨碍已有的标识。天鹅所有者及其天鹅饲养人须在国王天鹅饲养人登记簿上注册。一般来讲，给天鹅幼崽打上标识的仪式须由所在河流上的所有天鹅饲养人出席，并且通知所有人在特定一天或者几天中进行。给天鹅幼崽打上的标识来自其父母一辈，但是如果天鹅没有被打上标识，这些天鹅就都会被抓起来归国王所有并打上国王的标识。任何天鹅饲养者在没有国王的天鹅饲养者或者其代表出席的情形下不得私自为天鹅打上标识。❷

关于哪些人可以使用天鹅标识的记录表明了天鹅标识的重要性。例如，雷丁市（Reading）的记录中有以下条目：

36

> （1507 年）雷丁市政厅的市长和市政官有权根据上图所示的标识，监督桑宁（Sonnyng）的托马斯·兰德尔（Thomas Randall）参加亨利七世二十三年圣母升天节（8 月 15 日）的那一群天鹅。❸

---

❶ 22 Edw. IV, c. 6, Stat. of the Realm, ii, p. 474. 该法规定天鹅幼崽被从合法所有人那里偷走后，那些给天鹅打上他的未获授权的标识或者有权使用人标识的自耕农和平民可以取得对成年天鹅的所有权。（在英格兰，马克是一种记账单位，相当于 160 便士或者 2/3 英镑。——译者注）

❷ *Ibid.*, p. 330. See also Browne on *Trademarks* (2nd ed.), p. 14; Edward Peacock, "Swan Marks," *Archæol. Journal*, vol. xli, p. 290; C. H. Mayo, "Swans on the Salisbury, Avon and Dorset Stour, Somerset and Dorset Notes and Queries," vol. xiii, p. 297.

❸ *Records of the Borough of Reading*, ed. J. M. Guilding, i, p. 104.

> （1544 年）今天，授予尼古拉斯·尼克拉斯（Nicholas Niclas）一群天鹅，他的 8 只天鹅可以参加大天使圣米歇尔节（无须支付保证金），为期 20 年；只要尼古拉斯还活着，每年第二季度向本市长和市政官支付 8 先令，他就可以参加圣母报喜节和大天使圣米歇尔节并受到保护；尼克拉斯有权持续地饲养这 8 只带有市政厅标识的天鹅，上述期限届满或者尼古拉斯去世时，则需要将带有市政厅标识的 8 只状态良好的白天鹅交还本市长和市政官或者他们的继任者。[1]
>
> （1548 年）今天，也就是星期五，爱德华六世二年 12 月 21 日，国王生日的前一周，约翰·贝尔（John Bell）市长授予托马斯·本韦尔（Thomas Benwell）一群天鹅，他的 8 只白天鹅可以参加明年的圣母报喜节，为期 20 年；此后，如果托马斯·本韦尔还活着，则需要每年向市长或者市政官支付 6 先令 8 便士，并且每年向市长或者市政官交付 1 只带有完整标记的天鹅，以保留其饲养天鹅的资格。托马斯·本韦尔需保证持有 8 只带有市政厅标识的状态良好的白天鹅，上述期限届满或者托马斯去世时，则需要将带有市政厅标识的 8 只状态良好的白天鹅交还本市长和市政官或者他们的继任者。[2]

1553 年牛津市[3]的记录中有一条允许国王的侍从（Chamber- 37
lain）“给天鹅打上标识……为此须向其支付 4 便士”。在伊丽莎白 25 年，锡福德（Seaford）、萨塞克斯（Sussex）的一个委员会授权约翰·康柏（John Comber）“在爱德华·华为克斯（Edw. Warwickes）的三只小天鹅和西蒙·布莱特（Symon Brighte）的

[1] *Ibid.*, p. 188.

[2] *Ibid.*, p. 212.

[3] Ed. W. H. Turner, p. 220.

两只小天鹅打上自己的标识，同时将上述二人的标识去掉”。❶ 1570 年的“关于在威汉河（River Witham）上保护天鹅的规定”十分详细地描述了任命天鹅饲养人的方法以及为天鹅打上标识、对上述标识进行登记和在林肯郡（Lincolnshire）威汉河上对天鹅进行保护的程序。❷ 紧随这些“规定”之后的，是一份“天鹅标识登记簿，包含了该河上的天鹅所有人”，该登记簿为我们提供了这些标识如何演变的重要信息。1609 年伦敦的酿酒人公会记录簿（Court Book）中的一条记录要求“本公会的天鹅饲养人、国王的天鹅饲养人以及印染公会的天鹅饲养人于秋季在朗伯斯（Lambeth）集会，并在河边为天鹅打上标识”。❸

---

❶ M. A. Lower, “Memories of Seaford,” in *Sussex Archœol. Coll.* vol. vii, p. 99.

❷ J. Banks, “The Ordinances Respecting Swans on the River Witham” in *Archceologia*, vol. xvi, p. 155.

❸ W. H. Overall, “The Ward of Vintry,” in *Trans. London and Middlesex Archœol. Soc.* vol. iii, p. 426.

第三章 行会和公会贸易管制中的生产标识 38

在前一章我们讨论了商人标识，这些标识是其所附着或者使用的相关货物所有权的表征。这些标识在本质上与现代的商标概念相去甚远。现代的商标本身就是一种财产，其价值通常远远高于使用该标识企业的有形资产的价值。正如罗杰斯先生指出的，现代的商标是“符号化的商誉”。[1]

如果说前一章所讨论的商人标识的确与现代商标观念不甚接近，那么本章将要考察的标识，尽管经常被人们粗心地在现代商标法中加以提及，但是在功能和法律特性上均与现代商标差别更大。正如前文已经指出的，现代商标是一种财产，而中世纪用于指示来源的标识，被德国人称为生产标识（*Prdoduktionsmark* 或者 *Prdoduktionszeichen*），显然是一种义务。除少数例外情况，今天，是否使用商标完全是生产者的一种自由选择。而中世纪手工业者似乎在行会历史的早期阶段对于在产品上使用该种“管制性标识”（police mark）没有选择的余地。事实上在所有行业中，无论是英格兰还是在欧洲大陆，这些标

---

[1] E. S. Rogers, “Some Historical Matter Concerning Trade - marks”, 9 *Michigan Law Review* 29, at p. 43.

识都是强制性的。❶ 科勒将维罗纳市（Verona）的面包师、锡耶纳（Siena）的漂洗工以及中世纪意大利其他城镇的手工业者被
39 要求在商品上使用的标识称为“强制性标记”（*häufig Pflichtzeichen*）。❷ 法国学者则将该类标识均称为“制造者标识”（*marques de fabriques*）。❸ 一位西班牙的权威商标研究者指出，15 世纪，巴塞罗纳的银匠、洋铁匠、蜡烛制作者、蜡芯制作者、火把制作者行会要求手工业者成员在产品上使用标识，具有强制性特征。❹ 德米雷（De Mély）对画匠签名的研究显示，早在 1426 年，布鲁日的画匠联合会就颁布了一项规章，规定没有对画匠标识进行登记是一项应受处罚的违法行为。❺

前文已经指出，在很多场合下，同一个标识可以具备前述所有权标识和生产标识的双重功能。❻ 因此，许多在政府或者行会进行强制登记的标识与上文描述的商人标识都是同一个标识。另外，在一些产业中，生产标识通常不那么复杂，也不那么具有装饰性。以面包师为例，有些面包师在面包上使用正规的商人标识，❼ 而有些则乐于使用一定数量的刺来指示面包的来源。❽

---

❶ 最明显的例外发生在印刷和出版产业，关于该产业的专门研究被放在本章之末。

❷ *Das Recht des Markenschutzes*, p. 44.

❸ See M. de Gailhard – Bancel, *Les anciennes corporations de métiers et la lutte contre la fraude dans le commerce et ta petite industrie*, p. 65.

❹ D. R. Pella, *Marcas de Fábricay de Comercio en España*, (Madrid 1911), p. 20.

❺ 1500 年的一项规定要求对该类标识重新进行注册。See F. de Mély, Les primitifs et leurs signatures, i, pp. 78 – 80. 关于临摹者仿冒“古代绘画大师”（old masters）标识的情况，see M. Christ, *Dictionnaire des monogrammes* (tr. from German, Paris, 1672), pp. xvii, xix.

❻ See *supra*, p. 21.

❼ See J. H. Macadam, *The Baxter Books of St. Andrews*, p. 132.

❽ 例如，威廉·赫伯德（William Hobold）的三个“刺”（Prykkes）标记，公布于 *Cal. Letter Books*, Letter Book K, p. 247. 约翰·C. 廷吉（John C. Tingey）先生，一位诺里奇的档案编辑，告诉我在诺里奇也有人使用这些刺作为标记。关于其他刺型标记，see E. Bain, *Merchant and Craft Guilds*, p. 213.

在对与现代商标财产属性相对的，我们称为具有义务性特征的中世纪手工业者标识进行说明之前，有必要简要地考察一下中世纪的生产机制以及该种机制运行背后的经济理论。 40

中世纪经济史的阶段性特征在以下三个方面与我们的主题直接相关：

第一，直至 15 世纪或者更晚，“一国的制造业很大程度上建立在行会体系之上，该词可以被用于恰当地描述当时整个工业组织的状况”。❶ 即使是在工业成为国家的而不再是地方管制的对象时，王室和议会仍然在很大程度上依赖行会和公会来对生产过程和贸易进行监管。❷

第二，授予垄断权“形成行会章程中的一个常见的和近乎一致的特征”，❸ 垄断权的实施与较高生产标准的保持相生相伴。“产品必须是质量合格的和‘合法的’……违反规定的行为必须被及时通报，行会不保护坏名声”。❹ 根据当时的客观环境，公会很容易实现对产业的监管，消费公众也很容易观察到产品所使用的材料及其制造方法。“对产品的需求相对较少且较为固定”，阿什利（Ashley）写道——特别是在行会控制的早期——“且由附近的手工业者供给；消费者和生产者之间存在直接的联系”。❺

> 大部分的主要日用品是由消费者直接向生产者购买的。即使手工业者之间在一种产品的生产过程中存在分工，例如，在纺织品制造者中被分为纺织工、漂洗工和染色工，但

---

❶ W. J. Ashley, *English Economic History and Theory* (10th Impression, 1919), i, part i, p. 96.

❷ W. S. Holdsworth, *History of English Law* (3rd ed.), iv, p. 321. See also *infra*, pp. 81, 125.

❸ A. P. Evans, “The Problem of Control in Medieval Industry” in *Political Science Quarterly*, vol. xxxvi, pp. 610 – 611. See also W. S. Holdsworth, *op. cit.*, i, p. 568.

❹ A. P. Evans, *op. cit.*, pp. 615 – 616.

❺ W. J. Ashley, *op. cit.*, i, part i, p. 95.

41 是每类手工业者均居住在狭小的环境中，生活在最终购买其产品的大多数人的视线之下。❶

> 每个手工业行会的成员通常居住在同一街道或者相邻街道。在伦敦，马鞍生产者居住在圣马丁大教堂（the Church of S. Martin – le – Grand）附近，他们到该教堂做礼拜；金属马具工匠则居住在跛子门（Cripplegate），纺织者居住在加农街（Cannon Street），铁匠居住在史密斯菲尔德（Smithfield），制盾工匠则居住在巴克勒伯里（Bucklersbury）。同样，布里斯托的塔克街（Tucker Street）是缩绒工或者漂洗工的聚居地，类似的还有谷物街（Corn Street）、刀匠街（Knifesmith Street）、屠夫路（Butcher Row）、厨师路（Cooks' Row），等等。这种聚居现象在极大程度上强化了各个手工业行业内部的合作意识，也使得公会监督权的行使变得相对容易。❷

在上述客观环境下，面对通过行会的产业管制，“盗用商业价值”的难度是显而易见的。从消费者的角度来看，与生产者越接近，就越有机会在购买前亲自对产品进行检查，对现代意义上作为优良材质或者做工的符号或者保障的商标或者商业名称的依赖性就越小。另外，如果中世纪的手工业者意图对居住在同一狭窄街道的同业手工业者从事不正当竞争行为，他们的意图似乎很难在不被发现的情况下得以实现。

第三，还有另外一个更为基础的考量因素会导致不正当竞争行为的可能性被全面排除。行会追求在贸易领域获得并且实际享

---

❶ W. J. Ashley, *op. cit.*, i, part i, p. 138.

❷ *Ibid.*, p. 96. 中世纪的伦敦、巴黎和布鲁日的工业区位地图，see G. Unwin, *The Gilds and Companies of London*, pp. 32 – 34; *cf.* J. M. Lambert, “The Trade Gilds of Beverley,” in *Trans. East Riding Antiquarian Soc.*, vol. xix, p. 91, at p. 99.

有绝对的垄断权，❶ 他们竭尽全力运用各种手段来阻止“外来人”——例如来自 5 英里以外城镇的商人——与本行会进行竞 42
争。但是，在行会自身内部——至少在法理上——不存在竞争，仅存在合作。❷

与欧陆一样，❸ 在英格兰行会的记录中，类似的誓言和规章比比皆是，内容大都是制止诱使他人的学徒离开❹以及其他引起行会内部竞争的方式或者倾向。1365 年颁布的伦敦管道工规章

❶ See W. Cunningham, *The Growth of English Industry and Commerce*, i (5th ed.), p. 445.

❷ 行会控制产业的伦理基础本身是个有趣的话题。查尔斯·格罗斯（Charles Gross）在对商人行会的开创性研究中，警告不应带着有色眼镜（the rose - hued glasses of sentimentality）来看待中世纪行会成员的动机。(vol. i, p. 36.) 英国的“行会社会学家”，例如，潘迪（Penty）在《行会成员的历史解释》(*Guildsman's Interpretation of History*) 一书中（London, 1920），完全没有考虑格罗斯以及其他人搜集的证据，坚持认为“行会起源于公平价格（Just Price）的思想”，并认为“行会的整个架构均建立在维持公平价格的首要目的之上”。(Penty, p. 40.) 然而，正如利普森（Lipson）所指出的，“公平价格”是由行会本身决定的，而这种决定并不总是与托马斯·阿奎那所确立的原则相一致，但是可以很容易地在行会的历史以及其与国家的关系中得到印证。(*Economic History*, *i*, p. 301.) 关于该主题，一个被忽视的重要证据，是爱德华三世在 1372 年颁布的要求法官调查大主教管辖的林恩地区用于圣餐台和墓碑的大理石行会垄断情况的命令，“强迫人们在销售上述大理石过程中设定一个固定的价格”。(*Cal. Close Rolls*, Edw. Ⅲ 1369 - 1374, p. 413.) 近期关于“公平价格”的讨论，see A. P. Evan, *op. cit.*, p. 610 *st seq*.

❸ 参见下文：“即使是佛罗伦萨的医生也不能治疗那些已经由其他本地医生接收的病人。但是这种规定已经被废止，无疑是因为上述规定对于病人来说是危险的。同样地，邀请已经驻足邻家店铺的客人进入自己的店铺，将路人召唤至店中，向消费者寄送供试用的布料……也是不被允许的。一切个体广告均被视为意图损害其他经营者。在佛罗伦萨，客栈老板为了吸引外地人住进他的客栈而向其提供酒饭的，应当受到罚款处罚。通过向房屋所有人支付较高租金而获得他人店铺的商人也应当受到处罚。任何向买方提供奖金的行为均被认为是非法的、不诚信的引诱行为。” Georges Renard, *Guilds in the Middle Ages* (ed. Cole), pp. 41 - 42.

❹ W. Cunningham, *op. cit.*, pp. 338, 343, 350. See A. H. Thomas, *Cal. of Early Mayor's Court Rolls*, p. 168. 1304—1305 年 2 月 5 日，以被告引诱原告的学徒为由提起的侵占之诉。

要求“本行业中的任何人不得迫使他人退出现有经营，或者抢夺他人的顾客或者雇员，从而给他人造成损失……”[1]

1438 年伦敦锡镴器工匠公会的规章规定，“无论是在伦敦市内、集市还是本市之外的任何其他地方，本行会的成员均不得抢夺已经进入本行会其他成员店铺或者摊位的顾客……”[2]
43 根据爱德华四世六年（1467—1468 年）颁布的规章，埃克塞特（Exeter）的裁缝在加入行会时须宣誓不得“自行或者通过他人搅动、获得、引诱属于本行会其他成员的顾客”，即使这些顾客十分愿意接受他的服务。[3] 1496 年伦敦圣克里斯托弗水瓶座兄弟会（Brotherhood of St Christopher of the Waterbears）的规章规定：

> 同样，对于本会任何成员从其他弟兄那里抢走顾客，造成顾客不再接受其服务的，如果该位成员对上述行为表示宽宥，或者在向该位成员支付 6 先令 8 便士并保证不再抢夺其顾客之后，可以为违反上述规定者保留本会成员身份。[4]

1483 年，什鲁斯伯里（Shrewsbury）的“理发师组织”规定“任何成员不得引诱他人的顾客”，亦不得在街道上或者摊位上向路人展示其设备“以获得超过其他成员的经营业绩”。[5] 同样，

---

[1] H. T. Riley, *Memorials of London*, p. 322.

[2] C. Welch, *History of the Worshipful Company of Pewterers of the City of London*, i, p. 10.

[3] Toulmin Smith, *English Gilds*, p. 3.

[4] H. C. Coote, “Ordinances of Some Secular Guilds of London,” in *Trans. London and Middlesex Archaeol. Soc.*, vol. iv, p. 56.

[5] F. A. Hibbert, *Influence and Development of English Guilds*, p. 45.

在1570年牛津啤酒酿造者❶和伦敦马具商❷的规章中亦可以找到类似的禁止引诱他人顾客的条款。

行会以及后来的公会在何种程度上抑制与集体商誉或者行会商誉相对的成员个体商誉的建立，可以从其不愿意允许行会成员使用比他人更具声望的标识，或者利用使用在商品上表明执行行会标准的行会徽章作为自己的标识这一现象中得到印证。即使在行会和公会的影响及其对成员的控制一直处于逐渐衰落趋势之下的17世纪，也是如此。 44

❶ W. H. Turner, *Selections from the Records of the City of Oxford*, p. 334.

❷ J. W. Sherwell, *History of the Guild of Saddlers of the City of London*, p. 192.

在莱斯特市的记录中，有一条日期为1647年7月5日的记录，内容为："所有公会（具体名称省略）同意并规定，任何本行业的作坊主或者其雇工，有将其他商铺或者货摊的顾客引诱到自己店里的情形的，该作坊主或者其雇工须为每次违反上述规定的行为被处以2先令的罚款。"（*Records of Borough of Leicester*, 1603—1688, ed. H. Stocks, p. 355.）

亦参见泰恩河畔纽卡斯尔投机商人行会（Merchant Adventurers Newcastle - upon - Tyne）颁布的规章，该规章亦采用了相同的规制交易手段的原则，尤其是明确强调以下内容："［1669年9月30日］本会的几位成员对一些破坏秩序的行为提出抗议，即本会有些成员及其仆人在销售产品时使用了作为商人不宜使用的不当言词或者作出了不当的行为。为了纠正上述行为，预防类似行为的发生，本会规定：任何成员不得自行或者通过其仆人以及任何其他人用言词或者标识将他人的顾客招揽或者引诱到他们自己的店铺中或者销售商那里，尤其是在这些人正在与本会其他成员或者其仆人进行交谈，或者正在由本会其他成员为他们展示产品，或者与本会其他成员达成协议，并未与该成员的自己店铺或者销售商进行交易时；他们需要尽责地照应那些已经进入其店铺或者已经在销售商那里的顾客。在销售过程中，他们不得贬低其他经营者的产品，保障每一位购买者都享有对所见商品进行自主选择的权利。违反上述规定的成员，需对首次违规行为支付20先令的罚款，再犯者需要支付40先令的罚款，第三次违反上述规定的需要支付5英镑的罚款。当然，以下情形可能是合法的：当购买者与本会某成员或者其仆人在谈判过程中对产品的价格无法达成一致时，其他成员可以告知该购买者他们有购买者需要的产品或者他们能够给出的最低价格，只要该购买者尚未与本会成员或者其仆人达成协议，也没有进入本会其他成员的店铺之中。本会进一步规定，对于将违反上述规定或者其他明确规定的行为如实地告知其他成员的行为人，本公会即认为其行为是合法的。"（*Surtees Society Pub.*, vol. xciii, pp. 76 - 77.）

根据《伦敦理发师和外科医生年报》:❶

> 爱德华·帕克(Edward Park)在他的外科医生标识上写上了来自沃灵福德(Wallingforde)的"圣托马斯(St. Thomas)学者"的字样。根据主管法院的要求，爱德华·帕克被禁止在他的标识上使用上述文字，像其他外科医生一样，在使用标识时不得附加任何名号，否则他将就此承担责任。

行会不愿意允许其成员标识与行会的纹章产生关联的例证，
45 是 1651 年泰恩河畔纽卡斯尔投机商人行会的规章，该规章规定在其成员下葬时，在墓碑上：

> 行会的纹章不应与其自己的纹章钉在同一个标牌上，而是应当分开安放。去世成员的遗嘱执行人需为每次违规行为向本会缴纳 5 英镑的罚金；每位搬运者则须为每次违规行为向本公会缴纳 20 便士的罚金。葬礼的司仪要对这些纹章是否按照规定使用进行监督。❷

另外一个抑制个体首创精神的行业是伦敦的锡镴器制造业。1569 年，行会命令"休·科利尔(Hugh Colyers)制作的玫瑰和

---

❶ S. Young, *Annals of the Barber - Surgeons of London*, p. 316. 记录日期为 1568 年 4 月 16 日。

❷ *The Merchant Adventurers of Newcastle - upon - Tyne* (Surtees Society Pub. vol. xciii, p. 75. See T. P. Cooper, "The Armorial Bearings of Guilds and Livery Companies" in *The Antiquary*, vol. xlix (New Ser. vol. ix), p. 348. 笔者感谢利兹(Leets)的 A·汉密尔顿·汤普森(Hamilton Thompson)先生，瑟蒂斯协会(Surtees Society)的名誉秘书长。1923 年 12 月 17 日，他对该规章作出了如下说明："你提到的那个规章制定的动因可能是对上述实践的否定态度。打上公会纹章的行为本身就是错误的。一旦行会的纹章被打上，行为人的家庭或者家庭中的其他成员就有权在住所使用该纹章，无论其是否为公会的成员。在我看来，这是唯一可能导致公会纹章失去显著含义的原因。……我认为，公会采取上述措施的目的在于保护其财产不被随意使用。"

王冠应当小一点……”❶ 通过此命令，意图阻止科利尔将公会授予的标识占为己有，以使用在质量更好的产品之上。一个世纪以后，在锡镴器工匠公会法庭中出现了大量的讨论，主题是关于行会的任何成员是否“均有权在产品上打上自己的名字……最后的结论是否定的”。❷ 关于使消费者知晓锡镴器工匠姓名的强烈要求似乎已经困扰公会多年，直至 1747 年这种实践才最终获得认可。❸ 正如锡镴器标识和古代锡镴器研究者所指出的：❹

> 大部分由手工业行会制定的关于生产者标识的规章似乎都是为了排除任何形式的自我广告。虽然手工业行会反对成员为自己进行广告，但是作为行会成员的个体生产者则愿意这么做。 46

就某种商品而言，出售材料品质低劣或者做工不甚完美的商品，不仅违反刑事法律或者管理性规范，而且从民事的角度，如上文所暗示的，也是对行会集体商誉的损害。❺ 1316 年，伦敦的制陶工匠向市长和市政官控诉，指出有些人在实践中：

> 从各地购买劣质金属制成的器皿，放在火上烧以使其看似是使用过的、旧的铜质器皿；然后出售这些产品……以欺骗那些购买该种容器的人们：当他们将这些容器放在火上时，它们会因为无法承受高温而融化。这种欺骗行为导致公众被欺诈，上述行业的声誉亦受到了中伤。❻

1350 年，伦敦抛光工在关于要求颁布贸易规章的请愿书中

---

❶ C. Welch, *op. cit.*, i, p. 264.
❷ *Ibid.*, ii, p. 164.
❸ *Ibid.*, ii, p. 193.
❹ C. A. Markham, *Pewter Marks and Old Pewter Ware*, p. 112.
❺ E. Lipson, *Introd. to Economic History of England*, i, p. 297 *et seq.*
❻ H. T. Riley, *Memorials of London and London Life*, p. 118.

提到，“不正确的工艺可能对土地所有者和其他民众造成危险，对本行业从业者的声誉亦造成巨大的伤害（*en graunt esclaunder des gentz du dit mistier*）”。[1] 1347 年，伦敦头盔制造者在关于要求颁布规章的请愿书中，反对外来人的闯入，声称这些人“已经并且持续地扰乱头盔的制造，但是他们并不了解他们所从事的行业”，“基于上述原因，本国内的许多大人物以及其他人由于这些人生产的有缺陷的产品而被杀戮，对本行业的声誉造成极大的
47 伤害……”[2] 类似的，同年伦敦的帽子生产者请求颁布规章禁止夜间工作，因为“本行业中有些工匠制作的帽子不符合规格，欺骗了普通民众，给本行业的优秀从业者带来了巨大丑闻、羞愧感和损失”。[3] 1408 年布里斯托的皮革制造者规章对“可能给本行会名誉造成减损的”某些交易活动予以禁止。[4]

牢记前述关于行会体系的反竞争性和管制性特征的论述，现在我们开始考察中世纪手工业者在产品上使用的标记。当然，每个行会都有关于行会标识的规章，要么有类似性质的管理性法令或者市政管理规定。所有这些规定，不论其渊源为何，均规定使用生产标识是强制性的。这些规定的明确意图是帮助追踪“不合格”或者有缺陷的产品，惩罚违反规定的手工业者。这种强制性的生产标识同样有助于行会管理者阻止行会之外的人在行会垄断的区域内销售产品。正如我们在锡镴器工匠的例子中看到的，关于生产者标识的整个法学理论都不允许直接为了个人利益使用公会标识或者将这些标识用于个人广告的情形出现。正如我们将要

---

[1] C. Welch, *History of the Cutlers' Company of London*, i, pp. 240 - 241.

[2] H. T. Riley, *op. cit.*, p. 237.

[3] *Ibid.*, p. 239.

[4] *Little Red Book of Bristol*, ed. F. B. Bickley, ii, p. 97. 亦参见写给伦敦市市长的信，信中指出“劣质的”女子紧身搭“损害并丑化了本行业手工业者的声誉”，*Cal. Close Rolls*, Edw. Ⅲ, 1354—1360, p. 331; *MS. Archives of the Company of Grocers of the City of London*, ed. J. A. Kingdon, pt. i, p. 66.

看到的，随着时间的推移，在某些行业中，这些管制性标识或者义务性标识逐渐地演变成财产性标识——也就是说，它们变成价值巨大的个人商誉的符号。这种情况发生在产品可以持久存放并且可以长距离运输的行业，尤其是纺织品[1]和刀具[2]贸易中。但是，即使在这些行业中，商标最初也仅仅起源于管制性标记，只是在后来才发展成为商誉的表征。这些标识功能的显现，不仅取 48
决于其使用的环境，绝大程度上还取决于规制其使用的法律或者规章。

在中世纪，最典型的由所附着产品性质决定的管制性标识，非面包师的管制性和义务性标识莫属。管制面包制作，维持面包的质量标准，防止敲诈性的面包定价，主要在于为人民寻求福利或者增加税收收入。“那些为人们提供必需饮食的人”，18 世纪的古物研究家戴恩斯·巴林顿（Daines Barrington）观察发现，“（即面包师、碾磨工和啤酒酿造者）不仅总是被强迫接受比其他商人更加严格的监管，而且已经成为异常严苛的规则适用的对象”。[3]

同样需要注意的是，从商标法的角度来看，“面包制作数量相对较小，并且无法为远途或者未来的消费者制作”。[4] 因此，毫不奇怪的是，尽管大量存在国家和地方关于面包师标识的立法，但是我们所找到的都是关于这些标识仅仅被作为管制手段使用的证据。这一事实在苏格兰、欧洲大陆与英格兰都是相同的。出于篇幅的考虑，本书将不再对苏格兰的面包师标识进行详细论述。一份 1457 年阿伯丁（Aberdeen）议会登记部门的记录记载

[1] See *infra*, ch. iv.

[2] See *infra*, ch. v.

[3] 转引自 Sidney and Beatrice Webb, “The Assize of Bread,” *Economic Journal*, vol. xiv, 1904, p. 196, n. 1.

[4] W. J. Ashley, *op. cit.*, vol. 1, pt. 2, p. 192.

了11个面包师和他们使用的标识。[1]“每位从事本行业的人都被要求在面包上打上自己的标记，许多对破坏本规章的行会成员进行处罚的情形均被记录下来。”[2] 圣安德鲁斯（St. Andrews）的
49 巴克斯登记簿（Baxter Books）[3] 中，记载了早在1396年阿伯丁的面包师就被要求采用标识，一项圣安德鲁斯的规章被引用如下：“本会成员或者该成员的遗孀须在其制作的面包上打上他们的姓和名。”

在普瓦泰（Poitiers）和圣日耳曼德佩（St. Germain - des - prés），[4] 以及在兰斯（Rheims），[5] 1561年的《面包师法案》（*Statues des boulangers pâtissiers*）第17条规定“每个面包师均须用有与他人不同的标识……”（*chaque boulanger aura marque diverse...*）。根据佛罗伦萨面包师行会制定法的规定，每一条面包都须带有面包师的标识方可销售。任何没有打上标识的面包都会立即被“质量检查官”（officers of abundance）没收，而且违反上述规则的面包师会被处以很重的罚金。[6] 科勒引用了诺瓦里亚市（Novaria）的一项制定法，该法同样对省略面包师标识或者假冒其他面包师标识的行为给予严苛的惩罚。[7]

英格兰关于面包价格、重量、质量等的国家管制可以追溯到盎格鲁-撒克逊时代，[8] 坎宁安引用了8世纪和12世纪关于该主题的规章。[9] 而制定法中最早关于面包师标识的规定则出现在

---

[1] E. Bain, *Merchantand Craft Guilds*, pp. 212 *et seq*.
[2] *Ibid.*, p. 224.
[3] Ed. by J. H. Macadam, p. 131.
[4] M. de Gailhard Bancel, *op. cit.*, p. 65.
[5] *Ibid.*, p. 68.
[6] E. Staley, *The Guilds of Florence* (2nd ed.), p. 440; G. Lastig, *op. cit.*, p. 28.
[7] *Op. cit.*, p. 45.
[8] Sidney & Beatrice Webb, op. cit., p. 196.
[9] W. Cunningham, *op. cit.*, i, p. 567 *et seq*.

《面包师法令》(*Statumum de Pistoribus*) 中。一般认为该法案制定于亨利三世五十一年 (1266 年), 该法案规定对那些违反著名的《面包和啤酒法令》(*Assisa Panis et Cervisiae*) 的人予以惩罚。如前文所述,《面包师法令》是一部刑事立法, 规定"每位面包师须在其制作的面包上使用自己的标识"(*Quilibet Pistor habeat suum proprium signum super quodlibet genus panum suorum*)。[1] 这个带有规制性特点的条文于次年 (亨利三世五十二年) 为授予剑 50
桥市长和执行官维持面包法令效力的特许状重新颁布, 规定"每位面包师须拥有自己的标记并在其制作的面包上打上该标记 (*Quilibet pistor habeat sigillum suum et signet panem suum*), 这样可以知道是谁生产了面包, 如果他没有这样做他会被课以严重的处罚"。[2]

《面包师法令》, 或者说这些法令中的任何部分,[3] 包括面包师注册条款, 已经被英国境内的许多地方习惯法汇编 (local custumals) 或者行政法令重新颁布或者吸收。可能早于 1275 年的《曼彻斯特习惯汇编》(*the Usages of Winchester*) 第 38 条, 要求每位面包师在其面包上打上经过认证的标记 (*sun sel cunu*)。[4] 图尔明 · 史密斯 (Toulmin Smith) 在《英国行会》(*English*

---

[1] *Stat. of the Realm*, i, p. 202. *Cf. Rotuli Parliamentorum*, v, 426 a. 在《面包师法令》颁布以前, 王室官员即认识到了面包师标识的功能, 关于面包师标识的规定在吉尔伯特 · 德普雷斯顿 (Gilbert de Preston) 台前得到王室确认的条款中十分显眼。吉尔伯特 · 德普雷斯顿于亨利三世四十三年被派往格里姆斯比 (Grimsby) 解决"富人"与"穷人"之间的纠纷。这些条款之一就是"每个面包师均须在其制作的面包上打上自己的标识"。(*Cal. Charter Rolls*, ii, 1257—1300, p. 15.)

[2] *Cal. Pat. Rolls*, Hen. Ⅲ, 1266—1272, p. 195. 该特许状还规定"剑桥镇的啤酒酿造者须在其销售的啤酒上挂上自己的标识, 否则他们的啤酒将会被没收"。

[3] See L. Toulmin Smith, "The Bakers of York and their Ancient Ordinary," in *Archæol. Review*, vol. i, p. 125.

[4] J. S. Furley, *City Government of Winchester from the Records of the XIVth and XVth Centuries*, p. 82.

Gilds)❶ 一书中引用的《曼彻斯特习惯汇编》版本中，在纸张边缘的一个特殊记号引起了人们的注意，表明这种关于面包师标识的条款在当时被认为具有十分重要的意义。在“古代惯例”（Ancient Ordinary）中，约克郡的面包师会因为没能供应打上标记的面包而被罚款40便士。❷ 另一个约克郡关于面包师的规章，明显是专门用来防止客栈老板们对烘焙业垄断的完整性造成破坏的，该规章可能模仿了1365年的一项伦敦面包师的类似规章，❸ 该章程规定：

> 每块面包均需打上出售该面包的面包师的标识，以向公众
> 51 宣示该面包符合法律规定、货真价实，客栈老板、饲养人（harborers）和马夫均能够通过面包师标识追踪其购买面包的来源。

对于没有打上标识的面包，有关的客栈老板、饲养人或者马夫会被克以高额的罚金，其中20先令交给“公会”（Common Chambre），20先令交给“揭发者”（Presenter）。❹《赫尔规章》（Hull Compositions）中包含一个类似的条款，规定马面包（horsebread）❺ 不能由马夫制作，而只能由面包师制作，而且卖给马夫的每个面包均须打上面包师的标识。❻ 14世纪布里斯托市的公告亦要求面包师在其制作的面包上打上标识（*quod ponant signa sua in panibus quos faciunt*），同时规定了没收财产的处罚。❼

---

❶ P. 355.

❷ L. Toulmin Smith, *op. cit.*, p. 131.

❸ H. T. Riley, *op. cit.*, p. 323.

❹ L. Toulmin Smith, *op. cit.*, p. 218.

❺ 马面包是中世纪欧洲的一种最便宜的面包，主要成分是没有脱壳的谷物制作的面粉，有时还含有豆子和其他根茎植物成分，主要被用于喂马，买不起白面包或者其他面包的穷人亦只能购买马面包。——译者注

❻ J. M. Lambert, *Two Thousand Years of Guild Life*, p. 305.

❼ *The Little Red Book of Bristol*, (ed. F. B. Bickley) ii, p. 224.

制止和惩罚违反面包制作规章的行为，在某些情况下是地方民事法庭的部分职能，其他的情形则包含在行会组织自身的管辖权之内。正如我们将在伦敦看到的情况，那里的面包师组织十分强大，他们关注如何加强垄断地位，因此面包标识条款经常地、严格地被执行着。但是，当这些案件被交给地方民事法庭时，通常仅仅涉及公共利益，对规章的违反似乎并未被法庭看作一个非常严肃的问题。1638 年，约翰·威尔金森（John Wilkinson）在伦敦出版了名著《论……郡验尸官和郡长的职责，以及民事法庭……运作的简易方法》（*Treatise... Concerning the Office... of Coroners and Sherifes, together with an Easie and Plaine Method for the Keeping of a Court Leet...*）一书，其中包含一个说明，指出“此外，面包师须在其制作和销售的每块面包上打上他自己的特有标识，目的是当面包缺斤少两时，能够马上知道是谁的过错”。❶ 但是，民事法庭似乎没有被违反这些法令的行为困扰。 52
一份曼彻斯特民事法庭的记录❷显示，“所有的面包师和酿酒师均以此种方式违反并破坏了法令”，并且指明其应当支付 1 便士的罚款。同样地，在南安普顿，尽管面包师被要求将其标识清楚地打在每一个面包上，“如果违反本法令，他们可以更容易地被发现”，尽管面包师标识似乎已经在市政当局注册，❸ 但是，“因屡次违反法令而被判有罪的面包师还是逃脱了 3 便士、4 便士或者 6 便士的微不足道的罚金”。❹

---

❶ 转引自 J. P. Earwaker, *Court Leet Records of the Manor of Manchester*, i, Introd., p. xiv, n. i.

❷ 1560 年 5 月 18 日。

❸ P. Studer, *The Oak Book of Southampton* (in Southampton Record Society, vol. Ⅱ) ii, Introd. pp. xxvi – xxvii.

❹ *Ibid.*, p. xxviii. 并非没有理由（Not without justification）。J. W. Jeudwine, *Tort Crime and Police*, p. 220. 备注说“该法令完全被打破，在该规则下罚款像是在支付许可费”。

伦敦面包烘焙行业历史中展现出来的这种联系比其他地区更为丰富。当时面包师似乎是伦敦最早的有组织的行业，拥有一个几乎完全自治的法庭（a practically autonomous hallmoot）。[1] 根据《白皮书》（*Liber Albus*），[2] 一部15世纪后半期的早期规章汇编：

> （1）每个面包师均须拥有自己的印记，该印记（*soun seal*）既适用于黑面包（brown bread）又适用于白面包；以使他人能够更好地知道面包的制作者为谁（*issaint que mieutz soit conus a qi le payn soit*）。
>
> （2）每位市政官均须查看其治下面包师的印记（*en sa Garde*）。[3]
>
> 53 （3）每月须至少对面包师所制作面包（的重量和品质）进行一次检查，必要时可以进行多次检查。
>
> （4）所有面包师均须向每个区法庭展示其印记，以使其广为认知（*si qil soit conuz*）。[4]

1303年的两条市长法院记录清楚地展现出伦敦面包师标识的古老性和重要性。第一条记录的内容如下：

> 一个由托马斯·德温顿（Thomas de Wynton）等人组成的圣克莱门特巷（St. Clement's Lane）地区陪审团经宣誓后称，在圣克莱门特巷的马斯·德温顿面包房发现的比标准轻

---

[1] G. Unwin, *The Gilds and Companies of London*, p. 31.

[2] *Liber Albus* in *Munimenta Gildhallae Londoniensis* (Rolls Series) i, pp. 264－265.

[3] 《白皮书》的最后（i, p. 702），列举了《许可证登记簿》中发现材料的参考文献，原文是为“每位市政官都有归其保管的标记”（*Quod quilibet Aldermannus habeat signum in custodia*）。《许可证登记簿A》的原文是“每位市政官均需检查其保管的标记”。（R. R. Sharpe, *Cal. Letter Books of the City of London*, *Letter Book A*, p. 26.）因此，早期的实践似乎是面包师将其印鉴交给市政官保管，市政官在特定时间亲自在面包上打上印记，或者在特定场合将该印鉴交给面包师。

[4] *Munimenta Gildhallae Londoniensis* (Rolls Ser.) iii, p. 264.

了20先令8便士重量的黑面包并不是斯蒂芬·德温顿（Stephen de Wynton）制作的，而是托马斯·德贝德福德（Thomas de Bedeford），托马斯·德鲁特姆（Thomas de Wrotham）雇佣的炉工，制作了上述面包并在面包上打上了其雇主面包房的印记，并给雇主带来了利润。判决免除斯蒂芬的责任，将托马斯·德鲁特姆羁押以对其指控进行审判。❶

四天后，记录记载：

一个烛光街（Candelwykstrete）旁圣克莱门特巷地区召集的陪审团审理了某些黑面包产品是否为托马斯·德鲁特姆制作的案件……最终，由蒂芬·勒波特（Stephen le Potter）等人组成的陪审团经宣誓后称，除了4.25便士是因出租面包房和器具供他人使用而获得的收益之外，托马斯并未就在其面包房中制作的面包获利，是托马斯·德贝德福德制作了上述面包，应当受到审判的是这个人。据此判决宣告被告无罪。❷

面包师标识的注册体系，特别是当与1365年关于马夫出售的所有面包均须打上标识的规章联系起来考虑时，❸ 提供了关于一个行会活动和目标具有垄断性的绝佳例证。❹ 1440年发生的一个事件再次清楚地证明了上述阶段性特征，根据伦敦市的《特许状登记簿K》：❺ 54

威廉·赫伯德向罗伯特·拉奇（Robert Large）市长和市政官们控告约翰·哈利（John Halle），一个来自南华克

---

❶ A. H. Thomas, *Cal. of Early Mayor's Court Rolls of the City of London*, p. 152.（重点号为作者所加。）

❷ *Ibid.*, p. 153.

❸ See *supra*, p. 50.

❹ See *supra*, pp. 40, 42, n. 1.

❺ *Cal.*, p. 247.

> (Southwark)地区的外来面包师在其制作的面包上打上了他的(威廉的)标识,即带有三个"刺",该标识自始就属于其在克莱门特巷的面包房,而每个面包师均须拥有自己的标识。据此,市长和市政官们禁止约翰·哈利使用该标识,除非(原文如此)[1] 在本市中销售的面包使用上述标识,以表明与本市中的所有其他面包的重量相一致。

乍一看,这段文字与现代商标侵权案件十分相似。但是,对记录的合理解释需要在伦敦面包师对南华克面包师的反感情绪中寻找。通常,禁止在伦敦城墙之外生产的"外来面包"的进入:

> 同样禁止在南华克地区制作面包的进入,并禁止来自该区的大部分其他物品的进入。这似乎是出于一种极为严重的偏见,此地的面包不止一次地因为"南华克"这一名称被驱逐,"因为南华克的面包师不服从本市的法律"。[2]

谦恭的、博学的伦敦行会议会会议记录保管人 A. H. 托马斯先生给了笔者很大帮助,他解释道,威廉·赫伯德一案仅仅是:

> 一起外来者故意地或者并非出自故意地使用了本地人商标的案件……似乎该商标是面包房使用的,这就可以解释为
> 55 什么赫伯德主张该"标记"(*signum*)自人们有记忆时起即属于其位于克莱门特巷的面包房。[3]

---

[1] "除非"一词使得该部分内容变得无法理解,因此需要删去。托马斯先生在1923年10月31日的来信中提供了关于该案十分有价值的信息,指出夏普(Sharpe)博士"在撰写该段文字摘要时很显然是犯了一个错误"。

[2] *Munimenta Gildhallae Londoniensis*, Introd. to Liber Albus, i, p. lxvi.

[3] 关于稍晚一点的企业或者企业经营场所使用的标识而非个体所有者或者占有者使用的标识,see R. Fitch, "Notices of Norwich Brewers' Marks" in *Norfolk Archæology*: *Norfolk & Norwich Archæl. Soc.*, vol. v, p. 313. 其中记载了40个标识,例如标号为Y的标识,"是亨利·伍德在1606年使用的,其后为后续的5个啤酒工人使用,直到……1725年"。

托马斯先生总结道："赫伯德害怕被责问哈利的面包是否并不符合质量标准……"

14 世纪的托马斯·德温顿一案和 15 世纪的威廉·赫伯德一案的情形，仅仅是试图将地方贸易限制在本地的面包师之间的个案，从商标的角度来讲，仅仅表明某个面包师惧怕将他人有缺陷货物的责任归咎于他的恐惧心理。当我们考虑到销售"不合格面包"的惩罚是被置入牢笼中示众时，就很容易理解面包师对于为同行在面包制作过程中的过犯负责所表现出来的焦虑。❶

至少在 16 世纪，我们可以在面包师公会的记录中找到伦敦的面包师销售"不合格面包"或者未能将标识打在面包上是对 56
整个行会的损害的证据。一份 1526 年 1 月 16 日的记录中记载：

> 没有在白面包、全麦面包和家常面包的显著位置打上印记或者标识以昭示生产该产品的面包师，在被发现其产品不

---

❶ 根据 1419 年编纂的《白皮书》，法律是这样的，对于劣质面包的制作者，初犯的惩罚是"项上带着其制作的劣质面包，从市政厅通过众人集会的街道和最肮脏的街道，最终被带到自己的住所。对于第二次同样的过犯，则以前述形式将其从市政厅经过切普（Chepe）街带到示众处，在白天戴上枷锁至少示众 1 小时。对于第三次同样的过犯，该面包师将被拖出来，他的烤炉将被推倒，他将被强制宣誓永远不在本城市内从事该行业……"（*Munimenta Gildhallae Londoniensis*（Rolls Ser.）i，p. 265；iii，pp. 83 - 84.）装入囚车的惩罚创始于爱德华一世十年，即 1281—1282 年（*Cal. Letter Books*，B，p. 244，n. i；*French Chronicle of London*，tr. H. T. Riley，p. 240），在《特许状登记簿 A》中似乎有一个 1282 年"被处以装入囚车惩罚"的面包师名单。（*Cal.*，pp. 120 - 121.）根据《特许状登记簿 B》，刑枷于 1297 年代替了囚车。（Cal.，pp. 243 - 244.）以下这个有趣的早期市政法院记录表明，装入囚车的惩罚在 1297 年之后仍然持续存在了若干年：

"[1299—1300 年 4 月 19 日] 理查德·戴维（Richard Davy），一位面包师，被传唤向市长和市政官就其被指控的行为进行答辩，在星期五圣爱德华升天节（the Translation of St. Edward）的活动上，由于他的面包不符合规格，他被拖进了囚车，在他到家被从囚车中放出来进入自己的家中时，他拿起一块骨头扔向单面鼓演奏者（即通常站在违法者游街示众队伍的最前面的演奏者），并从中间打破这个单面鼓……"（A. H. Thomas，*op. cit.*，p. 67.）

符合质量规定时，须向本公会缴纳6先令8便士的罚金。[1]

一个月以后，“大卫·约翰斯（Davyd Johns）由于没有在他制作的半便士白面包上打上标识被责令在下一个节日（Great Day）缴纳6先令8便士的罚款”。[2]

1554年的一份记录证明了在面包上不正确地使用标记是怎样地令人憎恶，该记录记载“在本法庭……约翰·戴维斯被指控的罪行包括缺斤短两、使用不正确的印记以及殴打他的妻子，他不但应当感到羞愧而且应当受到惩罚”。[3]

面包是国王臣民维持生计的必需品，饮料的良好质量和足斤足两也是保持国民生活惬意和舒适所必需的。因此，如前文所述，[4] 不仅麦芽酒销售者被要求遵守《啤酒法令》（*the Assize of Ale*）展示其标识以表明其遵守该法令，酒桶和酒瓶也必须认真地打上标识以保障足量供应，缺斤短两容器的制造者和这种容器所装饮料的实际销售者都会受到惩罚。早在1373年，伦敦酒瓶制造者规章即要求“每位酒瓶制造者须在酒瓶或者其他容器上使用皮制的标识，以保障其产品能够被识别出来”。[5]

类似地，所有的“特纳”（turnours），也就是葡萄酒和麦芽酒木质量器的制造者，于1347年被召集到伦敦市长和市政官面前，要求：

57 每个生产者均应当拥有自己的标识，并且应当将其标识贴附在桶底，这些产品须根据标准接受检验；当前述生产者

[1] J. G. Nichols, “Bakers Hall and the Muniments of the Company”, in *Trans. London and Middlesex Archaeol. Soc.*, vol. iii, pp. 59 – 60. 亦参见1537年5月16日的记录，同页。

[2] *Ibid.*, p. 60.

[3] *Ibid.*, p. 62.

[4] Eg. *supra*, p. 50, n. 1.

[5] *Cal. Letter Books*, *City of London*, Letter Book G, p. 317.

> 的产品在任何客栈或者酒坊中被认定为质量低劣的产品，该产品的生产者和销售者须接受市长或者市政官通过自由裁量课以的惩罚……本市的生产者须将其标识的样本交到这里……并将这些标识交给管理人，放在由在市政厅办公的市议会保管。这些标识将被放在本登记簿（《许可证登记簿F》）的最后。[1]

为了同样的目的，1453 年一个“啤酒兄弟会”（Bere Breurs）的规章要求啤酒酿造者根据章程制造容器，并“使用他们自己的铁质标识，这些标识须在市议会进行登记……”[2]

亨利八世统治时期，制桶匠标识被作为一个重要的问题提出来，为此专门通过了一部制定法，该法要求“每个制桶匠须在所制木桶上打上自己的标识，否则需缴纳 3 先令 4 便士的罚款”。[3]在该法案实施以前的很长时间里，制桶匠标识是地方条例规范的内容。1420 年，伦敦制桶匠公会规定，每个制桶匠须拥有自己的铁质标识或者标记（*soun propre une merche ou signe de ferre*），该标记须在制桶匠法庭登记。[4] 1440 年，制桶匠公会向伦敦市长和市议会提出的一份长篇请愿书，说明制桶匠对于制止盗用标识重要性的认识。在详述为保护制桶匠标识所付出的努力之后，该请愿书写道：

> 本制桶匠公会请求，在本市的任何一位制桶匠去世时， 58
> 强制要求他的遗嘱执行人或者受遗赠人将他生前使用的铁质标识交还给本市现任的管理人，以防止该标识被转让给坏人

---

[1] H. T. Riley, *Memorials*, p. 235.

[2] *Cal. Letter Books*, Letter Book K, p. 354. See *supra*, p. 55, n 1.

[3] *Stat. of the Realm*, vol. iii, p. 368, 23 Hen. Ⅷ, C. 4, clause Ⅺ. See W. S. Holdsworth, *op. cit.*, vol. iv, p. 560. 转引自《兰巴德治安法官（1581）》（*Lambard's Eirenarcha*（1581）），涉及治安法官执行本法案的情况。

[4] J. F. Firth, *Coopers' Company*, London, p. 10.

> 或者仿冒者，致使普通人受到欺诈、行会遭到极大的伤害和损失；每一违反上述规定的行为须缴纳10先令的罚款，上述罚款在市议会和本公会之间按前述方式进行分配。
>
> 本制桶匠公会请求制定以下规则，规定任何人，不论是自由民还是外来者，不得模仿或者假冒制桶匠标识，这些标识是受到监管并在市政厅登记的，仿冒标识将导致普通人受到欺诈、行会遭到极大的伤害；除非经过授权，制桶匠方能占有并使用标识……[1]

这些标识被载入《伦敦特许状登记簿》。例如，在《特许状登记簿 I》（1419—1420 年）中，1419—1420 年（亨利五世七年）1 月 27 日的规章要求所有制桶匠均需拥有自己的标识或者标记用于制桶（barrels and kilderkins），同时规定了很重的罚金：不将该种标识进行登记的，处罚金 10 英镑；销售未打上标识的容器处罚金40 便士。《伦敦特许状登记簿》中的记录记载，根据上述规章，在该市辖区范围内定居的“制桶匠”须在 14 日之内到法院登记其铁质标识。这些“制桶匠”的名字和他们的标识将被记载于《伦敦特许状登记簿》中。[2] 我们所考察的这些标识有一部分被复制在本书的卷首插画中。

59 尽管该领域存在大量立法，[3] 但是在多数情况下，制桶匠标识规定的执行情况似乎没有比面包标识更加成功。1444 年，一位伦敦制桶匠公会的成员因“有缺陷的标识使用行为”被处以

---

[1] *Ibid.*, pp. 12 - 13. 本规定于1440 年5 月6 日生效（*ibid.*, p. 14）。

[2] *Cal. Letter Books*, Letter Book I, pp. 237 - 238. 有意思的是，从标识继承的早期线索来看，在该份制桶匠标识列表中的一个条目中有一个制桶匠死后将其标识转一个另一个制桶匠的记载。此外，在《伦敦特许状登记簿 K》中，记录了很多制桶匠标识（See *Cal.*, p. 134），在《伦敦特许状登记簿 L》的最后记载了 24 个制桶匠标识（See *Cal.*, p. 322）。

[3] 关于1597 年阿伯丁的规章，see E. Bain, *Merchant and Craft Guilds*, p. 237.

罚款,[1] 南安普顿民事法庭的记录中包含一个对制桶匠的持续罚款(constant succession of fines),原因是未能“在其生产的酒桶上使用标识,致使无法找到违法行为人”。[2]

但是,手工业者和消费者并非仅仅在饮食领域才能够通过管制性标识的使用追踪有缺陷的产品。从货币制度的角度,国王对于金银盘标准维持和检验的管制享有至关重要的利益。另外,从对于其他手工业者的考察中可以发现,维持特定标准也是金匠们的利益所在。爱德华三世七年(1363 年)的一个制定法规定:

> 每一个金匠均须拥有自己的标识(*un merche a per lui*),该标识须为公众所知悉,并由国王进行分配以对其工艺及其所用合金进行监管……检验合格后,检验官将打上国王的标记(例如豹头)和该金匠自己的标识,以追踪其产品(*& puis lorfeure son merche per quel il veot respondre...*)。[3]

贝弗利市(Beverly)古老的惯例和自治权表明了地方与国家当局关于金匠标识管制性特征的一致看法。

> 1365 年冬天,圣马丁节前的星期二,科尔比(Corby)的西蒙(Simon)、斯温(Swine)的沃尔特(Walter)等金匠们在贝弗利市的 12 位管理者面前宣誓……不会让任何器皿或者其他产品进入流通领域,除非这些产品打上了他们通常使用的标识(*nisi signis suis consuetis fuerint signata*)。 60

---

[1] J. F. Firth, *op. cit.*, p. 41.

[2] *Southampton Court Leet Records*, vol. ii, (Southampton Record Soc. Pub., Vol. IV) p. 446, entry No. 64. Cf. *ibid.*, p. 447, entry No. 67, also Vol. i, p. 105, entries No. 63, 64, 65, 66.

[3] C. 8. *Stat. of the Realm*, i, p. 380. 关于要求使用和注册金匠标识的其他条文, see 2 Hen. Ⅵ (1423) c. 17 (*Statutes of the Realm*, ii, p. 224); 17 Edw. Ⅳ (1477—1478) c. i (*ibid.* ii, pp. 456-457). 关于金匠的立法, see C. J. Jackson, *English Goldsmiths and Their Marks* (2nd ed. 1921) ch. 2. 这部煌煌巨著全面地论述了其副标题所述的“英格兰、苏格兰和爱尔兰金匠与刀具制造者的历史”。

一项1409年颁布的命令规定，“在贝弗利市制造的黄金和白银须是纯净精美的、成色好的，不存在须被禁止的欺诈或者缺陷，每个工匠的标识需在行会大厅为人知晓”。[1]

1677年伦敦出版的《金银器具检验标准》（*The Touchstone for Gold and Silver Wares*）一书，是关于17世纪金匠的著作，该书详细地阐述了金匠标识的管制性特征：

> 在我看来，我们的法律确认，在产品上打上标识是制止欺诈的最有效的手段……即使不能制止制造和销售劣质的金银制品，也是一种找出违法者以及救济受害者的有效手段。如果该标识被省略掉，当产品被转移到第三人手中时，将某人的产品与他人的产品进行区分几乎是不可能的，因为不同制造者制造的产品在形状上都十分相近。[2]

在中世纪产业发展中，几乎找不出哪一个阶段没有出现过类似的规章，以及这些规章的基本内容没有被法律所重述的情况。1373年，伦敦的所有法庭书写员（court handwriters）或者代书人均被要求“在起草的契约上写上自己的名字，这样可以知道是谁起草了该契约”。[3] 1408年，伦敦的所有刀匠作坊主均“须将自己的标识打在其生产的产品上，例如矛、刀和斧子的前端……
61 这样可以在发现缺陷时使人们知道是谁制造了该产品”。[4] 1466年，南安普顿的蜡烛商规章要求“在管理者的印记被打在蜡烛上之后”，“蜡烛的所有者须再打上自己的印记，通过打上自己的印记……来证明他是产品的生产者”。[5] 1467年，伍斯特（Worcester）的瓦匠规章规定：

---

[1] *Beverly Town Documents*, ed. A. F. Leach（Selden Soc. Pubs. vol. 4）, p. 40.

[2] 转引自C. J. Jackson, *op. cit.*, p. 56.

[3] H. T. Riley, *op. cit.*, p. 373.

[4] *Ibid.*, p. 570.

[5] W. L. D. Adkins, *Records of the Borough of Northampton*, i, p. 306.

> 在本市制作和销售瓦片的瓦匠，均须在他的瓦上打上自己的标识，目的在于如果瓦片品质低劣或者尺寸过小，购买者可以依据法律和情理获得救济。如果瓦匠拒绝按照上述要求在他的瓦片上打上标识，则须就上述每一违规行为向本公会缴纳 20 先令的罚款。❶

1512 年，一项向诺里奇议会的控诉指出，纺织者“省略……其纺织标识”以隐藏“用料和做工低劣”的纱线的真正来源。❷

进一步引用这类规章将是多余的。1309 年伦敦的木匠，❸ 1347 年伦敦的头盔工匠（heaumers），❹ 1355 年布里斯托的纺织者，❺ 1365 年伦敦的刀具工匠和刀刃制造者，❻ 1468 年和 1472 年考文垂的漂洗工，❼ 1501—1502 年伦敦的锡镴器工匠，❽ 1543 62
年诺里奇的帽子制作者，❾ 1564 年赫尔的皮匠和鞋匠，❿ 1564 年

---

❶ Toulmin Smith, *English Gilds*, p. 399.

❷ *Records of the City of Norwich*, ed. W. Hudson and J. C. Tingey, i, p. 108. 1923 年 11 月 17 日，廷吉先生向我提及了一个“不寻常的记载：‘我们发现了一片带有标识的织物，这样（标注标识）是有缺陷的……’纺织者标识的使用是强制性的，任何其他人盗用该标识的行为均落入行会警察的管辖范围，该行为是不被公会容忍的”。

❸ *Liber Custumarum in Munimenta Gildhallae Londoniensis*, ii, p. 538.

❹ *Cal. Letter Books of the City of London*, Letter Book F., p. 169; H. T. Riley, *Memorials*, p. 238. *Cf. Cal. Letter Books*, K, p. 334. 关于头盔制作者标识和其他军械制造者标识的文献，see *supra*, ch. v.

❺ *The Little Red Book of Bristol*, ed. F. B. Bickley, ii, pp. 5 - 6.

❻ C. Welch, *History of the Cutlers of London*, i, p. 249. *Cal. Close Rolls*, Edw. Ⅲ, 1364 - 1368, p. 182. 参见后文第 5 章关于刀具工匠标识的论述。

❼ *Coventry Leet Book*, ed. M. D. Harris, i, pp. 338, 375.

❽ See C. Welch, *History of the Pewterers' Company*, vol. i, pp. 94 - 96. 参见亨利八世十九年（1503—1504 年）法案第 6 章第Ⅲ条，要求锡镴器工匠和黄铜器工匠在锡镴合金制造的空心器皿上打上“他们自己的标识”（*Stat. of the Realm*, ii, 651 - 652）。更多关于锡镴器工匠标识的文献，参见关于刀具制造者标识的章节。

❾ *Records of the City of Norwich*, ed. W. Hudson and J. C. Tingey, ii, Introd. pp. lxiii to lxiv.

❿ J. M. Lambert, *op. cit.*, pp. 316 - 317.

谢菲尔德的刀具工匠,[1] 1614 年伦敦的铸造工（founders）,[2] 均坚持或者被地方当局或者王室勒令坚持其成员生产的产品不仅应打上所属组织的标识，亦应打上该生产者的个人标识或者标记。用一个简单的例子就足以说明该体系的实际运行情况。1428 年，约克市市长审理了一起关于销售掺假金属产品的诉讼，一个名叫约翰·菲什（John Fysshe）的人被指控出售“违反行会规定的腰带”。菲什的抗辩是金属系从约翰·利林（John Lyllyng）处购买而来。后续控诉利林的诉讼最终宣告他有罪，法庭记录如下：

> 此后，约克郡的商人威廉·凯姆（William Kyam）向市长主张他当时在赫尔，来到约翰·鲍尔（John Bower）的码头，约翰·鲍尔打算卖给他一些高质铁（osmundes），威廉·凯姆看到有两捆市场上销售的高质铁上带有约翰·利林的标识……[3]

简单地总结一下，不论是行会生活的客观环境，还是行会实际发挥功能背后的经济理论，均不鼓励个体商人商誉的发展，也不鼓励开拓这种商誉的符号，也就是他的商标。关于标识的大量行会立法，仅仅是用来维持工艺水平进而保护行会的集体商誉，以及追踪“外来产品”的销售以加强行会垄断的。中世纪行会
63 手工业者使用的标识，用以表明行会成员的身份，就其起源而言，仅仅是管理性或者监管性的标识，因此也就是义务而非财产。相同的标识可能最终获得一种第二性的显著特征，即作为该标识使用者卓越工艺水平和产品的象征，但是，这种第二性的发展仅仅出现在某些产业中，在这些产业中，产品可以经过远距离

---

[1] R. Leader, *History of the Cutlers of Hallamshire*, i, p. 7.

[2] W. M. Williams, *Annals of the Founders Company*, pp. 26, 30, 71, 91, 98, 114, 118, 130.

[3] “English Miscellanies,” in *Surtees Soc. Pub.* vol. lxxxv (1888, vol. ii), p. 2.

的运输，例如，纺织品、刀具，其次是锡镴器，而不是易腐的食品。同样，制定法要求这些手工业者在产品上标注这些标识。行会成员依其选择，可能会、也可能不会使用强制性生产标识或者其他标识来证明对产品的所有权，而是使用所有者标识或者商人标识来证明所有权，正如其名称一样，所有者标识与生产标识不存在任何固有的、必然的历史上或者法律上的联系。

论早期印刷商和出版商标记[1]

商标法历史的作者们经常引用文艺复兴时期的三个著名印书商和出版商关于侵犯其标记的警告，并总是赋予其十分重要的意义。[2]他们引用阿尔杜斯·马努提乌斯（Aldus Manutius）（活跃于1494—1515年）在1518年《李维》（Livy）一书第一版中的话：

> ……（阿尔杜斯在佛罗伦萨的竞争者）在其印刷的阿尔杜斯的《语法规范》（*Institutiones Grammaticae*）一书中使用了我们的由海豚环绕锚组成的知名标记。对于他们的行为，任何哪怕最不熟悉我们出品图书的人都会发现这是一种草率的欺诈；因为他的海豚头是向左的，而我们的知名标记 64
> 中的海豚头是向右的。

1502—1532年活跃在巴黎的约瑟·巴迪乌斯·阿斯克尼斯

---

[1] 尽管印刷商和出版商组织在形式和目的上与其他行会和公会组织十分相似，但是将印刷商的标记和标识作为一个注释放在本章的最后单独论述是较为可取的。经过仔细的考察，印刷商标记的首要功能和起源似乎应当是装饰性的而非管制性的。

[2] J. Kohler, *Das Recht des Markenschutzes*, p. 41; W. H. Browne, *Treatise on the Law of Trademarks* (2ed. Boston 1898) pp. 12 – 14; E. S. Rogers, "Some Historical Matter Concerning Trademarks," in 9 *Michigan Law Review*, p. 29, at pp. 35 – 36. 在第36页，罗杰斯先生认为："印刷商使用商标是对文学作品缺乏财产权观念的必然后果。"

(Josse Badius Ascensius) 写道:“我们恳请读者注意(书上的)标记,有人使用了与我们相同的图书标题和‘巴迪乌斯’(Badius)的名称,以此来窃取我们的劳动成果。”[1] 博洛尼亚(Bologna)的贝内迪克图斯·赫克托(Benedictus Hector)(活跃于1487—1491年)在其出版的《杰斯丁尼斯和弗拉鲁斯》(*Justinus et Florus*)一书中加入了以下一段声明:“请注意我在扉页放置的标记,以防止误认。”

当然,早期书商的这些警告仅仅应当被看作不正当竞争行为受害者发出的愤慨之声,而不是主张赋予其标识一种应受法律保护的合法权利,不能由此推断最初印刷商标记的使用“就是试图制止不劳而获的盗版行为”,[2] 或者说,似乎是以某种形式保护书籍的版权。[3] 对印刷商标识历史文献的研究表明,其起源和兴起与上文描述的生产标识没有任何相似性,恰恰相反:第一,其使用是任意而非强制的;第二,使用者可以任意改变或者替换标记;第三,对于使用标识的数量没有限制;第四,其使用是一种自我表达,即一种个性标识,其功能是装饰性的而非管制性的。

65 在古腾堡我们似乎没有看到任何使用标识的必要性,[4] 直到1457年,最早的印刷品(1454年)出现的三年之后,[5] 第一个

---

[1] 关于仿冒巴迪乌斯的标记、模仿其出版物的情况,see P. Renouard, *Bibliographie des impressions et des œuvres de Josse Badius Ascensius*, i, pp. 24, 46.

[2] W. Roberts, *Printers' Marks*, p. i. 近年来H. R. 普卢默(Plomer)在《英国印刷者图书装饰》(*English Printers' Ornaments*)一书中对于印刷商标记就其起源而言本质上属于商标这一观点的应用值得关注(London 1924)。就其在该书中排除对印刷商标记研究的做法,普卢默解释道:“印刷商标记在本质上是商标,在本书中无法找到合适的位置,尽管它们可能是装饰性的,但是其使用并非单纯地出于美化页面的目的。”(Preface, p. vii)

[3] See A. W. Pollard, “Printers' Marks of the Fifteenth and Sixteenth Centuries,” in *The Connoisseur*, vol. ii, p. 262, at p. 264.

[4] K. A. Barack, *Introd. to Elsässische Büchermarken* (ed. Heitz, Strassburg 1892), p. xii.

[5] A. W. Pollard, *Fine Books*, p. 47.

为人所知的印刷商标识——双盾标识——才被美因茨（Mainz）的福斯特（Fust）和谢弗（Schoeffer）使用在《美因茨诗篇》（*Mainz Psalter*）的出版信息页上。博拉德（Pollard）在《论出版信息页》（*Essay on Colophons*）一书中对印刷商标记原始功能及其与出版信息页之间的关系进行了详细论述。❶ 他在该书中指出，谢弗在1472年出版的《格兰西教会法汇要》（*Decretum Gratiani cum glossis*）一书的出版信息页中使用了以下词句，“纹章已完整标记”（*suis consignando scutis feliciter consumavit*）。“……在此”，博拉德指出，“根据该印刷商的权威说法，我们清楚地看到他在图书上使用标识的原因，简单的理由是为其精细做工而骄傲，希望读者能够辨认出其印刷的图书：‘彼得·谢弗通过使用盾形标识表明该图书是其满意的成果（happy completion）’”。❷ “可以确信，就不同城市的印刷商而言，在出版信息页上不存在任何版权”，❸ 当纽伦堡（Nuremburg）和巴塞尔（Basel）的印刷者盗印其图书版本时，并没有记录表明谢弗以出版信息页和双盾标记为依据主张救济。❹ 关于标识和出版信息页之间的关系，博拉德在另一篇文章中解释道：

> 有时这种标记是用来将出版信息与正文分开的，有时被放在出版信息之后，有时又被放在出版信息之前。……不管放在哪个位置，可以确定的是该标记是装饰性和令人印象深

---

❶ A. W. Pollard, *An Essay on Colophons* (The Caxton Club, Chicago 1915), p. 21. 1473年，谢弗使用了一个带有双盾标记的类似出版信息页。1475年及之后的三年中，在他出版的部分图书上再次出现了类似的标记和文字，“纹章已完整标记”（*suis consignando scutis feliciter consumavit*）。1479年，该表述变化为“纹章已经标记”（*cuius armis signantur*）（*ibid.*, p. 22）。

❷ *Ibid.*, p. 22. 博拉德列举的其他证据，see *ibid*, p. 23.

❸ *Ibid.*, p. 17.

❹ *Ibid.*, p. 18. See also A. W. Pollard, *Fine Books*, pp. 60-61.

刻的，在扉页出现之前，一直是图书结尾部分的恰当装饰。❶

66 16 世纪 30 年代，当扉页变得更为普遍时，尤其是在意大利和德国，印刷商标记通常被用于装饰标题下方的空白区域。❷

如果说关于印刷商最初在出版信息页使用标记的证据并不充分的话，关于众多欧洲城市出版商标记的卓越的系列研究——斯特拉斯堡（Strassburg）的海茨（Heitz）主编的《书籍印刷商和出版商标记》（*Die Büclermarken oder Buchdrucker, – und Verlegerzeichen*）一书，可以说已经充分地证明了出版商标记的原初功能和属性。巴拉克（Barack）在关于阿尔萨斯（Alsatian）标识一卷的导言中指出，一个简单的字母组合或者盾形图案中的商人标识或者房屋标识（Hausmark），通常配有十字图案，最初是如何成为保护其使用者销量或者商誉的标识的，以及这些图案如何在后来变得具有高度的装饰性。❸ 海茨卓越的系列研究，以及后续研究的补充，似乎已经确证，直到 16 世纪末期，印刷商标记的使用是任意的、不具有法律意义。

例如，乌尔里希·泽尔（Ulrich Zell）自 1463 年前后至 15 世纪末一直在科隆（Cologne）从事印刷行业，他一直没有使用标记，直到在其职业生涯接近尾声时才开始极其少量地使用标记。巴塞尔的早期印刷商，大部分省略了他们的标记，如同省略他们的名字一样。❹早期斯特拉斯堡的印刷商也不使用标识。❺ 意大利印刷商标记和意大利木刻历史学家克里斯特勒（Kristeller）向人们展示了二者之间的密切联系，并指出，与不带插图的图书和

---

❶ A. W. Pollard, *Last Words on the History of the Title – Page*, pp. 12 – 13.

❷ A. W. Pollard, *Early Illustrated Books* (2nd ed. London 1917), pp. 33 – 34.

❸ See K. A. Barack, Introd. to *Elsässische Büchermarken*, p. xii; *cf.* H. G. Aldis, *The Printed Book*, p. 25.

❹ C. Bernouilli, Introd. to *Basler Büchermarken*, p. x.

❺ K. A. Barack, *op. cit.*, Introd. p. xii.

后期的图书相比，印刷商标记更多地出现在早期带有插图的畅销书之中。[1] 据估计，克里斯特勒复制的351个标识是属于184个出版商或者印刷商的，“这大概是整个意大利从业人员总数 67
（1525人）的1/3，显然大部分意大利印刷商从未使用过这种标记”。[2] 西班牙和葡萄牙早期印刷商历史学家海布勒（Haebler）列举了许多早期西班牙的著名印刷商，例如，里斯本和塞维利亚的约翰·克龙贝格尔（Johan Kronberger），[3] 蒙特塞拉特和巴塞罗那的胡安·德布尔戈斯（Juan de Burgos）[4] 和勒什纳（Luschner）[5]，他们即使使用标记也是对其不甚关心，且标记之间缺乏一致性。

采用标记的印刷商通常同时或者相继使用几个标记。[6] 据罗伯特估计，“仅仅全部描述克里斯托弗·普朗坦（Christophe Plantin）所使用的各种标记就需要一小卷图书”。[7] 尽管有些意大利印刷商并未使用任何标记，但是“威尼斯的卢坎托尼奥·琼塔（Lucantonio Giunta）有10种不同的佛罗伦萨百合（Florentine Lily），佛罗伦萨的菲利普·琼塔（Filippo Giunta）使用了5个或者更多的标识”。[8] 埃尔塞维尔社（Elzevirs）[9] 使用4个主标记

---

[1] Paul Kristeller, *Die Italienischen Buchdrucker*, - *und Verlegerzeichen bis* 1525, p. xi.

[2] *Bibliographicapt.* I, p. 124. *Cf.* A. Freimann's article "Printers' Marks" in *Jewish Encyclopedia*, X, p. 200.

[3] Konrad Haebler, *The Early Printers of Spain and Portugal* (Bibliographical Soc. Illustrated Monographs, No. IV, 1897), pp. 63-64, 77.

[4] *Ibid.*, p. 67.

[5] *Ibid.*, p. 75.

[6] M. P. Delalain, *Inventaire des Marques d'Imprimeurs et de Libraires*, Introd. p. xiv.

[7] W. Roberts, *op. cit.*, p. 203.

[8] *Bibliographica*, pt. i, p. 124.

[9] 埃尔塞维尔社，是17世纪和18世纪早期荷兰著名的书商、印刷商和出版商的联合。——译者注。

和几个副标记。[1] 1492 年巴萨罗那的第二大印刷商约翰·罗森巴赫（Johann Rosenbach），同时使用两个不同的标识，一个以其故乡海德堡的首字母为主要部分，另一个则在 16 世纪末期被使用，由两只雄鹿环抱的勃艮第徽章构成。[2]简·范多斯巴（Jan Van Doesborgh），活跃于 16 世纪前期，专门从事英语图书贸易，在他的职业生涯中使用了一个标记的三个变种以及其他一个标记的两个变种。[3]

此外，正如福尔克纳·梅丹（Falconer Madan）先生在一个涉及三个出版商标记的案件中指出的，首先由巴蒂乌斯使用的标
68 记，[4] 仅仅做了细微变化即在几乎同一时代被分布于欧洲大陆不同印刷中心的大量不同印刷商或者出版商使用。[5] 科隆最早的标记与彼得·谢弗的小盾形标记十分相似。[6] 类似地，巴塞尔的弗里德里希（Friedrich），在西班牙被称作法德里克（Fadrique），从前是米歇尔·温斯勒（Michael Wensler）的合伙人，在 1485 年前后定居于布鲁日，他经常使用的两个标识之一就是从巴塞尔的两个著名印刷商那里复制而来的。[7]

与欧陆的其他手工业者一样，法国的印刷商似乎也不太注重

---

[1] W. Roberts, *op. cit.*, p. 205 *et seq.*

[2] K. Haebler, *op. cit.*, p. 70.

[3] See R. Proctor, *Jan Van Doesborgh* (Bibliographical Soc. Illustrated Mono-graphs, No. Ⅱ (1894)), pp. 9 - 10.

[4] 复制件载 P. Renouard, *op. cit.*, i, pp. 43 - 45.

[5] See Falconer Madan, "Early Representations of the Printing Press," in *Bibliotheca*, pt. ii, p. 223 *et seq.* 其他关于不同印刷中心地区同时使用相同标识的例子，see W. Roberts, *op. cit.*, Introduction; A. Freimann, *op. cit.*, x, p. 200.

[6] *Die Kölner Büchermarken*, ed. Paul Heitz, Introd. by Otto Zaretzky, p. vii.

[7] See K. Haebler, *op. cit.*, p. 34.

标记使用的连续性。[1] 但是，在法国印刷业发展的早期阶段，印刷商的标记似乎就已经被确立为一种应当给予某种程度保护的工业财产。1539 年，弗朗索瓦一世颁布了一项法令，要求每位印刷商和图书经销商都应该拥有自己的标识，以便于使购买图书的人获得图书印刷地和销售地的信息。[2] 该法案于 1541 年以相同的形式为里昂印刷商重新颁布，[3] 其目的也许是抑制异端[4]和商业盗版。后续的立法以及法国各级法庭采取的惩罚措施表明在 16～ 69
17 世纪存在大量的侵权行为。[5]

17 世纪，抑制仿冒标记对于法国的印刷者和书目提要编辑者愈来愈具有决定性作用。典型的例子是 1685 年巴黎首次出版的阿德里安·贝利特（Adrian Baillet）的题为《学者对作者代表作的评论集》（*Jugemens des savans sur les principaux ouvrages des*

---

[1] 前文（第 64 页）提到的对盗版进行控诉的约瑟·巴迪乌斯在为出版商印刷图书时使用其自己的标识，当与其他印刷商共同印制一本图书时，他就不使用自己的标识而是使用其他印刷商的标识（See P. Renouard, *op. cit.*, i, pp. 46－47）。在一个早期巴黎印刷商的案件中，安托万·维拉德（Antoine Verard）似乎既是出版商也是印刷商，他将部分工作交给其他印刷商完成。其中一位名叫彼埃尔·勒卡伦（Pierre Le Caron）的受托印刷商在 1486 年之后将位于出版标记中心的 Verard 的字母组合图案替换为自己的，并将底部印刷商姓名亦替换为自己的。See J. Macfarlane, *Antoine Verard* (Bibliographical Soc. Illustrated Monographs, No. Ⅶ, 1900), Introd. pp. xxv－xxvi.

[2] 第 16 条规定："印刷商和书商不得使用他人的标识，他们均须使用自己的标识，每人的标识均不得相同，以便于购买者能够知晓图书的印刷者和销售者。"（Ne pourront prendre, les Maîtres Imprimeurs & Libraires, les marques les uns des autres, ains chacun en aura une à part soi, & différente les unes des autres; en maniére que les acheteurs des Livres puissent facilement connoitre en quelles Officines les livres auront été imprimés & lesquels se vendront aux dites Officines, & non ailleurs.)（C. M. Saugraine, *Code de la librairieet imprimerie de Paris*, Paris 1744, pp. 93－94.）

[3] F. A. Isambert, *Anciennes lois Françaises* (Paris 1828), xii, p. 763.

[4] 首个《禁书目录》是 1544 年颁布的，但是早在 1538 年 12 月 6 日和 1539 年 7 月 24 日关于异端的部分法案就已经被提到地方议会层面。See *Cambridge Modern History*, ii, p. 288; G. H. Putnam, *The Censorship of the Church of Rome*, i, pp. 96 *et seq.*; H. Reusch, *Die Indices Librorum Prohibitorum des XVI ten Jahrhunderts*, p. 2.

[5] See C. M. Saugraine, *op. cit.*, pp. 94－95.

auteurs）的古典著作。作者在讨论了标记侵权行为之后，发现附上一个17世纪中期以来主要印刷商和书商使用的标记和标识的表格的主意“也许不坏”（peut – être pas mauvais）。[1]

英国印刷商标记的早期历史发展历程与欧洲大陆基本相同。印刷商标记的使用是自发和偶然的，直至17世纪末标记侵权才成为法律诉讼的主题，正如我们将要看到的，即使在这个时期该类述诉讼也十分少见。的确，麦克罗（McKerrow）在其极具价值的英国印刷商标记汇编的引言中指出，与欧陆的同行相比，英国的印刷商在使用标记方面甚至更加缺少连续性。[2]“款式的变化”，他写道，“与其他方面的变化一样，对于享有盛誉的印刷厂和质量上乘的图书而言无疑是必备的，但是对于其他印刷商和图书而言则是无足轻重的”。[3]

对于英国印刷商标记缺乏原创性以及英国印刷商大多采用欧洲大陆印刷商标记的现象，博拉德将其主要归咎于英国图书出版的历史。对此，他指出：

> 皮森（Pynson）（活跃于1492—1530年）最早使用的标
> 记似乎是来自德塔勒（de Talleur），理查德·法克斯（Rich-
> ard Faques）（活跃于1500—1530年）的标记是在蒂尔曼·
> 克尔弗（Thielmann Kerver）标记的基础上进行变化得来的，
> 彼得·特雷维里斯（Peter Treveris）（活跃于1522—1532
> 70 年）的“野人”（wild men）标记系来自皮戈奇特
> （Pigouchet），约翰·比德尔（John Bydell）的弗丘（Virtue）

---

[1] See Adrian Baillet, *Jugemens des Saans* (2nd ed. 1722), i, pp. 400 – 404. 1730年弗里德里希·罗斯 – 斯科茨（Friederich Roth – Scholtz）在纽伦堡出版的《符号和标志大全》（*Thesaurus Symbolorum et Emblematum*）一书中复制了508个印刷商和出版商标记。

[2] R. B, McKerrow, *Printers and Publishers Devices*, Introd. , p. xli.

[3] *Ibid.* , p. xliii.

形象（一位非常笨拙又不太体面的女士）即抄袭了17世纪初里昂的一位印刷商——雅克·撒康（Jacques Sacon）的标记。类似的例子还能举出很多，尽管不同国家的印刷商相互借鉴标记是常有的事，但是在英国这种相互模仿达到了极致。[1]

在英国，第一本图书是威廉·卡克斯顿（William Caxton）于1477年印刷的，[2] 直到1487年之前他没有使用任何标记。[3] 据麦克罗估计，自1485年圣奥尔本斯出版社首次使用标记至1500年，在英国仅有11个类似的标记被使用。[4] 卡克斯顿的首席工匠（chief workman）温金·德沃德（Wynkyn de Worde）采用了卡克斯顿最著名的标记，由其姓名的首字母W. C. 和代表数字74的象形文字构成，以及其他15个在不同时期使用的标记。[5]

由于误读了16世纪著名的印刷者雷诺·沃尔夫（Reynold Wolfe）的遗嘱，从事英国出版标记研究的法学和文献学研究者均过分估计了这些标记作为工业产权的重要性。沃尔夫的标记是一条铜蛇。沃尔夫去世后，他的妻子约翰妮（Johanne）继续经营印刷工厂。1574年7月1日约翰妮立下遗嘱，[6]将铜蛇标记留给他的儿子罗伯特·沃尔夫（Robert Wolfe）。迪布丁（Dibdin）

---

[1] A. W. Pollard, "Some Notes on English Illustrated Books," in *Trans. Bibliographical Soc.*, vol. vi, p. 29 at p. 35. See also R. B. McKerrow, *op. cit.*, Introd., p. xxv.

[2] H. R. Plomer, *Short History of English Printing*, 2nd ed., p. 6.

[3] *Ibid.*, p. 14.

[4] R. B. McKerrow, *op. cit.*, Introd., pp. xi, xli.

[5] H. Plomer, *op. cit.*, pp. 30 –31. 关于将若干标识融合在一个标题页中的有趣例子，参见复制于第77页的1609年版斯宾塞的《仙后》一书，具体描述，see Silvanus Thompson, "Peter Short and His Marks," in *Trans. Bibliographical Soc.*, vol. iv, p. 124; R. B. McKerrow, *op. cit.*, p. 130，第335号标识。

[6] 全文摘要见H. R. Plomer, *Abstracts from the Wills of English Printers and Stationers from 1492 to 1630*, pp. 19 –22.

在《印刷文物》(*Typographical Antiquities*)一书中,[1] 仅仅提到了将铜蛇(Branzen Serpent)标记与另一处不动产——查佩尔宅邸(Chapel House)——两项遗产。但是,拉伍德(Larwood)和赫腾(Hotten)在饶有趣味的《标牌的历史》(*History of Sign-*
71 *boards*)一书[2]中则引用了迪布丁的原话,并认为:“无疑,印刷商标记被当作一个传家宝由父亲传给儿子……雷诺·沃尔夫的铜蛇标记就是这样的标记。”E. S. 罗杰斯先生在《关于商标的若干历史问题》(*Some Historical Matter Concerning Trademarks*)一文中亦引用了迪布丁关于遗赠铜蛇商标的论述,[3] 将其作为“这些标记已经被作为有价值的财产”的论据。类似地,罗伯茨(Roberts)在《出版者标识》(*Printers' Marks*)一书中亦主张,由其“所有”的铜蛇标记“被认为在他(沃尔夫)的遗孀向他的儿子罗伯特遗赠的财产中具有足够的重要性,以至于需要单独提及”。[4]

所有这些关于遗赠铜蛇标记文献的作者均混淆了印刷商标识,[5]即如其他行业一样用于标明店铺和经营地点的标识,与印刷商或者出版商在其图书上使用的标记。[6] 的确,有一些英国和

---

[1] Vol. 4, p. 6.

[2] 3rd ed. 1908, p. 7.

[3] 9 *Michigan Law Review*, p. 36. 罗杰斯先生在 1919 年出版的《商誉、商标与不公平贸易》(*Good Will, Trade - marks and Unfair Trading*)一书中重述了上述观点。pp. 42 - 43.

[4] W. Roberts, *op. cit.*, p. 20.

[5] See H. R. Plomer, *Abstract from the Wills of English Printers and Stationers*, 1492—1630, p. 23. 在本书中许多房屋都是以诸如“绿龙标记”“鹦鹉与天使标记”的名称来提及的。

[6] See R. R. Sharpe, *Calendar of Wills*, ii, p. 711, 遗赠一所名为“鲁特琴与童贞的标志”(The Sign of the Lute and Maydenheads)的住宅;p. 723,遗赠“绿龙”。E. G. 达夫(Duff)先生指出:“在这些标识中似乎还没有产生任何版权。”(E. G. Duff, *A Century of the English Book Trade*, Introd. p. xviii.)See *ibid*, 附录Ⅲ, 1558 年以前伦敦印刷商和书商标记索引。

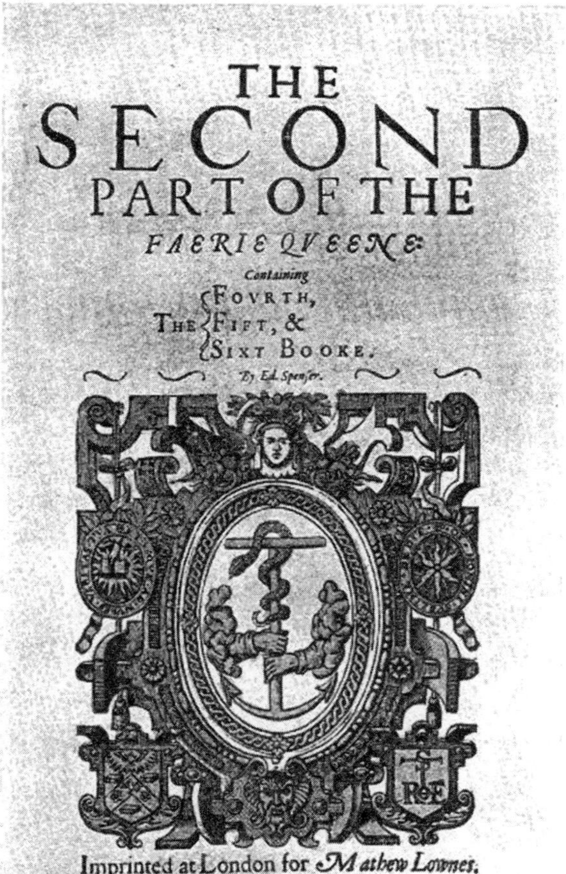

THE
SECOND
PART OF THE
FAERIE QVEENE:
Containing
The {Fovrth, Fift, & Sixt Booke.
By Ed. Spenser.

Imprinted at London for Mathew Lownes.
1609.

复制自 J · 皮尔庞特 · 摩根图书馆

出版于 1609 年的斯宾塞《仙后》扉页中的印刷商标记，中心是铜蛇，左右两边是彼得 · 肖特的两个印刷商标识，右下方是他名字的字母组合，左下方是书商公会的纹章。

欧洲大陆的书商是以自己的商人标识为基础来设计出版标记的，[1] 但是即使是对英国和欧洲大陆书商标记的最为粗略的研究亦表明，这种书商标识和出版标记相一致的情形没有任何法律意义，更不代表一般规则。书商标识与出版标记的区别清楚地体现
72 在朱利安·诺特利（Julian Notary）的例子中，1498—1518 年他在伦敦设立若干企业从事印书行业，以“三王标识”著称。[2] 但是他在出版标记中从来没有使用过“三王”标识。[3]

根据普卢默先生出版的约翰妮·沃尔夫遗嘱全文摘要，有几处专门提到“被称为铜蛇或者带有铜蛇标识的……出租房屋”，[4] 以及“我提到的被称作铜蛇的住房”，[5] 以及“被称为铜蛇的出租房屋”。[6] 该份遗嘱明确遗赠给罗伯特·沃尔夫的是“印刷厂中的或者属于印刷厂的用于从事印刷业务的印刷机、活字、设备、图书以及其他必要工具”，[7] 但是并没有任何一处提及铜蛇标识。铜蛇标识的后续历史表明，该标识最初可能是雷诺·沃尔夫从外国书商那里借用过来的，[8] 罗伯特·沃尔夫也从未使用过铜蛇标识，但是该标识间或被亨利·宾纳曼（Henry Binner-

---

[1] 例如，托马斯·贝尔特莱（Thos. Berthelet）继皮森之后成为王室印刷商，在 1535 年和 1554 年使用了后者的标记“卢克雷迪亚·罗曼娜”（Lucretia Romana）作为其印刷标记。（See R. B. McKerrow, *op. cit.*, 第 27 页，第 80 号标记。）约翰·比德尔（John Bydell）使用的出版标记是由 1533—1535 年他从事行业的标识——“悲悯的圣母”（Our Lady of Pity）——以及他自己的商人标识组成的。（See R. B. McKerrow, *op. cit.*, 第 27 页，第 82 号标记。）欧洲大陆上类似的例子参见 W. Roberts, *op. cit.*, pp. 8-9.

[2] See E. G. Duff, *op. cit.*, Introd, p. xviii; Roberts, *op. cit.*, p. 61.

[3] See R. B. McKerrow, *op. cit.*, 第 8、13、26、28 号标记。

[4] H. R. Plomer, *op. cit.*, p. 20.

[5] *Ibid*, p. 20.

[6] *Ibid*, p. 20.

[7] *Ibid*, p. 20.

[8] See Dibdin's *Typographical Antiquities*, iv, p. 2 and 3rd note thereto.

man）、雷诺 · 沃尔夫的其他学徒以及亨利 · 宾纳曼的继承人使用。❶

因此，没有任何证据表明在约翰妮 · 沃尔夫的遗嘱中对出版标记进行了处分，实际上在与印刷业有关的全部已出版的遗嘱中❷均没有涉及处分出版标记的内容。麦克罗在《论印刷厂间标识的转让》（*Notes on the Transfer of Marks from One Printing - House to Another*）一文中，❸ 没有提及任何关于影响书商标记转让的法律机制，例如遗嘱或者血统继承、契约交易、抵押（bill 73
of sale）或者其他方式。的确，对少数印刷标记所用雕版转让现象的粗略观察，也许会使人们认为真正重要的是木质的或者金属雕版（有形财产），而不是标记本身（无形财产）。正如麦克罗指出的：

> 标记的所有者可以将其交给书商在特定的图书上使用以表明该图书是为他印刷的……当出版者死亡或者不再从事经营时，很有可能出现不再收回标记的情况，我推测在经过一段时间后，印刷商可能会理所当然地认为该标记已经归他所有。❹

此外，即使对于那些真正关心标记使用行为的印刷商或者书商而言，他们在书商公会注册标记的行为亦不是在强制注册体制之下进行的。事实上，与刀具工匠和金匠公会记录或者制桶工匠

---

❶ 关于双蛇杖（caduceus）标记在英国和欧洲大陆使用情况的历史，see Silvanus B. Thompson, *op. cit.*, p. 163; H. R. Plomer, "The Eliot's Court Printing House," in *The Library*, 4th Ser., vol ii, pp. 177, 179; 以及 R. B. McKerrow, *op. cit.*, 第 114 页，第 293 号标记。关于被称为"铜蛇"的店铺的后续历史，see H. R. Plomer, *Wills*, p. 23, n. (4).

❷ 这些遗嘱参见 H. R. Plomer, *Wills*; Gray and Palmer, *Wills of Cambridgeshire Printers*; S. Gibson, *Abstracts from the Wills of Oxford Printers*.

❸ R. B. McKerrow, *op. cit.*, p. 164 *et seq.*

❹ *Ibid*, pp. xlvi - xlvii.

的市政登记簿存在显著的区别，书商的登记簿中并不包括任何关于印刷商或者书商标识的登记和转让的记录。

爱德华·阿尔伯（Edward Arber）在对书商公会《登记簿抄本》（*Transcript of Registers*）的简介中指出："这些记录的首要目的在于计算有关的收费状况……这些登记簿对后世来说最珍贵的价值，在于它实际上是一个伦敦行会的附属现金账簿……"[1]

关于这些标记没有被作为财产或者法律上的重要标识的进一
74 步的证据，需要指出的是，在其他行业中王室的特许状或者许可证中通常会专门授予一个标识或者对标识的使用权，[2] 以表明产品是在王室权威下制造的，而在印刷特许状或者许可证中并没有这样的内容。雷诺·沃尔夫于 1574 年获得的作为国王御用印刷者的特许状，[3]托马斯·沃托洛利（Thomas Vautrollier）于 1574 年获得的为期 10 年的印刷《圣经》、奥维德（Ovid）和西塞罗（Cicero）著作等图书的特许状，[4] 约翰·戴（John Day）印刷包括《天主教教义基础知识》（*A. B. C. with a little cathechisme*）在内的多本图书的三项特权和印刷乐谱的特权，以及类似的印刷乐谱的特权和特许状中，[5] 均没有提到标识的问题。[6]

政府控制图书出版业的主要动因，在于执行印刷垄断权和监

---

[1] E. Arber, *Transcript of Registers*, 1554—1640, vol. iii, Introd. p. 18; See also Eyre and Rivington, *Transcript of the Registers of the Company of Stationers*, 1640—1708, vol. i, Preface, p. v："注册机制从来都不完善，起初仅仅是由主管机关建立的对出版商公会成员财产的记录，目的在于避免出现所有权方面的争议，并不包括依据开封许可证和其他王室颁发的特权……"

[2] See *ibid*, p. 94, n. 4.

[3] Dibdin, *op. cit.*, iv. pp. 4 – 5.

[4] E. Arber, *op. cit.*, ii, p. 745.

[5] *Ibid.*, pp. 26 – 29.

[6] 1502 年威尼斯议会授予奥尔达斯（Aldus）的特权中亦没有提及标识问题。（See A. Firmin – Didot, *Alde Manuce*, Paris 1875, p. 479.）

控异端,❶ 在这个过程中印刷商的标记显然不是财产，也不是义务。关于通过这些标记追踪异端出版物，麦克罗写道：

> 无疑在需要隐匿图书来源的情形下，印刷商须尽可能消除一切能够追踪作品的线索。但是他仍然有相当大部分的图书会被发现，因为尽管印刷商似乎并不希望为他的贡献进行宣传，也不十分急于隐匿图书的来源。1589—1590 年反对马丁主义者（Martinists）的三首“讽刺诗”的印刷商为了避免标注其姓名，使用了如此荒诞的版本说明——“印刷于如橡树那样一英里高的天地之间”（printed between the sky and the ground within a mile of an oak）……以及“印刷于我所在之地”，但是他仍然在这些小册子上使用了出版标记，这些出版标记的确可以在贸易中标示其来源于哪个印刷商。❷

16 世纪末，印刷商标记首次进入英国法的规制范畴。第一个涉及印刷商标记的案件发生在 1581 年，该案与上文提到的授予约翰·戴对《天主教教义基础知识》一书的印刷特许状有关。戴拥有高超的印刷技艺,❸ 他有三个标记。❹ 75

1580 年，戴成为书商公会的主席,❺ 两年以后他开始通过一系列诉讼来执行他依据《天主教教义基础知识》一书的印刷特

---

❶ A. Birrell, *The Law and History of Copyrighting Books*, pp. 49 *et seq.*

❷ R. B. McKerrow, *op. cit.*, pp. xlii – xliii. 一个独特的、有趣的、震撼的但是不那么令人信服的理论认为，印刷商标记与水印的使用是不同异教派别的秘密符号交流，see Harold Bayley, *A New Light on the Renaissance* (London 1909) ch. Ix. 哥伦比亚大学的 S. L. 沃尔夫（Wolff）博士向我提及上述理论。对该理论的批评，see C. M. Briquet, *Les Filigranes*, vol. i, Introd. pp. 8 – 10, 以及 *The Bookman*, vol. xxix, p. 531; The *Athenæum*, vol. ii, p. 327.

❸ D. B. Updike, *Printing Types, their History, Form and Use*, ii, p. 90.

❹ H. R. Plomer, *Short History of English Printing*, p. 80.

❺ *Ibid.*, p. 77.

许状所享有的垄断权。❶ 在 *Day v. Ward* 一案中，向枢密院提交的起诉书中并不是针对盗用戴标识的行为，而仅仅是未经许可将戴的姓名使用在盗版的《天主教教义基础知识》一书上。戴提交的证据包括被告模仿其在《天主教教义基础知识》一书上使用的版式以及被告使用了他的一个出版标记。该案对被告的质询是在星室法庭进行的，焦点在于“为什么……使用约翰·戴的标识以及是谁为你制作了同样的标识”。❷ 对于该问题的回答是：

> 对于第三个问题，他说他不知道为什么约翰·戴的姓名会印在这里……但是他知道为什么约翰·戴的标记会印在这里，目的在于假冒约翰·戴印刷的图书，仿冒者是居住在黑衣修士桥（blackefriers）的一个法国人，他知道此人的姓名，并不是为该案被告制作相同标识的那个人。❸

76 当然，上述回答可能已经构成一种纯粹的欺诈，但是除非其具有最低限度的说服力，不太可能以此得出以下推论，即使用戴的标识是为了表明侵权作品是“正品”，也就是说体现了特殊的工艺。❹ 换句话说，即使到 *Day v. Ward* 一案时，印刷商标记仍然被看作本质上是装饰性的。无论如何，对该案交叉询问的研究表明，与侵犯戴的特许状相比，侵犯戴的标识显然仅仅是极为少见的个案。❺ 尽管在 *Day v. Ward* 一案中明确保护了标识权益，但是星室法庭于1586年6月23日对出版业颁布的首个法令❻完

---

❶ 关于该案的历史，see *ibid.*，p. 77 *et seq.*；G. Unwin，*Gilds and Companies of London*，p. 259。

❷ E. Arber，*op. cit.*，ii，p. 758.

❸ *Ibid.*，ii，p. 760.

❹ Murray's *New English Dictionary*，i，p. 473.

❺ T. B. Reed，*History of Old English Letter Foundries*，pp. 125 – 126，认为该案是一个字体侵权案件而非标识侵权案件。*Cf.* H. F. Brown，*The Venetian Printing Press*，pp. 48 *et seq.* 说明了关于阿尔迪恩斜体字（Aldean Italic）的伪造情况。

❻ E. Arber，*op. cit.*，ii，p. 607.

全没有提到出版标识。1637 年星室法庭对出版业颁布的第二个法令内容如下：

> ……未经该公会或者在先取得印刷图书或者印刷物的合法特权、授权或者许可之人的同意，任何人不得印刷、委托印刷，或者伪造、放置、仿冒任何图书上的姓名、标题，以及书商公会或者享有印刷图书合法特权、授权或者许可之人的标识或者装饰图案，对于违法者不仅应没收这些图书及其他印刷物，还应受到本法庭或者高级法院课以的惩罚，包括限制人身自由、罚款以及其惩罚，在不同情形下，可以限制或者调整对其作出的惩罚。❶

直到 1662 年，印刷行业才脱离王室管辖首次被纳入议会的管辖范围。查尔斯二世十四年法案，其目标被表述为制止散布“离经叛道的、亵渎神明的煽动性和叛逆性的小册子和文章”以及对印刷业的总体控制，❷ 实质上重述了❸上述星室法庭第二个法令中关于仿冒出版标记的规定。需要注意的是，星室法庭 1637 年的法令和 1662 年的法案均仅仅建议而非强制规定对出版标记实行登记。 77

扼要总结一下前述考察的结论，我们发现印刷商和出版商的标记似乎起源于个人标识，其后逐渐发展出一种装饰的功能，并不具有任何法律上的意义。这些标记的使用具有选择性

---

❶ E. Arber, *op. cit.*, iv, p. 531.

❷ See *Stat. of the Realm*, v, 428 *et seq.* (14 Car. Ⅱ, C. 33, Preamble and cl. Ⅵ)，以及 A. W. Pollard, “Some Notes on the History of Copyright in England, 1662—1674,” in *The Library*, 4th Ser., vol. iii, p. 97. 该法案直至 1679 年年底失效；1685 年该法案在 6 年后得到了恢复，一年后最终被废止。

❸ “第 4 条：自此以后，未经在先取得印刷图书或者印刷物的合法特权、授权或者许可之人的同意，任何人不得印刷、引起印刷行为，或者伪造、放置、仿冒任何图书或者小册子上的姓名、标题，以及享有上述特权之人的标识或者装饰图案。”

和偶然性，[1] 不具备强制性或者一致性。从法律角度来看，它们既不是财产（除16世纪中期的法国）也不是义务。尽管带有这些标记的雕版似乎已经可以通过遗嘱、赠予或者其他法律机制进行移转，但是没有证据表明这些标记本身可以按照上述方式进行转让。

---

[1] 在这个方面，印刷商和出版商标记类似于纸上的标识。纸上的标识最早出现于欧洲，比弗斯特和谢弗的双盾要早将尽200年。C. M. 布里凯（Briquet）在关于纸上标识的巨著——1907年在巴黎出版的《水印》（*Les filigranes*）一书的引言部分论述道，在1282年前后欧洲第一个纸上标识——一个十字——出现之前的很长时间里，阿拉伯和欧洲的造纸人均没有在其生产的纸张上使用过任何标识（vol. 1，p. 10）；在纸上标识出现以后，相同的标识往往被不同的造纸者同时使用，即使有很多人抱怨仿冒纸张行为的出现，但是上述实践似乎非常普遍（p. 17）。

第四章 78

商标和国家产业管制——纺织品贸易

在上一章中，我们已经看到，中世纪典型手工业者标识的特征有：第一，（这些标识的使用）是强制性的，而非可选择的；第二，其目的在于保持行会的生产标准，保障行会或者其他的地方性垄断，而不是使消费者心中产生对优质产品的良好印象以创造对该种产品的心理需求；第三，现代商标显然是所有者的财产，而中世纪的手工业者标识在本质上则是一种义务。我们可以将中世纪标识的这些特点极大程度地归因于生产者和消费者以及生产者之间处于临近的地域，也可以归因于各地行会对产业控制的理论和实践。

然而，当我们讨论纺织品和刀具贸易时，情况就十分不同了。在这些贸易中，可以清楚地看到商标的进化：从来源标识到质量标识，从义务到财产，对其所有者而言具有极高的价值。在下一章，我们将追溯伦敦和谢菲尔德的刀具生产者所发展出来的商标法体系，我们将会发现，伦敦和谢菲尔德的刀具生产者之间竞争十分激烈；在这些工业中心，内部成员之间的竞争也同样变得十分激烈，激烈的竞争使得个体刀具生产者标识的重要性得到了强调。另外，在纺织品贸易中，变得重要的并作为保护客体的

不仅仅是那些个体纺织者的商标，在很大程度上，是纺织业中心
79 的集体标识。另外，当刀具制造者们主要在组织内发展其自有法律时，纺织产业中商标法的发展，正如我们将要看到的，很大程度上是与该产业全国性扩张有关的行政法的产物。我们需要先提及对集体标识或者地域标识的保护，对于该种标识的讨论必然会占据比个人标识更大的篇幅，我们将发现前者的发展至少与后者的发展具有同等的重要意义。

由特定地区组织享有的集体商誉，以及保护代表该集体商誉的标识或者印记的思想，在中世纪历史和现代商业中均十分普遍。[1] 我们在上一章已经看到，实践中每一个行会在行使搜寻或者监督权力时，均将其标识或者印记附着在成员生产的产品上。[2] 在很多情况中，这些印记、标识或者市政当局的符号变成了对公会（corporation or *universitas*）而言价值巨大的财产，对于其附着的产品，不须开包检验或者仔细检查包装，仅凭这些标识即可进行销售。例如，巴黎的纺织者，要求制止在外国制造的产品上使用“巴黎之路”（*façon de Paris*）一词；[3] 在伊普尔（Ypres），至 13 世纪末，印有该市名称的纺织品一年内总计有 8000 匹。[4] 威斯特伐利亚（Westphalian）亚麻产业中心奥斯纳布吕克市（Osnabrück）的标识，在国外倍受推崇，在 15 世纪中期
80 的英国，印有该标识的亚麻制品的价格比其他威斯特伐利亚亚麻

---

[1] 近期保护“地区商誉”的例子，如谢菲尔德的钢铁，罗切斯特的纺织品，杜伦的烟草，明尼苏达的面粉，瑞典的火柴、香槟和干邑白兰地，马德拉、莱茵和摩泽尔的葡萄酒，皮尔森的啤酒等。See Hopkins on *Trade - marks*, 4th ed. , pp. 67 *et seq.* ; G. C. Henderson, *The Federal Trade Commission*, pp. 189 - 190; W. Notz, “New Phases of Unfair Competition and Measures for Its Suppression” in 30 *Yale Law Journal* 384, at pp. 392 *et seq.* ; aslo *infra*, p. 105 n. 2, at p. 106.

[2] See *supra*, p. 44.

[3] M. de Gailhard - Bancel, *Les anciennes corporations de métiers*, p. 101.

[4] G. Renard, *Guilds in the Middle Ages*, (ed. Cole), p. 34.

制品的价格要高出20%。[1] 类似的集体商誉和共同的、地域标识发展的例子，还包括巴塞罗纳和托罗埃利亚的纺织者，[2] 佛罗伦萨的手工业者行会，[3] 著名的刀具和武器制造中心托莱多（Toledo）、费拉拉（Ferrara）和索林根（Solingen）。[4]

在英国，集体标识在纺织产业的发展十分引人注目，就其起源而言，在很大程度上与贸易管制以及贸易中的王室利益有关。在中世纪后期，羊毛是英格兰的主要出口商品。[5] 阿什利写道："英格兰并不满足于为欧洲提供原材料，政府也持续地、积极地为羊毛制品的获利而努力；其采取的措施取得了成功。纺织品成为'我们的财富的基础'，在17世纪末，欧洲羊毛制品中有'2/3是来自于英国的出口'。"[6] 英国王室一直致力于使本国纺织品在欧洲纺织品市场占据并维持至高的地位，尽量地从该贸易中吸引更多消费者，当然也附带地为王国的纺织品保持特定生产标准，政府开始鼓励和保护英国各纺织中心商标的声誉。当然，正如个体手工业者的标识起初仅仅是单纯的管理性或者义务性标识一样，纺织产业团体或者地方组织使用的印记也是国家管制中的一个必要的组成部分。

讨论国家对纺织工业的管制与商标法发展之间的关系，没有 81
必要详细考察行会衰退的原因或者行会衰退对行会监管的影响。很早以前，王室即开始对纺织行业进行监管。[7] 王室的监管部分是通过王室的官员，部分则是通过行会中实际具有相同职能的管

---

[1] H. Potthoff, *Die Leinenleggen in der Grafschaft Ravensburg*, pp. 38 – 39.

[2] D. R. Pela, *Marcasde Fdbrica*, p. 18.

[3] E. Staley, *The Guilds of Florence*, 2nd ed., p. 148（羊毛纺织品）; p. 262（绸缎商、头纱制造者、香水生产者和文具制造者）.

[4] See C. Ffoulkes, *The Armourer and His Craft*, p. 70.

[5] W. J. Ashley, *Economic History*, i, pt. ii, p. 191.

[6] *Loc. cit.*

[7] See E. Lipson, *op. cit.*, ch. ix.

理者进行的。[1]“这是事物性质的必然”，利普森说道：

> 从事纺织品贸易的商人须将羊毛产业中的不同分支整合到他的控制之下。纺织行业中行会体制的解体比其他任何行业都要早。纺织品贸易的迅速发展与旧有的限制互不相容，大量的制造者从城镇涌向郊区和农村，在那里他们可以不受任何阻碍和限制地从事经营活动。[2]

15 世纪，在城镇之外，按照阿什利所说，“被称为纺织者（*clothiers*）或者纺织品生产者（*clothmakers*）的新兴阶层出现，他们需要与之相适应的大量资本，并且依赖大量的工人”。[3] 然而，随着行会被民主体制代替，或者说行会“同时向国家管制的机构和对象”[4] 转变，将如我们所见的，不仅不会阻碍反而会加速商标法的发展。随着资本家广泛地参与到纺织行业中去，政府直接介入其中，[5] 王室在关注行会标识和城镇标识的同时，开始越来越重视各种个体纺织者的标识。

82 即使不去追寻纺织品产业的发展，也应当看到，至 15 世纪，很多地方生产的纺织品，例如，布里斯托、诺里奇、吉尔福德（Guildford）、科尔切斯特（Colchester）、肯德尔（Kendal）、考文垂（Coventry）、汤顿（Taunton），等等，已经取得了自己的声誉，这些城镇生产的纺织品价格自然会上升，而且导致在这些城镇附近居民制造的纺织品价格上升。例如，1391 年颁布的理查德二世第 15 法案是“我们掌握的第一个明确关注萨里（Surrey）

---

[1] W. Cunningham, *op. cit.*, p. 226.

[2] E. Lipson, *op. cit.*, pp. 415 – 416.

[3] W. J. Ashley, *op. cit.*, ii, p. 222.

[4] W. Cunningham, *op. cit.*, p. 447; see also *ibid.*, p. 509 *et seq.*

[5] See Stat. 4 Edw. IV, c. i, *Stat. of the Realm*, ii, p. 404.

纺织行业的法案”,[1] 引述如下：“过去潜水服是在吉尔福德以及萨里郡其他地方、苏塞克斯和南安普敦生产的，这些潜水服被称为吉尔福德潜水服，**它们制作精良、货真价实，并且享有盛誉……**”。[2]

这些地方声誉大多被地方当局警惕地保护着，与王室的保护并不相关，关于此点最好的例子是索尔兹伯里和考文垂。1417年，索尔兹伯里市长和地方议会召开的会议，决定采取措施制止对该市纺织品印记的仿冒行为，其后，索尔兹伯里便以“染色纺织品和白布”而闻名。[3]

早在1398年，“考文垂粗绒”贸易就已经变得国际化。“在远方的港口——波罗的海沿岸的斯特拉尔松（Stralsund），当年一个商人要出口价值200英镑的该种纺织品”。[4] 次年的一部制定法中，除了涉及考格威尔（Cogware）、肯德尔纺织品和克西（Kersey）纺织品以外，还提到了考文垂的起绒粗呢。[5]“15世纪和16世纪初，在伦敦和其他地方，对纺织品的需求量十分巨大。但是，在1518年前后地方产业开始衰退”。[6] 这一年，很大程度上由考文垂大纺织品商人控制的民事法庭,[7] 明确地为了挽回粗 83
绒贸易中的损失，颁发了“优质纺织品制造令”（*an order for the True Makings Clothe*），清楚地表明在符合极高质量标准的纺织品上附着城镇印记——大象——对于贸易和城镇的重要性：

---

[1] *History of the County of Surrey*,（Victoria History of the Counties of England, ii, p. 342）.

[2] C. 10, *Stat. of the Realm*, ii, p. 81.（着重号为作者所加。）

[3] *Modern History of Wiltshire*, iii（Ed. by R. Benson and H. Hatcher）, pp. 113－114.

[4] M. D. Harris, *Life in an Old English Town*, p. 253.

[5] 1 Hen. IV, c. 19（1399）*Stat. of the Realm*, ii, p. 119.

[6] M. D. Harris, *op. cit.*, p. 253.

[7] *Ibid.*, pp. 258－259.

需要记住的是，本市应当出产优质的纺织品，纺织者应当立即遵守并执行上述要求，否则本市的纺织行业将被赶超，到那时就只能通过事后补救来重获财富。为此，应当挑选两个纺织工和两个漂洗工在宣誓后对纺织业务和漂洗业务进行检查，再挑选六个纺织品销售商作为检查者的主管或者监督人。如果有些人不能在检查日开展检查工作，这六位主管中的几个人就会亲自赶赴现场。鉴于检验者到所有纺织者的生产场所进行检查的工作量过大，应当在帷幔门（Drapery doore）附近选择一个本行会的或者他人的房屋作为检验厅，将纺织品带到这里根据标准对重量及均匀程度进行检查。当产品来自漂洗工时，该漂洗工须将产品带到检验厅对其是否符合标准进行检验。如果在宽度和长度上均属于优质纺织品，本市将给予褒奖，并为其打上大象标识（大象和城堡是本市的纹章）以及标示纺织品长度的印记，藉此人们可以识别出质量上乘的纺织品是伦敦出产的。其他地域生产的纺织品质量低劣，却也称其为本市纺织品的行为，对本市造成严重的诋毁，需要给予严厉的惩罚。被带到检验厅检查的产品无论如何也不能符合本市的制作工艺要求的，送检人须支付检验费用并告知其尽量保障品质，但是拒绝为其产品打上大象标识。[1]

84 城镇对纺织品印记管理的必要性和迫切需求在理查德二世一

---

[1] *Coventry Leet Book*，（Early English Text Society），ed. M. D. Harris，pp. 656－657. 官方承认或者授权以此种方式秘密销售不合格货物以消除对其来源的城镇或者行会损害的做法十分常见；雷纳德（Renard）提到了中世纪巴黎金匠对镀金的碗被误认为是坚固金属事件的审议，“经审议决定，该种产品可以秘密地进行销售，但是今后不得再制造这样的产品”。（*Guilds in the Middle Ages*，ed. Cole，p. 34.）类似的，伦敦杂货商的监督者发现约翰·帕尔默销售不合标准的姜之后，对其处以5马克的罚款，并且“要求这些腐烂的姜须被封存起来运往海外，在那里可以进行销售……”（J. A. Rees，*The Worshipful Company of Grocers*，p. 99.）

年制定法（1483—1484 年）第八章中得到了证明，该法规定：

> 在（大天使圣米歇尔）节前夕，英格兰司库（Treasurer of England）下令，在生产纺织品时需要在一面打上（王室）纹章，另一面打上本王国境内所有自治城市或者市镇的标记或者记号，除了上述纹章、印记或者记号，还需要打上一个标记或者明显的记号，以标示该纺织品系来源于本王国的自治城市或者市镇；本王国所有的郡均须在其出品的纺织品上打上本郡自己的印记……[1]

对纺织行业如此细致地立法使得在某些地区即使是个体纺织者的标识也被作为管理的对象。[2]

在伊丽莎白统治时期，产业控制集权化趋势强劲，枢密院成为该体系的“中心”，[3] 纺织品上的印记成为更加流行的、能够引起兴趣和评论的话题。著名牧师克莱门特·阿姆斯特朗 85

---

[1] I Ric. Ⅲ（1483—1484）c. 8. *Stat. of the Realm*, ii, 486. 自治市镇的其他立法对这些区域内个体纺织者标识的适用作出了规定。早在 1467 年，一项规制诺福克和诺里奇地区精纺毛料制造过程中欺诈行为的法案要求“本行会中的任何人生产精纺毛料时，根据监督人条例，须将其标识附着或者纺织（*son propre signe tistez ou entexez*）在产品上”。(7 Edw. Ⅳ, 1467, c. i, *Stat. of the Realm*, ii, 420.)

[2] 关于诺里奇对纺织者标识注册的地方性规定，see Acts of Assembly（1460）in *Records of the City of Norwich*（ed. Hudson and Tingey）, ii, No. CLXII, p. 94，以及 Act of Assembly, 19 July 1580, No. CCXLVI, p. 145. An Act of 14 and 15 Henry Ⅷ, c. 3（1523），对雅茅斯和林恩的纺织业进行规制，要求这些市镇的监督人“对同一城镇内每一位精纺呢料纺织者所使用的标识进行确认，这些经监督人认可的标识须在登记簿上进行注册”。(*Stat. of the Realm*, iii, 210.) 类似的，1534 年的《诺里奇市及林恩和雅茅斯镇精纺毛料生产法案》规定，“本城镇的每位监督人须对大雅茅斯城镇内每一位精纺呢料纺织者所使用的标识进行确认，这些经监督人认可的标识须在登记簿上进行注册”。(26 Hen. Ⅷ, c. 16, *Stat. of the Realm*, iii, 511.)

[3] W. Cunningham, *op. cit.*, ii, p. 53. 枢密院深入探讨了以下产业细节问题，如回收都柏林商人偷来的粗布（Acts, N. S., xxv, 1595, P. 49），德文郡皮革业中的不法行为（*ibid.*, xxvii, 1597, p. 260），以及在诺里奇制作和销售姜饼（gingerbread）的权利（*ibid.*, xxviii, 1597, p. 417）。See also W. S. Holdsworth, *Hist. of English Law*, iv, p. 360.

（Clement Armstrong）在写于1535年前后的《如何改革王国以使其运作良好以及恢复耕地》一书中，劝诫国王：

> 将羊毛织物作为伦敦的主要产品，像过去一样，使所有的纺织品生产者……在市场所在地聚居在一起，所有纺织品生产市场所在地均须拥有一个共同的印记……通过市镇的印记来追踪羊毛织物的真实来源。❶

阿姆斯特朗说，英格兰“需要鼓励更多的人使用纺织品，并且保证他们能够根据印记购买到合格的纺织品”。❷

另外，在《英联邦谈话录》（*An Discourse of the Common Weal of this Realm of England*）——大约写于1549年的假想对话中，不仅表现了纺织品上的各种城镇印记带来的信誉，而且表现了将其使用在劣质产品上所导致的降低信誉的后果。在第二段医生和骑士的对话中，前者比较了货币贬值、试图“将1/2磅标为1磅，将1/2盎司标为1盎司”以及纺织品上城镇印记的信誉丧失：

> ……他们慢慢地丧失了信誉，就像我所知道的英格兰的某些市镇一样。这些市镇为其生产纺织品的长度和宽度设定了标准，在纺织品上打上市镇的印记以表示符合上述标准，当他们坚持产品符合上述标准时，外乡人可以仅仅根据印记购买他们的产品，这些市镇的纺织品销量巨大，最终繁荣起来。但是有些市镇并不满足于合理的收入，而是不断地想赚取更多的利润，他们生产的纺织品在长度、宽度和质量上均未达到合格标准，却被打上了（表示合格的）印记，以优质纺织品的价格进行出售。从短期来看，他们依靠先人的信

❶ Reinhold Pauli, *Drei Volkswirthschaftliche Denkschriften aus der Zeit Heinrichs VIII von England* (Göttingen 1878), p. 65.

❷ *Ibid.*, p. 70.

誉侥幸赚到了更多的钱，但是以损害后代的利益为代价。当这些纺织品被发现是劣质产品时，上面的印记不但不再被作为品质优良的象征，反而会降低对产品的信赖，即使他们的纺织品质量上乘，只要他们被发现有虚假陈述的行为，没有人再去购买他们的纺织品，除非是不看印记仅仅关注纺织品本身的质量。由于有些人生产劣质产品，他们失去了别人的信任，由此导致其纺织品销量下降，他们就不会再在纺织品上使用市镇的印记。当这些市镇丧失信誉时，这些市镇最终将走向衰落。[1]

在第三段对话中，医生再次提到城镇印记或者标识的重要性："另外一件我认为对防止我们的市镇衰落大有助益的事情是，规定所有本地制造的产品均须使用某种特殊的标识，该标识只能在真正本地出产的产品上使用。"[2]

在大众需求可以使印有其标记的纺织品被持续购买的观点，以及贬损这些标识会给纺织品贸易带来损失进而影响王室特许费收入观点的影响下，毫不奇怪的是，整个纺织业的商标，不论是个体的还是集体的，很快就成为枢密院监管的对象。1591 年枢密院颁布的法案中提到了威尔特斯（Wiltes）、格罗斯特、萨默塞特（Somerset）和牛津的纺织业者"模糊地删去"（ambiguous abridgement）了爱德华三世二十七年法案[3]和亨利八世二十七年法案[4]中关于指明真实尺码的要求，"违背了女王陛下的旨意， 87
可能导致欺诈消费者"，在下文中也提到纺织者的个人标识：

---

[1] *A Discourse of the Common Weal of this Realm of England*（ed. E. Lamond）pp. 77－78. 对于该参考文献，笔者感谢前文引述过的玛丽·多默·哈里斯（Mary Dormer Harris）女士，《考文垂民事法院记录》（the Coventry Leet Book）的主编、考文垂历史学家，她在 1923 年 11 月 12 日写道，她认为该段文字明确地指向了考文垂纺织品上的标识。

[2] *Ibid.*，p. 130.

[3] *I. e.*，27 Edw. Ⅲ，stat. i，c. 4（*Stat. of the Realm*，i，330－331）.

[4] *I. e.*，27 Hen. Ⅷ，c. 12（*ibid.*，iii，544）.

……今天，枢密院颁布以下命令：根据亨利八世二十七年制定法，为了避免出现麻烦，今后在纺织品上须留有一块白色区域以放置纺织者的标识或者记号。不过，有些纺织者已经在部分织物上花大价钱加入一股金线或者铜线来织成他们的标识，以美化他们质量上乘的纺织品。枢密院认为，威尔特斯、格罗斯特、萨默塞特和牛津郡的纺织者可以继续按照他们的方式使用标识，但是他们还需按照本法的要求在他们生产的纺织品上单独织上他们的标识……❶

1592 年，枢密院在下述命令中介入了对汤顿纺织者❷个人标识的保护：

至给休·波特曼（Hugh Portman）、约翰·科尔（John Coles）、加布里埃尔·霍利（Gabriell Hawley）和威廉·霍尔（William Hall）（或者其中两三个人）的信。来自萨默塞特地区汤顿的纺织者约翰·戈德萨尔（John Godsall）向本院提起诉讼，控诉约翰·科尔以及其他人恶意在生产纺织品的过程中从事严重违法行为，包括残留线头、染色错误以及在劣质纺织品上仿冒常见的标识（长时间为生产质量上乘的纺织品的申请人和其他纺织者使用）。如果这些信息是真实的，上述行为就是应当受到严厉惩罚的欺诈行为，不但损害了请愿人，还损害了其他诚信从事经营的纺织者，他们生产的纺织品本可以保持较高的销量并且在海外获得良好的声誉，但是（由于这些恶意欺诈行为的出现）被严重地损坏了。因此，我们认为在开庭前应当借此将你们——戈德萨

88

❶ *Acts of the Privy Council of England*, New Ser., xxi, 59, pp. 98 – 99.

❷ 汤顿的纺织品，通常仅仅被称为“Tauntons”, see *History of the County of Somerset* (Victoria County Histories), ii, pp. 411 *et seq.*; J. Toulmin, *History of Taunton* (ed. Savage, 1822), p. 372.

> 尔、约翰·科尔以及其他纺织者，或者说是因制造纺织品过程中存在欺诈行为而遭到控诉的劣质纺织品生产者——召集在一起；采取各种手段来调查这些违法行为；共同检查并协商确定本诉讼中涉及的用以标明真正纺织品生产者身份的标识是否被科尔及其他人用来从事欺诈行为。如果的确发现被仿冒，我们要求你们提供这方面的证据，同时需要向女王保证科尔及其他人会在确定的日期之前到本法庭应诉，以便于我们及时作出更正上述违法行为的判决。❶

集体商标和地域商标保护中涉及国家政府利益的强有力证据，可以在科尔切斯特的台面呢产业中找到。早在 14 世纪，科尔切斯特就已经成为纺织业的重要中心。❷ 但是，直到 1570—1571 年，❸ 因被阿尔瓦公爵（Duck of Alua）迫害而被迫从低地国家迁居此处的佛兰德难民在此定居之后，科尔切斯特才以纺织品制造获得了令人羡慕的声誉。❹ 所谓的“众荷兰人”（Dutch congregation）实际上是在王室直接管辖下的半自治社区，“荷兰湾公会大厅”（Dutch Bay Hall）的官员们坚持不懈地采取措施以保持较高的工艺水平，使得该组织在全国范围内乃至国际上迅速获得了声誉。约翰·伊夫林（John Evelyn）在日记中提到，科尔切斯特“是英格兰唯一一个制造货真价实产品的地方”，❺ 塞缪 89

---

❶ *Acts of the Privy Council of England*, New Ser., xxii, 1591—1592, pp. 406 - 407. 枢密院对保护汤顿个体纺织者标识的兴趣十分重要，不仅是因为其认可了个体商标的存在，而且这里的特定商标并非属于织布工人而是属于纺织商。关于该问题的进一步讨论，see *infra*, pp. 94 - 95，1633 年查理一世发布的布告。

❷ *History of the County of Essex* (Victoria County Histories) ii, pp. 382 - 383.

❸ *Ibid.*, ii, p. 387.

❹ “早在 1568 年，诺里奇就有至少 1132 个说弗兰德语的人和 339 个说瓦龙语的外来人；类似的定居点建在科洛斯特、桑威奇（Sandwich）、坎特伯里（Canterbury）、南安普顿、伦敦、南华克以及其他地方。”（W. Ashley, *Economic History*, i, pt. ii, p. 240.）

❺ *Diary of John Evelyn* (ed. Austin Dobson 1906), ii, p. 113. 1656 年7 月8 日。

尔·佩皮斯（Samuel Pepys）叙述了一个与科尔切斯特驻西班牙大使的谈话，他“谈了很多西班牙人的质朴习惯；国王和领主们如何竟然会穿一件科尔切斯特台面呢的斗篷”。[1]

菲利普·莫兰特（Philip Morant）在《科尔切斯特的历史和古迹》（*History and Antiquities of Colchester*）一书中，[2] 描述了在台面呢上印上标记的方法和原因：

> 保持产品质量和声誉的现行规则是：所有台面呢须在荷兰台面呢公会大厅接受该公会中经过宣誓的检验人的检查，根据长短和质量，经检验的台面呢被贴上不同的标签，据此购买者或者商人可以弄清每匹台面呢的长度和质量。科尔切斯特出产的可以贴上标签的台面呢被分为四种，即“撕裂”（Rents）、“裁剪”（Cuts）、“王冠”（Crowns）和“十字”（Crosses）：每一类上均使用不同的铅质标签以显示其属于哪一类别。一匹“撕裂”台面呢（因两侧的布边均被撕裂而得名）带有两个铅质标签。一匹“裁剪”台面呢（因一端被剪成斜的而得名）带有三个标签。一匹“王冠”台面呢，即最为普通的台面呢，带有四个标签。最后一种，一匹“十字”台面呢，带有五个宽阔的铅质标签，其中一个与其他类型的台面呢所带有的标签相同，其他四个则是十字台面呢专用的。[3]

很难想象，如此具有价值的科尔切斯特商标在任何时候都不会遭遇侵权。“这些台面呢的销售依靠其良好的信誉，仅仅检视所带有的标签”，莫兰特写到：

---

[1] *Diary and Correspondence of Samuel Pepys*（ed. Bright，New York 1884），vii，p. 34. 1666年2月24日。

[2] （London 1748），pp. 74–75.

[3] 莫兰特解释了十字、王冠、裁剪或者撕裂之间在价值方面大致存在的三方面区别。在科尔切斯特使用的铅质“Bay”和“Say”标识的复印件，see *History of County of Essex*（Victoria County Histories），ii，Fig. 7，facing p. 388。

> 而无须打开包装来检验长度和质量，人们已经采取了最严格的手段去阻止一切不正当的实践，一旦被发现，就会受到惩罚……但是自 1588 年起，先是在哈尔斯特德（Halstead），稍后则是在伦敦，这些标记就被来自上述地区的台面呢生产者仿冒；在本城镇内部亦存在被仿冒的产品……这些丑闻遍及全国，给该城镇的声誉带来极坏的影响……❶

90

值得注意的是枢密院对哈尔斯特德纺织者侵犯科尔切斯特标识行为的处理。这些侵权者也是佛兰德难民；他们在哈尔斯特德定居，而且确实也是科尔切斯特“荷兰台面呢公会”的一个分支。❷ 但是，在 1592 年致托马斯·卢卡斯（Thomas Lucas）和埃德蒙德·赫德尔斯通（Edmund Huddlestone）先生的信中，枢密院更加关注的是对两个城镇使用的标识加以区别的问题：

> 我们已经审议了你们关于科尔切斯特和哈尔斯特德两个城镇在台面呢上所使用之标识的报告，❸ 报告指出科尔切斯特的生产者发现哈尔斯特德人使用了与科尔切斯在先使用的标

---

❶ Morant, *op. cit.*, p. 75.

❷ W. J. Hardy, "Foreign Settlers at Colchester and Halstead," in *Proceedings of the Huguenot Society of London*, vol. ii, p. 182. 以及 *Acts of the Privy Council*, New Ser., xix, pp. 127 - 128，写给科尔切斯特地区行政官的信。

❸ 对 1592 年 5 月 12 日请愿的回复如下：“根据艾塞克斯郡科尔切斯特市台面呢生产者代表最近向我们提交的请愿书，让我们了解到威廉·沃尔格夫（William Walgrave）爵士治下的哈尔斯特德市中从事本行业的其他人在其生产的台面呢上使用了科尔切斯特台面呢生产者长期使用标识的情况。但是有人断言哈尔斯特德的这些台面呢生产者使用了不同于科尔切斯台面呢生产者的标识，即一个王冠和六根羽毛。综合各种考量因素，我们认为所有的公会或者市镇均须为其生产的产品保有属于自己的特有的、惯常的标识，其他外乡人不得使用上述标识，违反上述规定的须接受惩罚，需要减少并消除上述混淆带来的不良影响。我们要求你在收到本回复后认真考虑此事，核实上述消息的真实性，出命令制止哈尔斯特德人使用科尔切斯特台面呢生产者使用的标识，或者要求其使用自己的标识或者与科尔切斯特台面呢生产者使用的标识不同的其他标识。此外，请告知你们对于上述情况的理解，以及作出相反判决的法律依据何在，以便我们颁布适当的命令。我们命令你们尽全力配合。”（*Acts of the Privy Council*, New Ser., xxii, 1591—1592, p. 444.）

> 识相同的标识，作为其城镇纹章的一部分。我们很高兴看到你们已经设计出与之存在明显区别的标识：哈尔斯特德台面
> 91 呢生产者的标识是在王冠下方有一朵冲压上去的玫瑰花；第二种是两个王冠，一个在上一个在下，在下面一个王冠的脚上冲压了一朵玫瑰花；第三种是三个王冠，两个一对另外一个单独放置，在下面一个王冠的脚上冲压了一朵玫瑰花；第四种用于质量最好的台面呢，是三个王冠、一个普通十字、一朵玫瑰花冲压在十字和最下面的王冠脚下。在实际产品上，他们的确是在使用两个印记，其他人则以文字的形式表明了市镇的名称。我们在此要求你接受以下命令：哈尔斯特德市镇从此以后应当注意在台面呢上使用具有上述区别的标识，其他市镇从今往后则不能在类似行业中使用近似的标识。哈尔斯特德的确应当被保护，因为他们在该行业的地位完全是自身努力的结果。祝好。枢密院[1]

枢密院对于科尔切斯特标识在伦敦被侵权的态度，表明其希望在极大程度上对标识给予保护，强有力地支持了坎宁安（Cunningham）的论述，即在斯图亚特王朝统治时期，“经过多年的发展，商标体系在纺织品贸易中似乎就已经建立起来”。[2]

1632 年，托马斯·贾普，一位伦敦的纺织工人，因在“劣质的台面呢，即博金生产的台面呢”上使用假冒的科尔切斯特标识而被处罚。根据总检察长在星室法庭的讯问，贾普承认了欺诈行为，并承认制订了将劣质的标有科尔切斯特标识的纺织品走私到国外的详细计划。贾普被判罚款 1000 英镑，并在齐普赛街（Cheapside）、康希尔街（Cornehill）、博金和科尔切斯特戴枷示众：

---

[1] *Acts of the Privy Council*, New Ser., xxiii, 1592, pp. 76–77. 1592 年 7 月 28 日。

[2] W. Cunningham, *Growth of English Industry and Commerce*, iii, p. 311.

> 持续几个集市日的时间，在他的头上贴上纸条写明他所犯下的罪行。此时，需要公开宣读本判决，在示众处及附近的显著位置张贴本判决的副本，以使其罪行为公众广为知 92
> 晓，遏制其他道德败坏之人从事类似的违法行为。
>
> 同时判决，贾普还需以类似的方式在市场交易日在位于埃克斯钱吉（Exchange）对面康希尔街的布莱克威尔厅（Blackwell Hall）以及博金和科尔切斯特戴上枷锁示众，在他的头上贴上纸条写明前述他所犯下的罪行。每次示众都需要公开宣读本判决，在该示众处及其附近的显著位置张贴本判决的副本，以达到前述目的，尤其是在布莱克威尔厅。官员们将不断地将该判决张贴在布莱克威尔厅及其周边。❶

对贾普的审讯读起来十分类似于现代商标案件中对使用者证据的审查：

> 他又说科尔切斯特台面呢通常要比博金台面呢贵一些。他认为科尔切斯特台面呢在海外的销售量要大于其他台面呢，长期以来他一直坚持这个观点。他说，作为一个长期从事台面呢生产的工人，他能够区分科尔切斯特台面呢、桑威奇台面呢和博金台面呢，但是对于不从事台面呢生产的人而言，只能通过印记区别这些台面呢。❷

---

❶ 关于该案程序的简要概括，see *Rushworth's Historical Collections*, ii, pp. 148 - 149，全文发表于该书第三卷的附录，第 102—105 页。鉴于该案的重要性，以及拉什沃思（Rushworth）提供的版本与 1632 年皇家印刷者罗伯特·巴克（Robert Barker）在伦敦出版的该案记录存在一些出入，本章在附录中收录了后者重印的该判决全文（*infra*, 96 - 100）。

该判决判令类似案件中的告密者须承担枢密院所处罚金的一半。关于该规定对告密者造成的"迷茫状态"（*turbidum genus*），see W. S. Holdsworth, *op. cit.*, iv, p. 356.

❷ *Infra*, pp. 96 - 97.

枢密院发现的案件事实亦与现代案件相近：

> 科尔切斯特市及其邻近地区的居民以台面呢生产作为主要的生计来源，多年以来，通过严格的检验，他们诚信而毫
> 93 无欺诈地生产台面呢，这些产品的质量优良已经闻名遐迩。在那些质量低劣的产品上使用其印记损害了他们的声誉，因为经检验后便会发现这些产品的质量并没有那么好。本国和外国的购买者在看到印记时就能够确定该产品质量优良，此时（法律要求）实时仔细关注该印记本身的信誉是否在任何地方都保持完好并且能够有效传播。[1]

该判决的依据是确认科尔切斯特荷兰民众古老特权的议会法案，[2] 法案为该行业提供了暂时的救济和保护。根据法案的前言，“本城镇每天都有人秘密地、狡猾地制造不结实的、不符合标准的台面呢”，这些产品质量低劣，并在不标有任何标识的情况下、秘密地运出本城镇，“经常是在打上科尔切斯特台面呢的标记后运输到海外，受此影响，科尔切斯特制造的台面呢就不如从前一样享有声誉和受人尊敬了”。[3] 该法案的第 4 条规定，对于任何假冒科尔切斯特荷兰湾公会或者公会成员印记的行为，“须向王室存卷法庭（His Majesty's courts of Records）[4] 或者科尔切斯特自治市法庭缴纳总计 20 英镑的罚金”。尽管有强大的搜查权力和示众、没收和监禁等对于被举报的科尔切斯特印记仿冒者的严苛惩罚，随着荷兰人共同体在 1728 年的瓦解，该行业迅速衰退，至 1826 年，该行业“在科尔切斯特处于低谷，在本市内

---

[1] *Infra*, pp. 98－99.

[2] 12 Car. Ⅱ（1660），c. 22，*Stat. of the Realm*，v，p. 253.

[3] *Ibid.*，ii，p. 254.

[4] 存卷法庭，最初是指以羊皮纸记录相关程序的法庭，后来是指所有程序均记录在案的法庭。——译者注

教区外仅仅有一个企业生产现在通称为台面呢的产品”。[1] 因而，目前对该标记的研究仅仅变成了一种考古学上的兴趣。[2]

我们已经看到，[3] 在国家政府的保护下，科尔切斯特、考文垂、吉尔福德、诺里奇等地的地方或者集体商标是如何发展起来并受到保护的，以及商标作为一种财产而非一种义务的观念是如何孕育的。但是，在我们离开现阶段的主题之前，我们必须提及查理一世关于“禁止纺织品上的欺诈”（against frauds and deceits used in Draperie）的文告。该文告的明确目的在于澄清大量先前的立法，该文告称：“纺织品中的欺诈……如果不及时加以制止，可能损害本国纺织品的声誉，导致纺织行业衰退，该行业正是很多国王陛下子民的生计所在。”[4] 94

上文所提到的枢密院对约翰·戈德塞尔和汤顿标识提供保护的40年后，[5] 该文告表明，比起 *Godsall* 一案，在律师之间——尽管还不是在法官之间，以下观念在很大程度上已经建立起来，即商标是商誉的符号，是具有价值的财产，而不仅仅是对来源的

---

[1] Thomas Cromwell, *History and Description of the Ancient Town and Borough of Colchester*, 1826, ii, pp. 288 - 289.

[2] 感谢科尔切斯特公立图书馆的官员和秘书乔治·里克沃德（George Rickward）先生为笔者提供关于科尔切斯特的贸易和标识的信息。

[3] 转引自 W. Cunningham, *Growth of English Industry and Commerce*, ii, p. 311, n. 4. 在大英博物馆的帮助下，作者获得了该公告的五页复印件。

[4] 英格兰纺织品的声誉在国外受到损害，按照现在的说法，即国家商誉在国外的减损，以及英国因劣质纺织品的生产带来的后续损失，是英国立法和相应行政执法长期面临的主题。See *Acts of the Privy Council*, New Ser., xxii, 1591—1592, pp. 89 - 90（关于德文郡粗毛尼）; *ibid.*, xxx, 1599—1560, pp. 481 - 482, 490 - 492, 602 - 604, 606 - 607; *ibid.*, xxxi, 1601—1602, pp. 387 - 389; *ibid.*, xxxii, 1601—1604, pp. 162 - 165（关于法国以质量低劣为由禁运英国货物）. 亦参见伦敦的缫丝工人、丝绸染色工、丝绸纺织工和丝绸销售者“请求对丝绸染色中大量的违法行为给予救济，英国丝绸制造者在国外受到这些行为的极大损害……”（*Cal. State Papers*, Dom., Charles Ⅱ, 1661—1662, p. 395.）

[5] *Supra*, pp. 87 - 88.

管制性标识，并且因此是一项义务。❶ 在该文告中，货物上标识
95 的两种功能被清晰地加以区分。“所有纺织工人均须在纺织产品上打上他的教名和姓的前两个字母，或者至少是他的姓的首字母，除此之外不得再使用其他标识”。❷ 该要求显然仅仅是一种与亨利八世颁布法案驱逐诺里奇和雅茅斯纺织者的情形相类似的管制。❸ 但是，该文告清楚地区分了这些标识（现代的生产者们可以称为厂商标识）与纺织者标识（现代的生产者们可以称为商标）。也就是说，该文告不仅将商标作为一种财产，而且将其看作商誉的符号，不是实际的制造者或者手工业者，而是提供材料或者工具以进行产品生产的资本家。该文告规定：

> 在实践中，纺织者标识被仿冒的情况十分严重，有些人在劣质纺织品上使用他人标识冒充优质纺织品，有些人使用与他人稍微不同的标识，消费者却难以辨认。陛下命令，所有纺织者只能在他的纺织品上拥有一个标识，并且只能持续地在其纺织品上使用该标识，禁止改变该标识；**任何人不得被授予他人已经使用的标识，即使进行了些许更改或者改变了颜色**。目前有些人使用了相同的标识，只有使用时间最长的可以继续使用该标识，其他人则须转而使用新的、其他人

---

❶ 王室特许状和奖赏同样表明对商誉符号价值的认可。伊丽莎白十三年（1371年）授予伦敦的“御用刀具工匠”理查德·马休（Richard Matthewe）制造“刀……柄”以及“在刀刃上使用自己的……半月标识”的特许状（Edmunds on *Patents*（2nd ed.），Appendix，p. 885）。1623年授予约翰斯（Jones）和帕尔默（Palmer）生产硬质和软质肥皂的特许状（W. H. Price，*English Patents of Monopoly*，p. 210），以及查理二世二年授予白纸生产者的特许状、威廉和玛丽三年授予圣刀剑公会（Hollow Sword Blades Company）的特许状（*Select Charters of Trading Companies*，Selden Soc. Pub.，vol. 28，pp. 206 and 221 respectively），均授予在依皇权生产的产品上使用区别性标识的权利。

❷ *Proclamation*，Charles I，April 13，1633（Brit. Mus. 506. h. 12［19］，p. 2.

❸ *Supra*，p. 84，n. 2.

未使用的标识……❶

上述情况说明18世纪以前英国纺织品贸易对英国商标法的发展做出了贡献。该贡献与我们关于“商标中的财产……作为合法占有物，可以买卖和转让”的观念相去尚远。但是无论如何，给我们带来了商标不仅是用来发现缺陷而且被认为是表明良好质量来源的认识。在该种观点下，商标已经引起行政法院（administrative court）——如王室法院和星室法庭——的注意，但是还没有被作为一种因具有价值而应受保护的财产引起普通法院注意。 96

附录：1632年10月12日星室法庭关于托马斯·贾普仿冒科尔切斯特台面呢印记的判决

In Cam. Stell. coram Conc. ibid. xij° die Octobr.

Anno Octao Caroli Regis.

今天，伦敦市的一位名叫托马斯·贾普的纺织者在本法庭出庭。皇家总检察长报告本法庭，他已经对托马斯·贾普进行了询问。询问的主要内容包括：对科尔切斯特台面呢上使用印记的仿冒情况；这些印记在质量低劣的台面呢上使用的情况；对于涉案的铁质印章以及带有该相同印记的台面呢，经其证实，其中一些是正品，一些是残次品，一些带有仿冒印记的并非科尔切斯特生产的台面呢（对其质量没有进行详细评估）。经释明，托马斯·贾普承认他在询问中所提供的口供是真实的，并且承认这些印章和台面呢是经由他手转交给皇家总检察长的，口供内容记录如下：

---

❶ *Proclamation*, Charles I, April 13, 1633, p. 3.（注重号由作者所加。）

查理一世八年9月5日，皇家总检察长威廉·诺伊（William Noy）对伦敦阿布彻奇巷（Abbchurch Lane）的纺织工人托马斯·贾普进行了询问：

他说去年7月在立登（Leaden）大厅台面呢市场从来自博金的约翰·布赖恩特（John Bryant）那里购买了110弗兰德埃尔[1]的生产于博金的曼尼金（Munikin）台面呢，价格是每埃尔21希腊银币（ob.），以及其他3匹约50埃尔长的其他台面呢，价格是每埃尔33希腊银币。

他又说科尔切斯特台面呢通常要比博金台面呢贵一些。

97 他认为科尔切斯特台面呢在海外的销售量要大于其他台面呢，长期以来他一直坚持这个观点。

他说，作为一个长期从事台面呢生产的工人，他能够区分科尔切斯特台面呢、桑威奇台面呢和博金台面呢，但是对于不从事台面呢生产的人而言，只能通过印记区别这些台面呢。

他说这些台面呢是他为一位当时居住在德特福德（Deptford）的姓戈达德（Goddard）的航海家购买的。但是他不知道他的教名是什么，可能是乔治或者威廉。他仅仅能够获得为购置这些台面呢所支出的成本，以及购买和包装过程中的劳务费和帆布的成本，总共大约25便士，以及其他一些劳务费。

他承认，在购置这些台面呢后，德特福德要求根据印记对其进行检验，这种检验表明他已经尽了最大的努力去确保他的货物是正品。

他进一步承认，当这些台面呢被送到检验厅时，他在上面打上了类似于科尔切斯特台面呢上使用的印记。检察官向他展示的印记中，其中一个——一边为狮身鹰首兽或者龙，另一边是三个王冠——是科尔切斯特的纹章；另一个写有“D. W. C. 科尔切斯

[1] 埃尔，旧时测量布匹的长度单位，指从肘部到中指末端的长度，大致相当于45英寸或者115厘米。——译者注

特台面呢 1571 年”字样的印记是他自己打上的，但是做工比较粗劣。他在台面呢上打上的这些印记被总检察长和被询问人誊写在一张纸上并封存起来。

他说这些图案是雕刻在铁质印章上的，而这些印章由被询问人负责保管。他将这些印章交给总检察长。

关于是何人雕刻铁质印章的问题，他说他并不知道是何人雕刻的，只是大概知道有一些是大约半年前在福斯特巷（Foster Lane）雕刻的，最终由被询问人付款。托马斯·贾普。威廉·诺伊。

同年 9 月 7 日星期五，托马斯·贾普再次被询问，他向总检察长交付了七个铁质印章，包括一个狮身鹰首兽印章、一个三个皇冠印章，一个刻有“D. W. S. 科尔切斯特台面呢 1571 年”字样的印章以及四个刻有数字的印章。对于其中两个被经常使用的印章，他被询问持有了多长时间。他说，其中一个他持有了大约半年，另一个他持有了大约一年。是一位据说是爱尔兰人的托马斯·唐斯（Thomas Downes）在他上一次来英国的时候交给他的，但是具体时间他记不清了。

关于是何人要求他在台面呢上打上印记的问题，除了戈达德，他拒绝公开其他人的姓名。

他说，购买者的确通常认为其购买的台面呢就是科尔切斯特台面呢，并不会进一步关注商品上的印记。

他说这些印记与科尔切斯特的印记存在区别。

他说，如之前所说的，他和总检察长出示的在纸上的灰色印记，是用他自己制作的印章盖上去的，这些印记被附着在被询问 98
人购买并交付给戈达德的一匹台面呢上。

他说以帆布包装好的一包五匹台面呢加上劳务费的通常价格是大约 8 先令，在打上标识之后价格则会翻 3 倍。

这些铁质印章被包在一块帆布里封好，目前由总检察长保管。托马斯·贾普。威廉·诺伊。

同年9月14日星期五，在被询问人、总检察长以及其他人员在场的情况下，向被询问人展示了一匹被打上仿冒印记的台面呢，他承认给戈达德的货物上就是带有该印记，而从做工来看这些货物并非科尔切斯特台面呢。同时，向他展示了另外两匹台面呢，作为一个工人，他能够通过做工分辨出这是科尔切斯特台面呢。其中一匹上带有优质印记，质量无可挑剔；另一匹被标记为质量低劣，被剪掉了一部分并在一角放上了代表低劣质量的印记。他说这匹被标记为质量低劣台面呢的质量要比他打上完整印记的博金台面呢好。

被询问人说他经常在质量低劣的台面呢上打上优质印记：首先剪下台面呢一角的低劣质量标记，并在其他地方打上优质标记，这样看上去就带有了优质印记。他向总检察长和其他在场的人演示了他的手法，他说该种行为他已经为商人做了上百次，在本月之内他就做了很多次。总检查长手中掌握了一匹带有被询问人打上印记的台面呢。托马斯·贾普。威廉·诺伊。

为寻求法官们对那些台面呢、印章和印记的意见，皇家总检察长恳请各位法官对托马斯·贾普从重处罚。法官们考虑到本国为了确保羊毛挂毯的质量已经颁布了众多法律，规定检查、测量、标识使用、在悬挂之处附着不同产地的印记以及纺织品上的检验官公共印记等诸多问题。科尔切斯特市及邻近地区的居民以台面呢生产作为主要的生计来源，多年以来，通过严格的检验，他们诚信而毫无欺诈地生产台面呢，这些产品的质量优良已经闻名遐迩。在那些质量低劣的产品上使用其印记损害了他们的声誉，因为经检验后便会发现这些产品的质量并没有那么好。本国
99 和外国的购买者在看到印记时就能够确定该产品质量优良，此时（法律要求）实时需要仔细关注该印记本身的信誉是否在任何地方都保持完好并且能够有效传播。虽然到目前为止法官们并没有

发现任何违反法律的行为，但是经过仔细考察，法官们认为托马斯的违法行为属于欺诈，被欺骗的购买者出于对该印记信誉的依赖而不愿意去购买其他纺织品，诚信的纺织者将无法获得对其诚信付出应得的嘉奖，相反会被迫去制作与仿冒标识的纺织品质量一样低劣的产品，使得该标记不再代表较高的质量，这样会带来诸多不便；可以预见，如果这种新型的违法行为不被处罚，可能在国外蔓延更甚。因此，法官们判决如下：该违法者，托马斯·贾普监禁于弗莱特监狱（the Prison of the Fleete），直至他供出受他欺骗的商人的名单方可获得释放；国王有权在任何时候释放贾普；获得释放之前他需要提供一个保证人，保证其不再从事违法行为。同时判决该违法者缴纳1000英镑的罚款。

法庭进一步宣布，如果贾普继续从事违法行为，并拒绝供出受他欺骗的商人名单，法院将保留采取进一步强制措施迫使他供认的权力。为了使人们最终感受到本法庭对于此种臭名昭著的欺诈的憎恨和责难，法官们进一步判决，托马斯·贾普在某个市场交易日在齐普赛街戴上枷锁示众，在他的头上贴上纸条写明他所犯下的罪行。此时，需要公开宣读本判决，在该示众处及附近的显著位置张贴本判决的副本，以使其罪行为公众知晓，遏制其他道德败坏之人从事类似的违法行为。

同时判决，贾普还需以类似的方式在市场交易日在位于康希尔街对面的布莱克威尔厅以及博金和科尔切斯特戴上枷锁示众，在他的头上贴上纸条写明前述他所犯下的罪行。每次示众都需要公开宣读本判决，在该示众处及附近的显著位置张贴本判决的副本，以达到前述目的，尤其是在布莱克威尔厅。官员们将不断地 100
将该判决张贴在布莱克威尔厅及其周边，以使来到此地的本国各地的纺织者都能得知此事，并将此事宣扬到本王国境内的所有纺织之乡，以宣示欺诈行为诋毁本国纺织行业的违法性和危害性。国王和国家对这些行为高度关注，所有的法院均会对该种行为给予同样严厉的惩罚。

最后，鼓励告发从事为台面呢打上欺诈性印记的违法行为的商人或者其他纺织工人。本法庭在此宣告，对进行告发并使违法者获得本法庭判决之人，可以得到本法庭对违法者所处罚款的一半作为奖赏。任何从事此类欺诈行为的纺织工人亦可以告发拉皮条者和教唆者，这些人供认不讳的，本法庭可以对其刑罚予以减免。

第五章 101
刀具贸易中商标法的发展

对纺织品贸易中商标历史的考察使我们得出以下结论，即在15和16世纪，特别是在17世纪，商标作为一项有价值的财产的现代观念开始出现。但是，如前文所述,[1] 至今为止，我们没有看到“商标中的财产……作为一种合法占有物，能够买卖和转让”的任何证据。另外，除了零星的行政措施，没有任何对这些标识进行保护的事例出现。关于中世纪典型的管制性、义务性标识与现代的作为财产的商标之间的联系，关于将商标作为财产进行体系化法律保护的直接基础，我们需要考察刀具贸易。正如将要展现的，该产业中的商标，与其他产业一样，起初在本质上也是强制性的管制性标识，但是唯有在刀具贸易中我们才能清楚的看出义务性标识向财产性标识的进化，在英国贸易史的其他部门则无法做到此点。我们将在伦敦，其后在谢菲尔德刀具工匠们的记录中看到这些标识对于其使用者而言如何变得价值巨大，以及在对这些手工业者有管辖权的法庭中是如何发展出对于标识至少是有条件的所有权原则，例如，个人对保护标识以及对侵权行为寻求损害赔偿救济的权利，出售和出租标识的权利，特别是，他

---

[1] *Supra*, p. 96.

的遗孀对其标识作为终身财产（life estate）❶ 享有的权利以及他的
102 儿子对其标识主张财产归复权（reversion）。事实上，这些观念仅仅出现在刀具贸易中，很久以后，才零星的出现在其他产业中，但是却已经为我们提供了商标法中类似原则产生萌芽的证据，❷尽管其中可能有些推论的成分。

刀具贸易是英国产业史中最为古老且分布广泛的产业之一。❸

❶ 终身财产，是指仅在有生之年享有，死后不得被继承的财产。——译者注

❷ 在本书作者对伦敦以及随机选择的省份各行业的研究中，仅有一例涉及该种暗示，即伦敦的锡镴器工匠。锡镴器工匠的标识起初是强制性的。亨利七世十九年法案第6章规定，偷盗锡镴器、销售劣质产品以及要求在产品上打上标识“目的是为了使这些产品的制造者为公众所知晓……”（Welch，*Pewterers*，i，p. 94 *et seq.*）1522年，首个锡镴器工匠公会规章强制要求使用标记，“根据亨利七世十九年第一法案”（*ibid.*，i，p. 106），规定“在器皿上须打上工匠的标识，以标示该器皿的制造者……”（*ibid.*，i，p. 107）。亦参见1552—1553年6月8日法案的类似条款（*ibid.*，i，pp. 174－175），1574—1575年12月13日法案的类似条款（*ibid.*，i，p. 280），1592—1593年4月20日法案关于“装饰图案”（tuches）重新登记的条款（*ibid.*，ii，p. 11）1637—1638年7月19日法案的类似条款（*ibid.*，ii，p. 98）。关于装饰板的复制品，see *ibid.*，ii，Appendix Ⅲ.

尽管如此，在锡镴器工匠公会的记录中仍然可以发现这些强制性标识逐渐地获得了第二含义从而演变成使用者商誉的符号的某些端倪。参见1566—1567年7月21日的记录，内容是关于“助理将‘标识’放在公会大厅展示的特权”（*ibid.*，i，255），以及以下记录：

［1622年7月3日］“托马斯·霍尔（Thomas Hall）要求本法庭允许其使用已经授予谢帕德（Sheppards）先生的装饰图案”，“该装饰图案依据7月24日的庭审被授予约翰·尼瑟伍德（John Netherwood），‘理由是托马斯·霍尔生产的产品经常不符合规格’”（*ibid.*，ii，p. 81）。

前文已经列举了关于16世纪以后锡镴器工匠公会致力于压制成员个体商誉发展的参考文献（ch. iii，p. 45）。尽管事实上个体商誉有所发展，但是不能认为与此相应的保护个人标识的制度已经得到了相当程度的发展。

❸ See G. I. H. Lloyd，*The Cutlery Trades*，ch. iv，“The Rise and Localization of the Industry.”

中世纪结束之前，不仅在伦敦，在谢菲尔德、伯明翰、约克、[1]索尔兹伯里、萨克斯特德（Thaxted）[2] 和德比（Derby），都有强势的刀具生产者行会或者其他组织。正如中世纪其他产业部门一样，[3] 起初在刀具贸易中不同细分领域亦存在不同的独立 103
组织。[4] 以下引自 1408 年伦敦刀具生产者和刀鞘生产者的章程：

> 每一把刀都是由三个来源完全不同的部件组成的，即：首先，刀刃来自被称为“刀刃铁匠”（Bladsmythes）的铁匠，刀把和其他附件来自刀具工匠，刀鞘则来自刀鞘工匠。如果产品质量优良，则会受到赞誉，但是如果质量低劣，对该刀具工匠行会的指责和诽谤便会接踵而至。[5]

在这种分工细致的组织体系下，刀具贸易是由独立的刀鞘工匠行会、刀刃铁匠行会和刀具工匠行会组成的，到 15 世纪才合并成为刀具工匠公会。[6] 从相互区别到最终合并的情况不但发生在约克和英国其他地区的刀具工匠之中，而且也发生在欧洲大陆，如巴黎、索林根和鲁拉/图林根（Ruhla/Thüringen）的刀具工匠之中。[7]

现代英国最为著名的刀具产地之一是谢菲尔德，自乔叟

---

[1] See *York Memorandum Book i*, (Surtees Soc. Pub., vol. cxx), p. 136. 约克郡的刀具工匠和刀刃铁匠规章（1479—1480）规定，“本市所有刀刃铁匠须在其制造的刀具上打上自己的标识，本行业每位工匠的标识须与他人的标识相区别，违反本规定者须向行会缴纳 40 便士的罚款，对于被仿冒的刀刃铁匠亦缴纳同等数额的罚款”。See also *ibid.*, ii (Surtees Soc. Pub., vol. cxxv), Introd. p. xli.

[2] R. W. Dixon, “Thaxted,” in *The Antiquary*, vol. xvii, pp. 10 *et seq.*, 57 *et seq.*, G. E. Symonds, “Thaxted and its Cutlers' Guild,” in *Trans. Essex Archaeeol. Soc.*, N. S., vol. iii, p. 254.

[3] W. J. Ashley, *Economic History*, i, pt. i, p. 95.

[4] G. I. H. Lloyd, *op. cit.*, p. 81 *et seq.*

[5] C. Welch, *History of the Cullers' Company of London*, i, p. 283.

[6] *Ibid.*, i, p. 24.

[7] G. I. H. Lloyd, *op. cit.*, p. 81.

(Chaucer) 的时代即享有盛誉。在《管家的故事》(*the Reve's Tale*) 中，乔叟写道：

> 他在长袜里藏着一把谢菲尔德短刀 (Shefeld thwytel),[1]圆圆的脸，扁平的鼻子。[2]

直至现在，就对比较商标法历史的贡献来看，谢菲尔德的刀具标识仍被认为是最为重要的标识之一。约瑟夫·科勒在40年前对谢菲尔德商标注册机制进行研究之后，指出：

> 谢菲尔德刀具工匠的法律为商标的发展提供了一个有趣
> 104 的例子，从中世纪的行会一直延续到现代的交易环境，如果
> 德国莱茵钢铁行业的法律中除了一般性的权利之外亦保留这些规则以及古老的标识注册制度就好了。[3]

然而，需要注意的是，伦敦刀具工匠的历史比谢菲尔德要早将近两个世纪。早在1365年，就出现了第一个关于伦敦刀具工匠标识的规定，[4]“第一个已知的谢菲尔德商标持有者”则出现在1565年。[5] 最近，出版了一本值得称赞的关于伦敦刀具工匠

---

[1] 一种由无权佩剑的人携带的刀。

[2] Joseph Hunter, *History and Topography of the Parish of Sheffield* (ed. A. Gatty), p. 59. 伊丽莎白统治时代关于谢菲尔德刀具业者行会的头韵体诗歌的作品集，see G. I. H. Lloyd, *op. cit.*, p. 95. (上述诗句是在描写一位傲慢的磨坊主。——译者注)

[3] *Das Rech des Markenschutzes*, p. 66. (原文为：So bietet uns das Recht der Sheffielder Messerscbmied marken das interessante Beispieleiner Markenentwickelung, welche von den mittelalterlichen Zunftwesen bis in die heutigen Verkehrsverhäiltnisse hineinreicht, und es wäire vielleicht zweckmrässig gewesen, wenn das deutsche Gesetz der rheinischen Eisenindustrie in gleicher Weise ihre altbewährte Einrichtung neben dem allgemeinen Rechte belassen hätte. ——译者注)

[4] *Cal. Close Rolls*, Edw. Ⅲ, 1364—1368, p. 182. 本章中将要频繁引用的罗伯特·利德 (Robert Leader) 1905年于谢菲尔德出版的《哈勒姆郡刀具行业公会史》(*History of the Company of Cutlers in Hallamshire*) 一书中关于1408年的章程可能是“最早提及在刀具上添加区别性标识的”(i, p. 12, asterisk note) 推断是错误的。

[5] R. E. Leader, *op. cit*, i, p. 7.

公会史的著作，[1] 该书中的文献记录为刀具工匠标识与整个现代商标历史关系的研究打开了新视野，与前面提到的谢菲尔德刀具工匠的记录相比，将对英国刀具工匠的考察提前了将近两个世纪。因此，我们对刀具工匠标识的研究，将主要从伦敦而非谢菲尔德的原始资料入手，尽管自18世纪以来，谢菲尔德都在英国刀具贸易中占主导地位，并且从那时起，伦敦的刀具产量逐渐的萎缩殆尽。[2]

伦敦刀具贸易在13世纪的起源[3]是模糊不清的，但是，前面提到的1365年关于刀具工匠标识的规定表明，在那个时候他们已经对其垄断地位及标识获得了强有力的保护。在从事被认为 105
是涉及国家防御和公共福利之关键的武器、盔甲和其他战争用具等的生产者中更是如此。[4] 1365年的命令内容如下：

> 至伦敦的市长和郡长。应当颁布命令要求伦敦市内制造剑、刀以及其他武器的工匠须在制造的产品上打上其标识

---

[1] Charles Welch, *History of the Cutlers' Company of London*, vol. i, 1916, vol. ii, 1923，以下仅引用为“Welch, *Cutlers.*”

[2] G. I. H. Lloyd, *op. cit.*, p. 98–99.

[3] Welch, *Cutlers*, i, p. 2.

[4] 前文（第61页）引用的1347年“头盔制造者条款”（Articles of the Heaumers）中规定，“前述每位制造者均须拥有专属的标识，任何人不得仿冒他人的标识；（仿冒者）需承受失去自由的痛苦，直至其将已售出的产品收回，消除给被仿冒标识所有者带来的不良影响；此外，他需要向议会缴纳40先令罚款”（H. T. Riley, *Memorials of London*, p. 238）。亨利四世七年法案第七章，关于箭头：“由于制箭者生产了大量的假冒箭头，这些箭头质量低劣，亦不合法，无法用于防御，极大地危害并且严重地欺骗了人民乃至整个王国；即日起所有的角簇箭和方镞箭箭头均须达到沸点……；所有角簇箭和方镞箭箭头均须打上制造者的标识，英国各县的治安法官（Justices of the Peace）……有权对这些质量低劣的角簇箭和方镞箭箭头的制造者进行调查，并对他们处以前述处罚。”（*Stat. of the Realm*, ii, p. 153.）

1581年出版的《兰巴德的治安法官》（*Lambard's Eirenarcha*）一书中，有一篇论文介绍治安法官的职责，指出“治安法官惩罚条款”适用于“制箭工匠没有达到沸点、没有在箭头上使用钢，却在其生产的角簇箭和方镞箭上打上自己的标识，表明其符合亨利四世七年法案第七章的规定”。（See W. S. Holdsworth, *op. cit.*, iv, p. 561.）

(*certa signa sua super omnibus operacionibussuis ponant*)，上述标识（*dictis signis signate*）须在伦敦市政厅向伦敦市长、行政司法长官和市民公示，以使每个工匠的产品均能依据其标识（*per ejus signum*）加以识别，未打上上述标识（*dictis signis suis non consignatas*）销售产品以及因此获得的收益均须被剥夺。当认识到上述情况，并发现有不带有标识的产品（*dictis signis suis non consignatas*）在伦敦市区及郊区进行销售时，这些产品须被没收并交给国王，他们须回答国王的询问。[1]

---

[1] *Cal. Close Rolls*, Edw. Ⅲ, 1364—1368, p. 182, 39 Edw. Ⅲ, June 26, 1365. 该命令被编入《伦敦许可证登记簿 G》，并以拉丁原文的形式重印于 Welch, *Cutlers*, i, pp. 248 – 249. 参见 1262 年帕尔马（Parma）关于禁止仿冒刀剑上标识的法令，该法令进一步规定："……如果本行会中任何人在刀、剑或者其他钢铁制品上持续使用某一标识达到十年，当发现其他人在近一两年内使用相同或者近似的标识时，不论是将该标识印在产品上还是以其他方式使用，后者均不得将该标识使用在刀、剑或者其他钢铁制品上，每发现一次违反该规定的行为须被处以十帕尔马磅的罚款，不论仲裁者是否已经就此做出的任何折中方案或者授权。"（转引自 E. S. Rogers, 9 *Michigan Law Review* at p. 37, from J. Kohler, *Das Recht des Markenschutzes*, p. 46）罗杰斯先生提醒人们注意帕尔马制定法中十年使用者的规定与 1875 年《英国商标法》关于"已有标识"的规定和 1905 年《美国商标法》(1920 年 4 月 19 日修改）第 5 条规定之间的相似性，并指出在英国和美国保护"已有标识"被看作"一项危险的发明"。关于 1355 年佛罗伦萨军械制造者标识立法的详细介绍，see G. Lastig, *Markenrecht und Zeichenregister*, pp. 26 – 28. G. F. 莱金（Laking）在里程碑式的《欧洲武器和武器制造者》(*European Arms and Armor*）一书中讨论了 1587 年米兰颁布的关于武器制造者行业公会的制定法，该法规定，实行标识的强制注册，注册后禁止改变标识（vol. i, p. lix)。亦参见 C. 福克斯（Ffoulkes）《武器制造者及行会》(*The Armourer and His Craft*）一书的附录中"昂热造枪工匠法案"（Statutes des Armuriers Fourbisseurs d'Angers）以及其他条款。

然而，尽管在欧洲大陆已经有很多禁止仿冒兵器制造者标识的立法，但是盗用这些标识的行为，不论是集体标识或者地域标识还是个人标识，似乎都与前文详细讨论的早期印刷商标记和出版商标记的仿冒一样经常发生，而且同样没有得到应有的关注。(*supra*, pp. 67 – 70, 72.）就防御武器而言，对其标识的仿冒情况远远没有对刀剑标识的仿冒那么严重，"其中明显隐藏着不可告人的秘密"（C. Ffoulkes, *The Armourer and His Craft*, pp. 70 – 71)。刀剑制作者通常不仅仅使用竞争对手的标识，同时也会使用竞争对手经营场所的名称或者他们所属行会的标识。"托莱多、帕绍、费拉拉、索林根……经常被打在完全不同地方生产的刀剑上"（*ibid.*, p. 70)。关于英国假冒西班牙刀具工匠标识的情况，see *infra*, p. 107, n. 1. 上述引用的该类立法的效果似乎仅仅是制止行会内部的竞争。(接下页)

1408 年，刀刃铁匠和刀具工匠提出抗议： 106

> 来自英格兰其他地区的“外来”刀具工匠在伦敦销售仿
> 冒伦敦刀刃铁匠生产的刀刃，这些“有缺陷的”产品给上
> 述两个行会的声誉带来了不良影响，同时损害了公共利益。
> 为此，他们请求禁止伦敦的刀具工匠购买带有该种假冒标记 107

（接上页）在武器制造者标识的研究中，需要牢记的是，与早期的印刷商相似，著名的武器制造者和刀剑制造者通常会应王室或者贵族的召集，离开原初的手工艺中心在整个欧洲流动。根据弗里萨特（Froissart）的研究，1398 年马歇尔（Marshal）发动战争期间，一些武器制造者被派去将其制造的武器运送给在米兰的德比郡伯爵（C. Ffoulkes，*The Connoisseur*，vol. xxv，p. 29）；亨利八世不满于英国武器制造者的水平，不仅仅从德国进口武器，而且引进“德国”（Almayne）武器制造者教授英国武器制造者制造工艺（C. Ffoulkes，*ibid.*，vol. xxiv，pp. 99，101）。“意大利武器制造者在德国、法国和西班牙工作，大量的德国和法国的武器制造者也在国外流动”（G. F. Laking，*op. cit.*，i，p. 204）。与早期的印刷商和出版商类似，似乎欧洲大陆的武器制造者对于使用同一标识的情况亦表现得十分冷漠，不管是流动的还是固定的。莱金指出，在 15 ~ 16 世纪，法国国王从米兰公爵那里借用了一些米兰的武器制造者，在图尔（Tours）、里昂（Lyons）和波尔多（Bordeaux）工作并继续使用其意大利标记（*ibid.*，pp. 201，204 – 205）。伯海姆（Boeheim）亦指出，一个武器制造者使用他人的标识时，可能与自己的姓名共同使用，亦可能与实际产地共同使用。（*Handbuch der Waffenkunde*，p. 643）。福克斯提到了一个都灵（Turin）皇家军械库中的制服，归属于安东尼奥·米萨格里亚（Antonio Missaglia）但是没有任何标识（*The Connoisseur*，vol. xxv，p. 31）。

关于武器上标识的复制件，see C. Ffoulkes，*The Armourer and His Craft*，pp. 147 – 152；W. Boeheim，*op. cit.*，pp. 648 – 680；B. Dean，*The Collection of Arms and Armor of Rutherford Stuyvesant*，pp. 11，17，21，63，95；C. J. Ffoulkes，*Inventories and Survey of the Armouries of the Tower of London*，ii，pp. 221，406 *et seq.*；H. I. Gilchrist，*Catalogue of Arms and Armor Presented to the Cleveland Museum of Art*...，pp. 265 *et seq.*；*supra*，p. 24，n. 3 引用的文章。

的刀刃。[1]

1408年刀刃铁匠和刀具工匠的联合请愿书中所使用的语言，类似于上文提到的[2]对侵害行会集体商誉的请求，同时也表明中世纪手工业者标识使用的垄断性。

> 至尊敬的伦敦市的市长和市政官，向刀具工匠行会和刀
> 刃铁匠行会的所有成员说明，来自英国其他地区的外乡人向
> 本市的刀具工匠和其他人出售模仿本市刀刃铁匠标识的刀剑
> 的情况。这些刀剑的质量均存在缺陷，给刀具工匠行会和刀
> 108 刃铁匠行会带来了极大的不良影响和损害。因此，恳请您着
> 眼于长远，裁定本刀具工匠公会的成员均不得购买本国外乡
> 人出售的仿冒（本行会成员标识）的刀剑，这既是为了本
> 公会的荣誉，也是为了本市的公共利益。[3]

---

[1] Welch, *Cutlers*, i, p. 110. 利德指出，将该抗议的诱因“在于哈勒姆郡的竞争似乎仅仅是一种推测”（*op. cit.*, i, p. 6）。在本章的正文中不会提及伦敦、英国各领地以及欧洲大陆的刀具工匠关于商标侵权的诉讼和反诉的情况，对于所谓关注“贸易伦理的进化”的学生而言虽然有趣但是却没有什么启发意义。伦敦的刀具工匠曾强烈地反对谢菲尔德和伯明翰的竞争对手在其产品上使用伦敦的标识——匕首标识。1610年，“经议会建议，市长和郡长们一致支持星室法院颁布制裁这些难以对付之人的法令……”（Welch, *Cutlers*, ii, p. 339）。

另一方面，在伦敦的刀具工匠因在其产品上使用了西班牙的或者其他人的标识而遭到起诉之后（*Petition of Benjamin Stone in Cal. State Papers*, Dom., Charles I, 1638 - 1639, p. 237, No. 62），（这些外国人）在19世纪又“因在其制造的劣质刀具上假冒伦敦的标识被判有罪”（Lloyd, *op. cit.*, p. 98），而谢菲尔德的刀具工匠则在痛苦地控诉德国竞争者使用其标识时，被迫承认他们自己亦相互盗用对方的标识。（See *Report from the Committee on Trade - Marks Bill in Reports of Committees*, 1862, Session Papers xii, Question No. 661.）为了摆脱恶名，在过去的五年中，美国联邦贸易委员会两次被敦促颁布命令制止被告在美国制造的劣质刀具上使用“谢菲尔德”字样的命令。（See *Federal Trade Commission v. Bernstein*, 4 F. T. C. D. 114; *Federal Trade Commission v. Sheffield Razor Co.*, *ibid.*, 373.）

[2] *Supra*, pp. 46 - 47.

[3] Welch, *Cutlers*, i, p. 284. 该请愿得到了支持（*ibid.*, i, p. 285）。

同年，在刀刃铁匠行会的相关规章中，出现以下条款：

> 本行会的各位雇主均须在产品上使用其标识，例如，长矛、刀、斧子以及其他大型产品，如果发现产品存在缺陷，可以依标识找到生产者。本行会中的任何人不得在自己的产品上仿冒其他生产者的标识，而是应当在自己的产品上使用自己的标识。❶

到目前为止，我们没有在伦敦刀具工匠的记录中发现任何中世纪关于区分个人标识与普通管制性标识的记载。但是在 1452 年，有一个案件起诉至伦敦市长和市政官，他们在当时似乎对该类案件具有管辖权，❷ 展示出了这些标识完全不同的侧面。该案的争议焦点是双新月（Double Crescent）标识的使用权，伦敦市民、刀刃铁匠罗伯特·汉克莱（Robert Hynkeley）一直在使用该标识，直至 1450 年去世。❸

> 那天，市长和市政官一致判决：伦敦市民、皮革商约翰·莱隆（John Leylond）和他的妻子艾格尼丝（Agnes）——已故伦敦市民、刀刃铁匠罗伯特·汉克莱的前妻，有权取回并且保有他们所有的双新月标识，而不必考虑刀匠行会提出的反对意见。刀刃铁匠约翰·摩斯（John Morth）无权继续使用上述标识，而且需要接受以下惩罚。❹

双新月标识案件的重要性在于以下两方面：第一，该案表明 109
至 1452 年，刀具工匠的标识已经具有足够的价值，使其能够成为财产归复权诉讼的标的；第二，标识中的财产观念在此时已经

---

❶ Welch, *Cutlers*, i, p. 28.

❷ See Unwin, *Gilds and Companies of London*, pp. 235 *et seq*.

❸ *Ibid.*, i, p. 201.

❹ *Ibid.*, i, p. 329. See Kohler, *op. cit.*, pp. 51 – 52. 引述了一个有趣的案例，1515 年一个德国的寡妇出售于 1485 年自其丈夫的营业中继承来的刀具工匠标识，“因为她年龄太大无法从事手工业生产”（*weil sie Alters halber vom Handwerk abstehen müsse*）。

形成，标识所有者的遗孀即使在改嫁之后仍然有权使用该标识（*marquam suam pristinam*），只要她仍然从事该行业。[1]

---

[1] 就15—16世纪关于刀具工匠标识的若干规章需要做以下说明。大部分的立法强调这些标识的管理与垄断方面的属性，对于商标中财产权法律的发展贡献不大。1463年刀刃铁匠规章规定："鉴于大量的远在外国的生产者仿冒本市刀刃铁匠的标识，并将他们生产的刀刃出售给本市的市民，这些产品的销售给本行会的声誉带来了极大的伤害，同时也欺骗了国王的子民。"（Welch，*Cutlers*，i，pp. 334 - 335.）"本行会中的任何人不得许可外乡人在产品上使用其标识，这些产品的生产未经本行会许可，是一种欺诈……"（*ibid.*，i，p. 336）。1501年《刀刃铁匠条例》中关于刀刃铁匠标识登记的规定如下："任何人不得在自己生产的刀刃或者金属薄片上使用标识，只有经过本刀刃铁匠行会的管理人授权，并且标识在被使用在刀刃或者金属薄片上之前首次在行会大厅登记之后方能使用……"（*ibid.*，i，p. 344）。"刀刃铁匠和武器制造者规章"授予刀刃铁匠登记武器制造者标识的权利，并暗示标识对其所有者而言具有价值："经管理人一致同意，武器制造者行会和刀刃铁匠行会的全体成员，经刀刃铁匠的管理者授权均可以如刀刃铁匠行会的淬火工一样拥有一个标识。该标识须在行会大厅登记，其他利用刀刃铁匠的身份的人须遵守本刀刃铁匠行会的规定，以表明其制造的产品具有良好的品质，有益于国王忠诚的子民……"（*ibid.*，i，p. 346）。1515年刀刃铁匠与武器制造者的联合请愿书中，附有武器制造者公会的管理规章，以下是规章中关于刀刃铁匠标识的条文："本行会的所有作坊主均须在其制造的矛、刀、斧子以及其他产品上使用自己的标识，以表明该产品是由他制造的，出现瑕疵时可以据此找到产品的制造者。……外国人仿冒本行会成员标识，并将带有上述本行会标识的产品销售给本市其他行会的成员时，本行会的管理人、本行会的其他诚实经营之人与伦敦市议会的官员一道，对本市所有销售上述产品的地点进行全面搜查，如果在本市发现有人持有本市市民或者外国人制造假冒产品，这些产品须上缴到行会大厅并被全部没收。……经本行会授权的任何人不得在其经营场所以外推销产品，不得接受他人委托制作相关产品，本行会的任何人不得许可外乡人在产品上使用他的标识，外乡人并非本行会的成员，以上述方式生产产品的行为属于欺诈行为，须为每次违法行为缴纳20便士的罚款。……本行会成员从事刀刃制造的条件是，拥有一个属于他自己的标识，该标识须向管理人展示，并由管理人将该标识登记在行会大厅的登记簿中，出现前述违法行为时，须就每次违法行为缴纳14先令4便士的罚款。"（*ibid.*，i，pp. 346 - 347.）

在刀刃铁匠失去了独立"行会"的地位后，他们的对手行业的权力转移给了武器制造者，其中就包括授予和监督生产者标识的权力（*ibid.*，i，p. 118）。为了获得控制刀刃铁匠使用标识表明"行会"成员身份的权利，1519年刀刃铁匠从市政官法庭获得了以下特许权："同意你们的请求，授予本行会的会长和管理人以及他们的继承者以下权力，授予或者转让本刀刃铁匠行会的成员在制造刀刃时使用特定的标识，以标示优质刀刃的制造者和劣质刀刃的制造者，当某个标识被授予刀刃铁匠后，他们的姓名以及该标识须在本法院的登记薄中进行登记，该登记簿被保管在本处。"（*ibid.*，i，pp. 350 - 351.）关于1519—1520年2月17日伦敦《特许状登记簿N》上"登记的"八个刀具工匠标识的复印件，see *ibid.*，i，opposite p. 118.

人们也许会对15—16世纪没有出现类似性质的条目而感到惊讶。但是无论如何，我们在17世纪的公会法庭记录中发现了大量的条目，这些条目表明标识对其所有者的重要性，并且向我们展示了保护和转让这些标识的方法。然而公会对其成员使用一个以上标识行为的持续抗议，表明这些标识早先的管制特性仍然存在：❶ 110

> （1620年5月23日）威廉·谢里布鲁克（William Sherebrook）被警告不得使用皇冠标识，而仅仅能够使用它自己的猎鹰标识，该标识是根据其请求授予他并在公会注册的。如果在14天内没有改正并规范使用标识，本公会将会通知他根据本会规章对其进行处罚。❷

另一方面，1624年颁布的一项被反复执行的规章并亦规定： 111

> 自本规章颁布之日起，任何人不得使用他人的标识，违反上述规定的是仿冒者，其目的在于将他的产品伪装成本应当由该工匠制造的产品。❸

该要求不但阻止了成员获得商标中的总体权利（rights in gross），❹ 同时迫使其维持一个较高的工艺水品以保有他们的标识：

---

❶ Welch, *Cutlers*, ii, p. 342. See R. Leader, *op. cit.*, ii, p. 3. 1590年谢菲尔德刀具工匠的第七号规章，*ibid.*, ii, p. 5，“打上两个标识须被罚款10先令”。类似的锡镴器工匠条款，C. Welch, *Pewterers*, ii, pp. 75, 121, 162；前引查理一世时期关于纺织者标识规定的公告，第95页。

❷ *Ibid.*, ii, p. 342.

❸ *Ibid.*, ii, p. 344.

❹ 参见美国最高法院 *United Drug Co. v. Rectanus Co.* 一案的判决，该判决提到了“那种假定商标权是一种绝对权利的错误观念”，法院认为：“商标中除了对附属于与该标识有关的已建立起的营业的权利之外，并不存在任何财产权。”（1918）248 U. S. 90, at p. 97. See also *Everett O. Fisk & Co. v. Fisk Teachers' Agency*,（1924）3 F.（2d）7, at p. 8.

> （1621年4月10日）本法庭授予……拉夫·利克沃思（Raphe Leachwoorth）字母R作为他的标识，如果该标识在告发锻造者时出示给本法庭，那么拉夫·利克沃思就可能是从事锻造行为的人。❶
>
> （1634年8月5日）雅各布·阿什（Jacob Ashe）请求授予其在铸造的刀刃上使用字母A作为标识，本法庭的回复是，首先作坊主须有两三个工人以使其具有足够的锻造能力，雅各布在具备铸造能力并开始铸造刀刃时，即可以被授予该标识。❷

标识被登记在公会大厅（Company Hall）的金属板上和公会秘书（Clerk of the Company）保存的官方登记簿中。❸ 登记可能给申请人带来风险；也就是说，申请人可能被要求提供担保，保证公会不会因登记而受到损害。❹ 登记错误需通过繁琐的仪式进行改正：

> （1681年6月24日）使用火焰剑标识（the Flanning Sword）的加纳（Garner）先生控告伦敦市内及附近地区的
> 112 几个人使用了他的标识。会长和管理人将这些人召集到本法庭，其中，托马斯·沃尔辛厄姆（Thomas Walsingham）使用了火焰剑和星星标识，理查德·皮戈特（Richard Piggott）使用了火焰剑标识，鲍尔·格雷厄姆·威克罗夫特（Ball Glemham Wheetcroft）使用了火焰剑和半月标识，安东尼·沃森（Anthony Watson）使用了火焰剑和钻石标识，廷德尔（Tindall）使用了火焰（剑和心脏）标识。本法庭查明，加

---

❶ Welch，*Cutlers*，ii，p. 343.

❷ *Ibid.*，ii，p. 348.

❸ *Ibid.*，ii，p. 9.

❹ *Ibid.*，ii，p. 346，1629年10月6日；p. 352，1669年5月12日。

> 纳先生使用上述标识已经长达20年，尽管有些人在本公会登记簿中对标识进行了登记，但是他们无法证明这些登记的有效性，他们的使用会对这些标识造成贬损，而加纳先生则会保障其登记的标识享有良好的声誉。根据本公会的法律和命令，他们使用这些标识是违法的。预先警告他们此后使用这些标识可能会使他们受到惩罚。[1]

孀妇对其丈夫所有的标识作为终身财产享有的权利似乎已经稳固的建立起来，该权利甚至可以对抗其丈夫的其他在世合伙人：

> （1612年5月5日）奥斯滕·约翰逊（Awsten Johnson）和约翰·韦塞尔（John Wesell）是刀具制作的合伙人，奥斯滕·约翰逊在上帝面前许愿，在有生之年共同使用十字架标识，韦塞尔开始持续地使用上述标识，而不再继续使用他原有的鸢尾花标识。如果奥斯滕的遗孀此后想要在刀具制造业使用该标识，她在有生之年有权进行使用，除非她不再继续从事上述行业，本法院亦准许约翰·韦塞尔在奥斯滕去世后继续使用上述标识。[2]
>
> （1607年8月27日）孀妇哈布雷特（Harblet）被训诫，禁止其使用或者许可他人使用牧羊钩杆标识，但是允许其在经过本行会许可的前提下将她的标识转让给其他人……（1607年12月1日）孀妇哈布雷特转让了牧羊钩杆和匕首标识。[3]
>
> （1650年9月28日）孀妇伊丽莎白·罗宾森（Elizabeth Robinson）放弃她的由字母B和皇冠组成的标识，在她的要 113

[1] Welch, *Cutlers*, ii, pp. 353 – 354.

[2] *Ibid.*, ii, p. 340.

[3] *Ibid.*, ii, p. 338.

求下，该标识被授予并登记在克莱门特·贝尔（Clement Bell）名下。❶

（1677年6月9日）已故丹尼尔·特雷德韦尔（Daniel Tredwell）的妻子伊丽莎白放弃他一串葡萄的标识，在她的见证下该标识被登记在彼得·珀金斯（Peter Perkins）的名下。❷

这些记录清楚的表明，公会法庭至少一度认为标识作为孀妇的财产仅仅是终身财产，而且至少在17世纪，其无权通过遗嘱来处分该标识。下面的一条记录涉及一个有趣的问题，即支付了合法对价的无过错受让人，对抗在后接受孀妇遗赠标识的人：

（1622—1623年1月6日）兰伯特·威廉姆斯（Lambert Williams）被授予一串葡萄的标识。在他死后，"经本会默许"他的遗孀通过她的仆人和工人继续使用上述标识。他的遗孀在有生之年并没有将该标识卖给约翰·哈伯德（John Hubberd），本行会的正式成员。因为她无权这么做。但是在她去世时处分了该标识，依其遗嘱，该标识被转让给她的男人威廉·鲍尔泽（William Balser）。该遗嘱违反了本会的规定，因为"向本刀具工匠行会内的成员处分和分配标识是管理人和助理人的权力。但是由于约翰·哈伯德手下没有工人，他无法使用上述标识。在他为涉及上述标识的违法行为支付罚款之后，本法庭"依据他的请求，为其幼子约翰·詹克斯（John Jencks）保留对一串葡萄标识的使用权，直到他能够使用上述标识为止。同时，该标识"被冻结，本会中的

❶ Welch, *Cutlers*, ii, p. 350.

❷ *Ibid.*, ii, p. 353. See also The Falchion Mark, "surrendered by Elizabeth, relict of Zachariah Sellers," *ibid.*, ii, p. 27.

任何人不得进行使用”。[1]

但是，上述法院判决与最终控制和处分该标识的备忘录内容并不一致。该备忘录的日期为1627—1628年4月6日和1628年10月9日，主要内容是关于威廉·贝尔斯（William Bales）“永 114
久”购买成串葡萄标识，以及“在本法院将该标识永久登记在他和他的继承人名下”。[2] 另外，一条早先的记录显示法院“恳求”一位标识所有者将标识转让给他人：

> （1613年12月2日）众所周知，宽帽檐头像（morryon head）标识之前是被授予奥利弗·普莱克特（Olliver Plucket）先生的。本法庭恳请他不要将上述标识转让给小哈恩斯·史密斯（Little Haunce Smyth），而是将其转让给亚当斯（Addams）先生（作坊主），由他自由处置。如果他将该标识转让给哈恩斯，由于按照常理奥利弗·普莱克特的寿命会比哈恩斯更长，那么该标识最终还是由奥利弗自由处置。亚当斯先生反对奥利弗·普莱克特在前述情形下将宽帽檐头盔标识转让给哈恩斯，即使哈恩斯已经获得登记并支付了对价，亦须在本法庭交出该国王头像标识。[3]

伦敦刀具工匠创设出来的有条件的商标所有权制度，不仅仅包括在1622—1623年1月6日涉及上述成串葡萄标识诉讼中孀妇的终身财产，还包括去世的刀具工匠的儿子对标识主张财产归复权：

> （1623年5月20日）马刺（Spur），他父亲的标识，被授予亚伯拉罕·布洛克（Abraham Brock）。他交出了自己的标识，展翅鹰，本法庭承诺未经其允许不会将该标识授予任

---

[1] Welch, *Cutlers*, ii, p. 343.（本书对长篇记录进行了节略。）

[2] *Ibid.*, ii, p. 345.

[3] *Ibid.*, ii, p. 341.

何其他人。❶

（1642—1643 年 2 月 28 日）由鸢尾花和王冠组成的标识暂时被登记在乔治·斯宾塞（George Spencer）名下，直至乔治·诺尔斯（George Knolles），即杰瑞米·诺尔斯（Jeremy Knolles）之子，年满 21 岁成为本公会的正式成员时止。❷

以下几条关于交叉钥匙（Cross Keys）标识的不寻常的记录，不仅表明死者家庭对标识巨额价值的认识，也展示了标识的财产归复权制度：

115 （1630 年 8 月 5 日）本会的正式成员约翰·布谢尔（John Bushell）要求将交叉钥匙标识登记在他的名下，为期 7 年，直到他去世的叔叔的儿子年满 21 岁能够撑起该标识承载的信誉。本法庭命令本会会长塔克（Tuck）先生在下次开庭前对约翰·布谢尔锻造和最终完成刀具的工艺进行检查，再次开庭时向本法庭进行报告。

（1630 年 8 月 10 日）交叉钥匙标识被交给本公会的管理人及助理人，由他们自由处分。本会正式会员约翰·布谢尔恳请将该交叉钥匙标识登记在他的名下，为期 7 年，为已故本公会助理约翰·布谢尔的儿子的利益，维护该标识所承载的信誉。❸ 管理人及助理人收到约翰·布谢尔的前妻伊丽莎白和遗产执行人的书面请求（见下文），在下次助理法庭开庭时如实说明该标识的登记情况。

致我们亲爱的朋友，

---

❶ Welch, *Cutlers*, ii, p. 343.

❷ *Ibid.*, ii, p. 349.

❸ 在该案中，已故的标识所有人、受益人与管理人同名，他们的名字都是约翰·布谢尔。——译者注

刀匠公会的会长和管理人

我收到我的堂哥约翰·布谢尔的信，要求我明天早上去见您或者写信证明我和我的妻子均同意，我的表哥约翰·布谢尔有权使用该标识，为期7年，为我妻子的儿子约翰·布谢尔进行使用并获得收益，直到他成年能够在米歇尔节（Michaellmas）前从事贸易时为止。尽管有些恶人试图阻拦，我们深信您是公正、诚实的，对维护本群体的秩序负责。任何暗箱操作或者劝说都不会使您认同对财产的侵害，进而损害对一个如此诚实之人以及本公会成员的美好记忆，尤其是在您考虑到本案的情形时。倘若诸位中有些人放弃了对正义的追求，不愿意满足我们将该标识移转给我的堂哥约翰·布 116
谢尔使用7年的请求，您应当坚持正义并判决由我和我的妻子管理该标识。

您的挚友

弗拉·康涅斯拜（FRA CONNINESBYE）

伊丽莎白·康涅斯拜（ELIZABETH CONNIGSBYE）

德福特（Detford）

1630年8月9日

在本次会议上，根据康涅斯拜先生和他的妻子写给公会的信中的要求，交叉钥匙标识被登记在约翰·布谢尔名下，期限自1630年8月10日起七年。❶

附条件的标识转让和注册经常出现。下边一条记录中，一个人附条件的取得了一个标识，保证在出现规定的情形时履行他的承诺将标识返还给出让人：

（1610年4月17日）伦敦圣约翰街克勒肯韦尔（Clar-

❶ Welch, *Cutlers*, ii, pp. 346－348. 参见1611—1612年1月20日预留宽帽檐头盔（Murrion's Head）标识（*ibid.*, ii, p. 340）。

ckenwell）地区的托马斯·布朗（Thomas Browne）向本法庭起诉，要求将字母B授予其作为标识，该罗马字母B之前是授予约翰·布兰克斯顿（John Branckston）的，他搬到巴威克（Barwick）定居。本法庭同意托马斯·布朗可以在以下情形下在产品上打上该罗马字母B，即约翰·布兰克斯顿再也不会返回伦敦，并要求托马斯·布朗停止使用自己的标识，托马斯·布朗须立即放弃使用上述标识，亦不得要求本会授予其他标识。在此，托马斯·布朗须虔诚地向初级管理人约翰·约翰逊（John Johnson）保证履行前述诺言。如果他不履行前述诺言的要求，他须向约翰·约翰逊缴纳40英镑的罚款。[1]

其他情形的出现，难以与一个标识须在一项营业中使用的规则相协调：[2]

117 （1650—1651年3月18日）刀具工匠沃尔特·鲍威尔（Walter Powell）购买了乔治·斯宾塞由鸢尾花和王冠组成的标识，其目的并非在于自己使用该标识，也不是经本法院同意许可他人使用该标识。[3]

标识转让的仪式可以用三叶草（Three Leaved Grass）标识的例子加以说明：

（1606—1607年2月24日）安德鲁·罗夫（Andrewe Roffe）向本法庭出示了他的三叶草标识，该标识经法庭全体同意授予其使用，同时也是从罗伯特·索斯（Robert South）那里购买来的，而在此之前该标识是属于威克·邦

---

[1] *Ibid.*, ii, p. 339.

[2] *Cf. United Drug Co. v. Rectanus*, *op. cit.*, p. 97：“商标所有人不能像发明专利权利人那样仅仅主张一种消极的或者禁止使用的垄断权。”

[3] Welch, *Cutlers*, ii, p. 350. See *ibid.*, ii, p. 352，1664年6月4日。

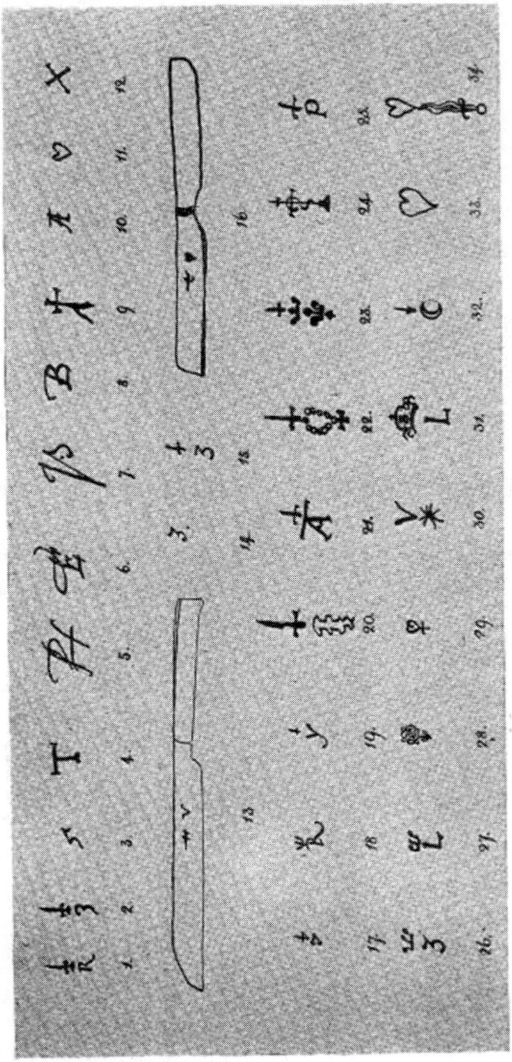

复制自 C. 韦尔奇(Welch)的《伦敦刀匠公会史》

(*History of the Culters' Company of London*)

伦敦刀匠公会法庭记录中的生产者标识(1606—1676)

标识索引

1. 约翰·布朗（John Browne）
2. 彼得·科尼利厄斯（Peter Cornelius）
3. 约翰·菲利普斯（Johon Phillips）
4. 亨利·斯坦纳斯（Henry Stanus）
5. 罗伯特·霍布斯（Robert Hobs）
6. 理查德·埃拉里（Rechard Ellarie）
7. 威廉·汉威克（William Hanwick）
8. 约翰·布兰克斯顿（Johon Branckston）
9. 约翰·阿蒙尔德（Johon Almond）
10. 西布赖特·奥伦格（Sebright Orrenge）
11. 弗雷德里克·查利特利（Frederick Cheretree）
12. 格里高利·爱德华兹（Gregorie Edwards）
13. 阿诺德·科里留斯（Arnold Corelius）
14. 彼得·科里留斯和阿诺德·科里留斯（Peter and Arnold Corelius）
15. 劳伦斯·谢泼德（Lawence Sheppard）
16. 萨瑟尼埃尔·斯韦恩（Xathaniel Swayne）
17. 约巴·韦兰（Joba Wellam）
18. 萨缪尔·斯沃洛（Samuel Swallow）
19. 约瑟夫·苏拉特（Joseph Surbut）
20. 威廉·普雷斯顿（William Preston）
21. 雅各布·阿什（Jacob Ashe）
22. 菲利普·鲍恩（Philip Bowen）
23. 杰瑞米·诺伊斯（Jeremy Knowies）
24. 西瑞·金（Heary King）
25. 罗伯特·普雷斯顿（Robert Preston）
26. 罗伯特·李斯特（Robert Lister）
27. 伊诺克·泰勒（Enoch Taylor）
28. 丹尼尔·特雷德韦尔（Deniel Treadwell）
29. 亨利·莱瑟兰（Henry Letherland）
30. 撒迦利亚·赛勒斯（Zechariah Sellers）
31. 威廉·劳顿（William Laughton）
32. 杰里迈亚·亚霍勒罗夫特（Jeremiah Holeroft）
33. 史蒂芬·普莱斯（Stephen Price）
34. 蒂莫西·廷德尔（Timothy Tindall）

特（Wicker Bunt）的。关于该交易，王室制鞋匠威尔森（Wilson）和另一个本公会管理人认识的金匠证实，安德鲁·罗夫的确是从索斯那里购买的上述标识，为了将该标记进行登记，安德鲁为此花费了两先令六便士。❶

在与本页相对的图示上可以看到，刀具工匠的标识很小并且相互之间十分容易发生误认。他们是公会法庭上持续的诉讼之源，此点已经为从事公会研究的历史学家引用的大量案件所证实：

宽箭头被禁止使用类似交叉钥匙的标识（1609—1610年2月）；头盔被禁止使用类似“宽帽檐头像”的标识（1610年8月）；桑椹标识“部分仿冒他人标识”（1612年10月）；烛花剪刀（snuffers）标识被篡改（1620年5月23日）；禁止使用模仿交叉钥匙的交叉箭头标识（1622年8月）；约翰·诺尔斯（John Knowlls）的菠萝标识因与石榴标识过分相似而被拒绝给予登记（1624年8月）；石榴标识须附着在“铅牌”上，因为过分近似于蓟标识（1638年10月）；由权杖和字母O组成的标识被禁止使用，因为过分类似于由权杖和半月组成的标识（1685—1686年4月）。❷

以下两条记录足以表明该时代的标识所有者对侵权的焦虑，以及法院处理该类侵权的方法： 118

（1613—1614年4月15日）乔治·洛米利（George Lomely）交还之前授予他的G标识，并且承诺再也不会使用该标识。他放弃该标识是因为他认为该标识被做工低劣的产品所仿冒，使其声誉受到了影响。本公会经考虑同意其使用另

---

❶ Welch, *Cutlers*, ii, p. 337.

❷ *Ibid.*, ii, pp. 15 - 16. 关于谢菲尔德刀具工匠标识的复制件，see R. Leader, *op. cit.*, pp. 107, 112.

一个无人使用的烛花剪刀标识，自本日起将该烛花剪刀标识授予他，并在本公会大厅进行登记。❶

（1620 年 5 月 23 日）乔治·洛米利被扭送到本法庭，因为他违反了本会规定，毫无根据地使用交叉箭头标识。之前经他同意并由本会授予他的是烛花剪刀标识，而现在他使用的被他称为烛花剪刀的标识，在本法庭看来与交叉钥匙十分近似，因此本法庭禁止洛米利此后以上述方式使用其已经获得的烛花剪刀标识。如果违反上述命令，本法庭将告知他依据国王授予本会的特许状或者本会规则授予的权力对其违规行为进行罚款，他须就每件假冒刀具缴纳 14 先令 4 便士的罚款。❷

商标侵权者不仅会遭遇在公会法庭的诉讼，甚至还可能被卷入刑事程序：

（1612 年 10 月 6 日）托马斯·希登（Tho. Hydden）被禁止使用他的桑葚标识，直到本法庭颁布命令允许其使用该标识为止，但是目前没有找到任何理由允许其使用该标识。

（1612 年 11 月 10 日）根据市长的诫命，托马斯·希登被判入狱，因为他未经许可使用标识的行为实际上是仿冒他人的标识。

（1612 年 12 月 10 日）托马斯·希登交还之前被准许作为标识使用的锤子图案。❸

119 在结束本章对伦敦刀具工匠的研究之前，有必要介绍下面一个有趣的事例，在最早的商标所有人中，有一位反复地在报纸上刊登广告，明确的目的即在于抑制盗用其标识的行为。伊

---

❶ Welch, *Cutlers*, ii, p. 341.

❷ *Ibid.*, ii, p. 342.

❸ *Ibid.*, ii, pp. 340 – 341.

弗雷姆·豪（Ephraim How）在1703年5月24日至27日的《伦敦政府公报》（*London Gazette*）上对其他刀具工匠的行为表达了不满：

> 有些刀具工匠不使用自己的标识，而是仿冒藏红花山街(Saffron Hill)的伊弗雷姆·豪由心形和皇冠构成的标识。仿冒的标识由铲子和皇冠组成，并将他的姓写成了NOW。许多人被这种破坏性的创新所欺骗，所有购买其制造的刀具的人，都将希望仅仅通过观察其姓名和标识以防止买到假货；此外，也没有一个名字叫做NOW的刀具工匠。[1]

1712年，他又在《每日新闻报》（*Daily Courant*）上做广告：

> 某些销售刀具的人，为了使其劣质的刀具卖得更好，广泛地散布伦敦刀具制造者伊弗雷姆·豪去世的消息。本广告是为了证明他还活着，并且与他的儿子合伙在藏红花山街如常地进行着营业，仍然在使用由心形和皇冠组成的标识。由于存在仿冒的产品，请注意观察标识，由心形、皇冠和匕首构成，在下方有一个“豪”字。[2]

如此细致地考察了伦敦刀具工匠标识之后，以相同的理由再去考察谢菲尔德标识就变得十分多余，因为在谢菲尔德法律也是沿着相同轨迹发展的，但是其发生却远远晚于伦敦。与伦敦的情况不一样，哈勒姆郡刀具工匠最初获得的保护并非来自市政当局和王室，而是来源于哈勒姆郡的庄园主。授予标识是十户连保制法庭（the court of frankpledge）陪审员和社区地方法官(administrators of the local law）的部分职能。尽管在伊丽莎白女王统治时期，关于刀具工匠的习惯被说成是“古老的”，刀具贸 120

❶ *Ibid.*，ii，p. 357.

❷ H. Sampson，*The History of Advertising from the Earliest Times*，p. 160.

易被描绘成遵守“早先由刀具工匠制定的规章”。[1] 但是第一个有记录的标识注册则出现在1564年11月7日，“罗伯特·布尔（Robert Boure）……来到本法庭，为法官带来了其在铁质刀具上标注（*signandum*）的专用标识（*sepalem signum*），以证明ƆH这一标识是由其使用（*occupandum*）的。如果其他人在刀具上打上该标识，须被判构成违法行为，向法官缴纳20先令的罚款，补偿被侵权人的损失，并且向法官支付每年一便士的使用费”。[2]

这种通过领主法庭授予标识和向领主缴纳“标识使用费”（mark rent）的做法可能一直持续到1624年公会成立，[3] 此时公会本身承担起了谢菲尔德市方圆六公里内标识登记和产业监管的职能。谢菲尔德的标记，与其他产品标识一样，就其起源而言是强制的管制性标记，与伦敦的刀具工匠标记的情况相同，“许多标识进化为具有价值的财产是意外的而非预先设计好的事情……其目的并非为了保护消费者，而是互相了解交易标识，为的是实现控制或者排除竞争”。[4] 18世纪谢菲尔德刀具工匠的记录与17世纪伦敦的记录在标识的性质和法律含义上体现了几乎一致的观念。这些记录中均存在由去世刀具工匠的儿子对其标识享有财产归复权以及保护遗孀将其标识作为终身财产的制度。[5] 在一个案例中，就去世自由民标识的相互对立的申请人是他的儿子和他的
121 遗孀的现任配偶，公会作出了有利于后者的判决，条件是他“为

---

[1] R. Leader, *op. cit.*, i, p. 6.

[2] *Ibid.*, i, p. 7. 1590年公会规章第7条规定：“任何本刀具工匠行会的成员在本地域内未经行会法庭的授予不得在其生产的刀具上打上任何标识，亦不得将本不属于他的标识打在其生产的刀具上，违反上述规定者，每次需向该标识的所有者及其继承人支付10先令的罚款……”（*ibid.*, ii, p. 348.）

[3] *Ibid.*, i, p. 18.

[4] *Ibid.*, i, p. 106.

[5] *Ibid.*, i, p. 110.

公会的穷人”支付三英镑。❶ 亦存在一旦公会授予了一个标识，被授权人就不得使用其他标识的坚决主张，❷ 但是在17世纪末，出现了明显的“弱化一人一个标识的古老守则”的趋势。❸

1749年谢菲尔德刀具工匠公会的一条记录显示，标识持有者在死亡时有权将其标识转让给他人已经是心照不宣的共识。❹ 然而，直到1801年，这种转让标识的权利才第一次被制定法确切地认可。按照1801年法案，❺ 刀具工匠公会的任何自由民均有权“如其他私人财产一样，通过遗嘱处分其标识，但是不得阻止其遗孀使用该标识继续经营，亦不得阻止她在有生之年向任何从事本行业的人转让标识上的权利”。❻

扼要地重述一下，刀具工匠标识的历史展现了标识从典型的中世纪管制性、强制性标识进化成为现代商标的历程。刀具工匠的记录，显示了早在15世纪标识中的财产和价值的观念就已经开始萌芽，到17世纪我们已经看到了实际运行的、有条件的商标所有权体系，商标至少是可以在有限的范围内进行“买卖和转让”，并且成为受严格保护的对象。1801年法案使刀具工匠标识法律的发展得以具体化，完成了自1452年的“双新月”标识案件以前便早已开始的进化历程。

---

❶ R. Leader, *op. cit.*, i, p. 109.

❷ 参见1731年11月27日和1731年1月29日的纪录。*Ibid.*, i, p. 108.

❸ *Ibid.*, i, p. 113.

❹ *Ibid.*, i, p. 114.

❺ 41 Geo. Ⅲ, c. 97, local.

❻ Kerly on *Trademarks*, (5th ed.), p. 127; R. Leader, *op. cit.*, i, p. 114. 关于从1801年《刀具工匠公会法》到现代商标法这段期间谢菲尔德标记和刀具工匠公会的历史，see Kerly on *Trademarks* (5th ed. by F. G. Underhay), p. 126. 关于该主题的参考文献亦参见后文第六章。

122 # 第六章
现代商标法的发生

穿过中世纪“晦暗的历史踪迹”，我们已经来到了现代商标法的门前。我们已经找到了这些“踪迹”的两个起点：即所有权标识或者“商人标识”，正如人们所知的，其作用在于指示所附着货物的所有者；以及管制性标记或者生产标识，用来指示商品的来源或者生产者。可以发现，这种将中世纪的标识划分为所有权标识和管制性标识的方法，是以功能而非形式或者性质为标准的。同一个商标可能被行会成员一方面主动地用作自身的“商人标识”，另一方面被强制地作为其制造者或者生产标记，他们也可能使用两种不同的标记来满足上述目的。另外，尤其是在纺织品和刀具贸易中，我们已经考察了生产标识是如何从我们称的“责任标识”向“财产性标识”演进的，并且已经指出，在转变的过程中，任何强行从财产性质和责任性质的角度对生产标记进行归类都是困难的。现代的生产者可以随意地使用一个标识或者几个标识，只要愿意甚至可以不使用任何标识；而早先的生产者直至 17 世纪仍然被强制使用某一标识，而且只能使用一个标识。然而，正如前文所表明的，虽然上述标识的使用可能会对使用者造成损害，因为可以通过标识追踪和处罚有缺陷产品的制造者，
123 但是早在标识使用不再是强制性的之前，使用者即开始意识到这些标识作为一项财产的可能性，即作为商誉的符号。

在本书的开头，我们已经指出 *Southern v. How* 一案一直被认为是现代商标法的起点。我们已经看到博学的法官和学者们在何种程度上依赖 *Southern v. How* 一案来建立起英国法上商标保护的古典规则。有趣的是，近期霍尔兹沃斯（Holdsworth）在证明 17 世纪早期"普通法以及普通法律师开始从商人规范商业关系的法律中涉取某些知识"时亦引用了 *Southern v. How* 一案作为"转向……商人标识主题的判例"，他恰巧引用的是《克罗克判例集》中的版本。❶ 但是，我们关于 *Southern v. How* 一案及该案之后历史的分析，❷ 仅仅表明该案唯一的贡献充其量是一位怀旧的法官关于发生在伊丽莎白二十二年的一个纺织者起诉另一个纺织者非法使用其商标案件的不相干的附带意见。

将来也许有一天，可以在腐朽杂乱的、尚未公开的普通法记录中能够找到一个记载了发生在伊丽莎白统治时期的纺织者因其商标遭受侵害而提起诉讼的判例报告，可以证实 *Southern v. How* 一案可以毫无异议的被赋予该种权威性。❸ 到那时，*Southern v. How* 一案就不再为庞德院长（Dean Pound）对法院和学者"在中世纪法院贫乏报道的、模糊又不完整的论证推理中寻找潜在原则的做法，这种做法在最近英国和美国的法院判决中达到了顶峰"的批评提供丝毫的支持。❹

即使到那时，*Southern v. How* 一案充其量也只是证明了中世纪和现代商标法之间最为脆弱的联系。无论任何，经过仔细的研究并没有发现当时还存在任何依据或者引用该案作出的判决。仅仅在多德里奇的附带意见发表四年后（1662 年），杰拉德·马利 124

---

❶ W. S. Holdsworth, *op. cit.*, v, p. 144 and note 8 thereto.

❷ See *supra*, pp. 6 – 10.

❸ 随着历史档案的不断发掘，多德里奇法官提到的纺织者案件被证实，该案被确定为发生在 1584 年的 *Sandforth* 一案。J. H. Baker & S. F. C. Milson, *Sources of English Legal History – Private Law to* 1750, pp. 615 – 618 (2nd ed., 2010). ——译者注

❹ R. Pound, *Interpretations of Legal History*, p. 28.

纳斯（Geradd Malynes）在《商人习惯法》（*Consvetvdo vel Lex Mercatoria*）一书的第一版第38章中专门论述了“商品上的商人标识”。该章仅从所有权的角度讨论商人标识的问题。

> 在商人的货物上使用标识是十分重要的，不管这些货物是成捆、成箱还是成包包装的。按照商人的习惯和市民法，这些标识是判断货物和商品所有权归属的依据。使用他人标记是危险的。因为战争时，在两个或者多个交战的君主之间从事海运或者陆地运输过程中，商人们时常通过使用自己的名称或者标识来保护他们的货物。每个商人须在账簿上记载他在货物上使用的标识。……尤其是对于在锡拉（Scylla）和查里迪斯（Charibdis）两个危险的礁石之间航行的商人，该区域的统治者不断的发生变化，擅自使用其他商人的标识是危险的。因为标识一旦被打上，标识的所有者就可以（依据标识）主张对货物的所有权，尽管真正的货物所有者可以通过法律主张权利，但是除非上述主张被认为是合理的，否则他们就会在打上他人标识的瞬间失去这些货物。就像在海上根据旗帜识别船只一样，在自己的商品上使用他人的标识，以表明这是他人的商品，即使事实并非如此，任何一个海事法庭都会根据实际使用的标识进行判决……[1]

在研究过程中，从行会制定行会管理人和行会法院或者议会（assemblies）在执行上述规则过程中做出的判决里，我们观察到了商标法零星原则甚至体系的发展。尽管15世纪中期以后，行
125 会开始解体，[2] 16—17世纪，普通法开始对许多商业性质的案件行使管辖权，[3] 但是行会法中这些关于商标的法律和规则仍然有

[1] pp. 190 – 200.

[2] See *supra*, p. 81.

[3] See W. S. Holdsworth, *op. cit.*, v, 143 *et seq.*

效，在事实上仍然维持着行会和公会的纪律和垄断目标。因此，商标法在很大程度上仍然与行会和公会有关，而并非普通法法院关注的问题。与此同时，作为国家产业管制体系的组成部分，行会和公会“作为执行国家产业政策的地方机构”仍然发挥着作用。[1]

除了行会和公会发展出来的法律，或者如斯塔布斯（Stubbs）恰如其份地称为“行会法”（gild jurisprudence）[2] 的法律之外，我们已经看到现代商标法在制定法和议会法（conciliar law）中的发展，特别是由王座法院和星室法庭发展出来的法律。上述三个现代商标法的渊源，尤其是“行会法”，在 17 世纪对商标法的发展做出了比普通法本身更为重要的贡献。

那么，在商标法律理论的发展方面，行会法、制定法和议会法与普通法之间存在何种关联呢？对该问题最为简单的回答，当然就是采用塞利格曼（Seligman）的理论，认为“行会规则……是普通法的一部分，而不仅仅是行会成员独立创造的”。[3] 然而， 126
关于行会的自治性及其司法权的独立性一直都是有争议的问题，[4] 据此，无法确证无误地得出任何关于商标法连续性的结论。另外，即使商人法应当被认为是普通法的一种形式或者一个发展阶段，也仍然需要确定行会中发展出来的零散商标法规与现代普通法和衡平法上的商标法律原则之间的实际联系何在。

通过对 *Southern v. How* 一案中提及的纺织者案件历史的深入研究；加上对同时期议会法院（conciliar court）商标保护实践的

---

[1] W. Cunningham, *op. cit.*, ii, p. 36，转引自 W. S. Holdsworth, *op. cit.*, v, p. 322, n. 4. See *ibid.*, iv, p. 360.

[2] W. Stubbs, *Constitutional History of England* (4 th ed.) iii, p. 592.

[3] E. R. A. Seligman, *Two Chapters on the Mediaeval Guilds of England*, p. 76. See W. S. Holdsworth, *op. cit.*, iv, p. 311.

[4] 关于该问题的矛盾观点的总结，see A. P. Evans, *op. cit.*, pp. 612 - 615.

进一步研究，也许能够使我们最终得到对这个问题的满意回答。这些研究可能表明，伊丽莎白统治时期，纺织者案件中列席的某位或者某些法官，同时也是负责制止商业欺诈的王室官员，或者在职能上与其有密切联系，他们在管理职能方面与枢密院或者星室法庭的成员是相同的。“纺织品产地”的法官们具有直接管理纺织行业的职能；不仅是获取信息，[1] 还可以亲自对该行业的情况进行调查。[2] 然而在缺乏关于该问题的具体证据的情况下，目前所能说的是，从商标法理论和原则明确化和一致化的角度，16~17 世纪，特别是在纺织行业领域，星室法庭和王座法院关于禁止对集体商标、地域商标和个人商标进行仿冒的实践和判决，与伊丽莎白统治时期普通法法院处理的纺织品标识侵权案件在结果上是一致的。

伴随着都铎王朝和斯图亚特王朝组织发展国内外贸易的努力，王室开始通过枢密院和星室法庭制止各种形式的商业欺诈，
127 包括商标侵权。[3] 正如我们在对纺织品和刀具贸易的研究中所见，在 16 和 17 世纪，星室法庭、枢密院以及王室本身通过王室公告的方式不断地对个人或者集体的标识提供保护。

然而，尽管上文提到了各种现代商标和商标法形成的趋势，但是直到 18 世纪初，律师或者至少是法律研究者、辞典编纂者才开始使用商标一词进行思考，当他们这样做时，其关于商标的概念仍然表现出关于商标功能以及滥用标识请求权基础的认识方面存在相当大的不确定性。例如，约翰·克西（John Kersey）在 1715 年出版的《盎格鲁－不列颠辞典》（*Dictionarium Anglo－Britannicum*）中仍然像杰拉德·马利纳斯在近一个世纪之前那

---

❶ 关于枢密院巡回法官获取织布行业信息的例子，see *Acts of the Privy Council*, 1613－1614, pp. 35, 191, 310, 351 *et seq*.

❷ See *History of Gloucestershire* (Victoria County Histories), ii, p. 159.

❸ See W. S. Holdsworth, *op. cit.*, iv, p. 360.

样，从所有权的角度来理解商标。克西将“货物标识”（mark of goods）定义为“商人之间识别货物所有权的区别性标记”。另外，早期的法律辞典编纂者吉尔斯·雅各布（Giles Jacob）在1718年出版的《商人或者商人公会法》（*Lex Mercstoria or Merchant's Companion*）一书中，对标识有如下论述：

> 如果一个人可以将他人的标识使用在自己的货物上，目的是给其造成麻烦或者损失，或者带来任何的花费，按照普通法，可以对其提起诉讼；由于普通法和大陆法均十分重视货物上的标识，以其作为确定货物所有人的依据，伦敦刀具工匠行会赋予每个成员以特定的标识，在未经公会、当事人许可以及其他公会命令认可的情况下不得盗用，其他公会也有类似规定。(2 *Cro. fol.* 471.)[1]

雅各布的定义是一个对过去和现在所有商标概念、商标权利
义务的有趣融合，更确切的说是混淆。该定义着手于管制性标 128
识，对其侵害将会给标记所有人带来“麻烦或者损失”；随后他
提到了“普通法和大陆法均十分重视”所有权标识，其后又回
到了在公会控制之下的伦敦刀具工匠行会管制性标记，并以引用
《克罗克判例集》中 *Southern v. How* 一案的版本作为结束。1732
年，雅各布在《新法律词典》（*New Law Dictionary*）中再次指
出，“货物标识”“是用来宣示财产权或者良好品质等信息的。
如果一个人使用他人的标识，目的在于给他人造成损害，就可以
对其提起诉讼（2 *Cro. fol.* 471.)”。

在这一时期出现的保护苏格兰人在亚麻布上标识的制定法

[1] *Lex Mercatoria or The Merchants Companion*（London 1718），pp. 26－27.

（乔治一世十三年，1726 年法案，第 26 章），表明议会到此时[1]已经形成在货物上使用标记是一项权利而非义务的观念，对于该类标识的侵害，须对所有人进行补偿：

> 如果愿意，每位亚麻制品的制造者、销售者和纺织者均可以合法地将其姓名织在或者将已经为公众所知的标识附着在其生产的任何一件亚麻制品上；如果他人仿冒了该标识或者姓名，经在任何自治市的任意两个或者两个以上的治安法官面前宣誓的一个或者多个证人证明，确认标识被仿冒人的损失总额达到 100 英镑的，他有权向该使用标识的人主张赔偿上述的金额。[2]

17—18 世纪法律文献中极少涉及商标当然有经济方面的原
129 因，衡平法上的第一个商标案例，即我们将要考察的 *Blanchard v. Hill* 一案可能对此给出一定的解释。19 世纪以前，美英两国商标法发展缓慢的原因，主要是商标在国民经济中微乎其微的作用。正如我们多次观察到的，[3] 在生产者和消费者紧密联系的情况下，商标是不会发展为有价值的商誉的象征的。坎宁安描述了英国工业革命初期的经济形势：

> ……工业革命改变了整个国家的面貌。在 1770 年并不存在任何被煤炭和钢铁产业破坏的黑色之乡（Black Country）；没有运河、铁路和工厂以及它们所带来的污染……所有为我们现代生活所熟悉的特征以及由其带来的紧迫问题都是在过

---

[1] 参见伊丽莎白 23 年（1581 年）第八号“蜡制品……正品法案”的文字，要求在蜡制品上打上标记“的目的在于，如果出现欺诈行为，可以（通过标识）发现谁是这些蜡制品的生产者……”（*Stat. of the Realm*，iv.，pt. i，p. 670）。该法案可能是为制止“销售假冒伪劣的蜡制品”的欺诈行为而制定的。*Cal. State Papers*，Dom.，1547 - 1580，p. 635，No. 45，Oct. 18，1579.

[2] Clause XXX，5 Stat. at Large，634.

[3] See *supra*，pp. 41，48，63，78.

去的125年中产生的。[1]

值得注意的是，1776年出版的布莱克斯通（Blackstone）的《英国法释义》（*Commentaries*）在第二卷第24章“基于占有的个人财产权”（Titles to Things Personal by Occupation）中，列举了版权和专利，却没有提到任何关于商标的话题。[2] 工业革命开 130
始后，生产和销售手段不但得到了极大的丰富，产品广告也相应地得到了飞速的发展，在这个过程中，商标开始获得了全国范围内而非仅仅地方意义上的显著性。约翰逊（Johnson）博士在1759年观察认为，“目前商业广告已经发展到顶峰，很难再有任何进步”，[3] 但是到了18世纪晚期，报纸广告开始相当普及，[4] 1871年图片海报在英国首次使用并获得了巨大的成功。[5]

---

[1] W. Cunningham, *The Growth of English Industry and Commerce*, iii, p. 613.

[2] See Cooley's *Blackstone* (4th ed., by Andrews, Chicago 1899), i, p. 754, n. I. 与之完全相反的是《商法全集》，1738年F·G·斯特鲁韦（Struve/Struvius）在莱姆戈（Lemgo）出版的《行会法体系》（*Systema Jurisprudentiae Opificariae*）一书，该书主要是依据阿德里安·贝尔（Adrian Beier）未发表的著作写成的。该书第三卷第二册中有三章专门论述商标和商标法——第8—10章，标题分别是“商人标识和标记”（*De signaturis & marchis mechanicis aique signis*）、“行会管制标记”（*De signis collegiorum opificalinm universalibus*）和“个人标记”（*De marchis singulorum*）。这些章节的主要依据是16—17世纪以及18世纪早期德国公爵以及其他法庭和主管机关的法令和判决。他们关注的不仅是对商标或者有关商标法律的只言片语进行考古研究，而且试图系统地呈现普遍认同、现行有效的德国商标法的基本原则。The “Introduction Historique” to Braune and Capitaine, *Les marques defabriques*, pp. xxvi - xxvii，“历史概论”中对上述几章内容进行了分析；J. Kohler, *Das Recht des Markenschutzes* (p. 53)，引用Struvius (p. 127)：“享有禁止他人使用我们的标识的权利”。

[3] 转引自G. W. Goodall, *Advertising: A Study of a Modern Business Power* (London School of Economics Monographs, No. 4), p. I.

[4] H. Sampson, *History of Advertising*, pp. 204 *et seq.*

[5] 这个广告被设计成黑白的，由弗莱德里克·沃克（Frederick Walker）设计，用以生动地表现其宣传对象——威尔基·柯林斯（Wilkie Collins）的小说《白衣女人》（The Woman in White）。See G. W. Goodall, *op. cit.*, p. 22; S. R. Jones, Posters, pp. 2 - 3.

和英国一样，在美国，直到19世纪下半叶，商标才开始在全国范围内的而非地方贸易中获得作为有价值财产的重要地位。美国商标保护的起源可能与马萨诸塞州的帆布产业有关。早在1788年，马萨诸塞州议会（General Court）即提供一项对“在本联邦生产的顶级船用帆布或者其他结实的帆布每匹给予8先令”的奖金，[1] 而且该奖金伴随政府工艺标准的更新几经提高。[2]

帆布生产中的竞争伴随着商标侵权，这明显可以从1789年2月3日州议会颁布设立“贝弗利棉布制造厂”法案的第五部分中看到：

131 所有由该公司生产的产品，需在一端附上一个铅质标识，该标识须与该公司的印信相同。如果他人故意地使用与该公司近似的印信或者标识来销售同类产品，该行为人须向该公司支付相当于此种产品价值三倍的金额，以补偿该公司使用标识的损失。该公司可以向任何适格的存卷法庭通过债权之诉（action of debt）提出上述请求。[3]

1791年，塞缪尔·布雷克（Samuel Breck）[4] 和其他波士顿

---

[1] *Mass. Laws & Resolves* 1787, c. 102, March 28, 1788 (ed. 1893, pp. 880 - 881).

[2] See J. L. Bishop, *History of American Manufacturers*, i, pp. 419 - 420; Justin Winsor, *Memorial History of Boston*, iv, 78. 更多关于帆布行业与政府关系的信息，see also *Resolves* of 1788, c. 80, pp. 333 - 334; *Resolves* of 1791, c. 91, p. 483. 马萨诸塞联邦州立图书馆馆员爱德华·H. 雷德斯通（Edward H. Redstone）先生为作者提供了许多这方面的参考文献。

[3] *Mass. Private and Special Laws*, 1789, c. 43 (ed. 1805, i, p. 226). 关于该纺纱厂，see E. M. Stone, *History of Beverly*, pp. 85 - 86，以及前述注释中的参考文献。

[4] 塞缪尔·布雷克是波士顿的一位地位显赫的商人，也是路易十六陆军和舰队的代理人。进一步的调查并未披露其遇到了何种商标难题。他的儿子透露，他于1792年“因高额的不平等的税收”搬到了费城。(See Samuel Breck, *Genealogy of the Breck Family* (Omaha 1889) p. 40 and Appendix, pp. 205 *et seq.*, Recollections of Samuel Breck, ed. H. E. Scudder, p. 186.)

帆布制造商向第二次大陆会议（Second Congress）提交的请愿书中，就保护帆布商标的需求形成了共识，要求授予他们在其生产的帆布产品使用特定标识的排他性权利。该请愿书首先交给托马斯·杰弗逊（Thomas Jefferson），随后，国务卿做了以下报告：❶

> 1791年12月9日
>
> 塞缪尔·布雷克以及其他波士顿的帆布工厂所有者提交请愿书，要求承认其享有使用特定标识以指示其生产的帆布的排他性特权。众议院就该请愿书征求国务卿的意见。国务卿经过考虑后，在此
>
> 报告如下：他认为，保障每个厂家均享有对其产品上的标识享有排他性权利的做法有利于依法保护生产者。
>
> 这须由一般的法律进行规定，只有立法机关才有权将同 132
> 样的权利扩展至所有情形。
>
> 这些情形分属不同的辖区：在一州之内生产和销售的产品须由州立法进行规定，而那些出口至外国、其他州或者印第安部落的产品则仅能由联邦政府立法进行规定。
>
> 因此，联邦政府可以为此通过法律授予那些业务范围广泛的生产者，以及专门从事与外国、州际或者与印第安部落之间贸易的人上述权利。
>
> 这可以通过允许工厂所有者将其选择的用以标记或者指示其产品的名称在工厂所在地地方法院进行登记，对将相同标识使用在他人产品上的人给予处罚的方式进行。

---

❶ T. Jefferson, *Complete Works* (Washington 1854), vii, 563; Am. State Papers, xiv, p. 48. (*Report of The Commissioners Appointed to Revise the Statutes Relating to Patents, Trades and Other Marks, and Trade and Commercial Names*, Senate Documents, vol. 3, No. 20, Washington, 1902, [下文引作 *Report of United States Commissioners*], p. 92, 转引自 E. S. Rogers, "Some Historical Matter Concerning Trade - Marks," 9 *Michigan Law Review*, 41.)

同时期报纸对布雷克的请愿和杰弗逊的报告所作的评论表明美国商业中心对商标保护的极大兴趣。[1] 在波士顿的《哥伦比亚大陆》（*Columbian Centinel*）上刊登的一封来自费城生产者的来信值得引用：

> 看到波士顿的帆布生产者要求美国国会制定法案保护其不受在劣质帆布上假冒标识者损害的请愿，我感到十分的高兴和欣慰。该议题切实关乎我国每位同行的真正成功和发展，我十分钦佩并且完全赞成这些先生们的意见，该议题亟须被提到这些州的立法议程上来。保障生产者能够从其精巧的设计、辛勤
> 133 的劳动中获得利润，激励这些勤勉、有进取心、于社会有益的人，经营、保持、尽最大努力完善其生产的各种产品，对于促进贸易繁荣、以及国家富强具有极其重要的意义。
>
> 对我国生产者和贸易中这种值得称赞的精神的最大抑制，莫过于仿冒者出于欺诈的目的假冒商标，销售以次充好的产品。这些现象在事实上打消了追求卓越以及服务本国的进取之心，极大地损坏了我国生产者在国外的声誉。因此，不但不会促进贸易，反而会使得贸易趋于萎缩。如果有必要的话，我可以列举出很多有害的影响，但是该问题已经不必再予评论。然而尽管这种非法行为是对我国生产者和贸易最为严重的损害之一，作为一种绝对意义上的假冒应当受到严厉惩罚，但是没有一个州充分地认识到这样做的重要性以及社会公益的需求，并且妥善地对这种违法和欺诈行为进行处置。因此，当某人因此受到损害，侵权人被发现并为公众所知晓时，他无法获得足以弥补所受损失的救济。尽管他可能受到巨大的损失，在生意上面临困难，也浪费了很多时间，

---

[1] 例如：*Boston Gazette*，December 26，1791，under “Report of the Proceedings of Congress” for December 9th；*Dunlap's American Daily Advertiser*（Philadelphia），December 12，1791.

> 即使陪审团认可了上述全部损失，其获得的赔偿也绝不会等于所受到的损失，法定的救济远远不足以弥补未来可能遇到的类似违法行为所带来的损失。
>
> 国会须制定法案解决这些难题，制止该类违法行为，对恶意的行为人给予应得的惩罚。日常的经历使我确信，该法案是放诸四海而皆准的，对于我国而言更是刻不容缓。

上述引用的费城生产者的主张，说明了在成文法上制定商标保护条款的必要性，因为普通法仅能提供损害赔偿救济，不足以起到遏制侵权发生的作用，这似乎表明 19 世纪早期在州法院一定存在一定数量的诉讼。但是，有些奇怪的是，第一个被报道的由州法院审理的商标侵权案件直至 1837 年才出现，[1] 而第一个 134 由联邦法院审理的案件直至 1844 年才出现。[2] 有趣的是，在第一个联邦判决中，斯托里（Story）法官颁发了禁令，并指出："我没有引用判例以支持上面陈述的原则。因为它们对于专业人士而言是十分熟悉的，现在也不会受到任何司法上的怀疑。"[3] 直至 1870 年，美国法院总共判决了 62 件商标案件。[4] 关于商标对所有者重要性认识的增强，可以从以下事实中得到印证，即 1870 年仅有 121 件商标按照商标法进行注册，当然这可能与我们稍后会提到的可注册商标的范围相关，而到 1923 年则有将近 1.5 万件商标进行了注册。[5]

在简要讨论了现代商标法发生的经济背景之后，我们开始考

---

[1] *Thompson v. Winchester*, Sup. Ct. Mass. 1837, 19 Pick. 214; *Report of United States Commissioners*, p. 93.

[2] *Taylor v. Carpenter*, U. S. Cir. Ct., Dist. of Mass., 3 Story, 458; *Report of United States Commissioners*, p. 93.

[3] 3 Story 464.

[4] *Report of United States Commissioners*, p. 93.

[5] See "Report of Commissioner of Patents, 1923," in *U. S. Official Gazette* (1924), vol. 319, p. 231.

察促使哈德威克（Hardwicke）勋爵在 *Blanchard v. Hill* 一案中断然否定原告禁令救济诉讼请求的原因。这是首个记录在案的以剽窃商标（trade - mark piracy）为由提起的禁令救济请求。尽管总检察长引用了 *Southern v. How* 一案，尽管该意见似乎对许多后来的法官来说印象深刻，也无法使大法官改变主意，他声称："虽然法院明令禁止被告使用标识抢夺原告的顾客从而给原告造成伤害的行为，但是，与禁止旅店老板使用与他人相同标记相比，上述规则是无足轻重的。"❶

---

❶ 2 Atkyns p. 487. 事实上，标识或者招牌侵权在 18 世纪早期就已经普遍存在了。在《标牌的历史》一书中（3rd ed. , 12th impression, 1908, pp. 31 - 32），拉伍德和赫滕引用了 C. A. G. 歌德（Goede）在《一位外国观察家在 1802—1803 年英国之旅中搜集的关于自然和艺术的纪念品》（*Memorials of Nature and Art Collected on a Journey in Great Britain during the Years* 1802 *and* 1803 *by an observant foreigner*）一书中的材料（vol. 1. , London 1808, p. 68），描绘了 19 世纪初"盗用商业价值"的有趣场景："商人吸引大街上络绎不绝的人们注意力的首要秘密，很容易想见，在于煞费苦心地设计出具有吸引力的商店前悬挂的标记。他们通常会将房屋的整个前部用来实现上述目的。在路德盖特山（Ludgate Hill）附近，通过销售剃刀拥有 4 万英镑财富的 S——先生，在他的房子上用三英尺高的大写字母打出'最优秀、最卓越的专利剃须刀在这里出售'的广告语。当一个店铺获得一些声誉之后，同行业的人就开始仿冒他的标记。城市中的零售商悬挂在店外的标记具有巨大的蜂巢效应，能够吸引很多消费者。当人们看到该标记的吸引力就会立即放弃他们自己的标识，转而在他们自己的店铺上使用该标记，这样可以将蜂巢窃为己有。对此，该零售商不得不在报纸上刊登广告，声明'他们才是该原创和知名蜂巢的所有者'。类似的例子发生在齐普赛街的 E——商店，他的产品因为物美价廉而大受欢迎。这位先生的标记是一只巨大的蚱蜢，这只昆虫在本市的各个区域迅速繁殖。E——先生在他的广告中向公众反复强调，注意'真正的蚱蜢仅仅在他的杂货铺前'。他成功地劝说了几个刚刚开始经营的人与他签订了对他有利的协议，这些人需要获得在其店铺前使用蚱蜢标记的许可，以醒目的字体标注'他们才是齐普赛街 E——先生著名的无与伦比的蚱蜢的真正后代'"。早期纽约关于该问题的一个案件，see *Howard v. Henriques*, 3 Sandf. (N. Y.) Super. 725; Cox, *Manual of Trademark Cases*, 2nd ed. , No. 108, p. 60.

即使考虑到上文所述的商标在经济上的相对次要意义，但是当记起哈德威克勋爵对于运用衡平法武器抑制新形式商业欺诈所表现出来的特殊热情时，*Blanchard v. Hill* 一案的判决显得尤其难于理解。几年后，在给凯姆斯（Kames）勋爵的信中，他写道： 135

> 对于制止欺诈的救济手段，无法建立起任何固定的规则。欺诈行为是没有止境的，一旦衡平法院试图为其确立规则，那么这些规则能够在多大程度上扩展对欺诈行为救济？显然是微乎其微的，如果试图严格界定欺诈的类型或者需要的证据，那么法院的管辖权将受到限制并被新类型的欺诈行为规避，因为人们会不断地发明新型的欺诈行为。在欺诈方面的创新以及欺诈行为的爆发式增长，归因于衡平法院中诉因的增加，而并非对普通法的侵蚀。培根（Bacon）勋爵在第 43 条格言中，❶ 将这种现象称为“法庭的过度扩张”（an over – flowing of the bank of Pretorian Courts）。❷

而且，在拒绝对作为商誉符号的商标给予衡平法上的保护一年之后，哈德威克勋爵却作出了第一个被记录下来的将商誉本身作为管理人手中一种具有价值的财产进行保护的判决。❸ 136

Blanchard v. Hill 一案中适用的真正判决理由（*ratio decidendi*），需要在哈德威克勋爵对原告主张在扑克牌上使用“莫卧儿大帝”（Great Mogul）标识的排他性权利中寻找，该权利的依据

---

❶ 参见弗朗西斯·培根1623年以拉丁文出版的《学术的进展》（*Pe Anymentis Scientiarum*）一书第八卷第三章。See *The Works of Francis Bacon, Baron of Verulam, vissoant St, Albanns, and lord high chancelilor of England* (Vol. 3), p. 488 (London: Printod for Baynes & Son, 1824). ——译者注

❷ P. C. Yorke, *Life and Correspondence of Philip Yorke, Earl of Hardwicke*, ii, p. 554.

❸ *Gibblett v. Reed* 9 Mod. 459; Cox, *Manual of Trade – Mark Cases* (2nd ed.), p. 2; see also C. E. Allan, *The Law Relating to Good – Will*, p. 56.

是查理一世颁发给扑克牌制造者公会（Card - maker's Company）的特许状。需要注意是，当时在英国的法律和商业中，垄断思想是令人憎恨的，而在扑克牌上的垄断就是垄断的典型例子，是著名的“垄断案”——*Darcy v. Allen* 一案的主题。❶ 尽管 *Blanchard v. Hill* 一案中涉及的特许状并非1603年诉讼中的同一个特许状，❷“哈德威克勋爵似乎认为，在可能因为支持已经被非议并被宣告为非法的旧体制而招致危险的情况下，是可不能颁发禁令的”。❸

尽管在一个世纪以后 *Blanchard v. Hill* 一案被一位英国法官
137 描述为“关于该主题的标志性判例”，❹ 但是该案在现代似乎没有引发任何评论，不管是赞成的还是反对的，并且逐渐地被美英

---

❶ 11 Co. Rep. 84 b；关于该案的详细情况，see J. W. Gordon, *Monopolies by Patents*, appendix Ⅱ, pp. 193 *et seq.* 对该案进行的细致分析，see W. S. Holdsworth; *op. cit.*, iv, p. 349 *et seq.*

❷ W. H. Price, *The English Patents of Monopoly*, pp. 22 - 24. 最近出版的《西蒙兹·迪尤斯先生日志》(*Journal of Sir Simonds D'Ewes*) 记载了当时对扑克牌行业执行垄断权的不满达到了何种程度，其中1604年11月25日在“星室法院”出庭的一条记录内容为：“在我们发起抗议后，我到法院向大审判委员会陈述我们的不满。在审查斯奎博（Squibs）先生拥有的扑克牌特许状的过程出现了各式各样的证言，包括他是怎样滥用垄断权破门而入并收缴准备印制的扑克牌以及印刷设备，怎样将扑克牌的价格从一副三便士提高到一副九便士。之后斯奎博先生和托马斯·梅（Thomas May）先生（斯奎博先生雇佣的信使）被带进来，法院命令他们不得继续从事上述被控行为。”(*Journal of Sir Simonds D'Ewes* [D'Ewes' second “Journal,” - of the Long Parliament], ed. by W. Notenstein, 1923, p. 68).

❸ F. M. Adams, *Treatise on the Law of Trade - Marks*, p. 7.

❹ 在1855年的 *Farina v. Silverlock* 一案（24 Law Journal, Ch., N. S. 632）和1857年的 *Collins Co. v. Brown* 一案（3 K. & J. 423, 428）中，伍德副大法官两次引用了哈德威克勋爵在 *Blanchard v. Hill* 一案中的推理，认为该案“确立了该类案件真正的判决基础”。

两国的普通法院和衡平法院忽略或者拒绝。[1] 1777 年，曼斯菲尔德勋爵在王座法院审理了一个案件，即 *Cabrier v. Anderson* 一案，该案件后来被认为是“值得注意的……第一个该种类型的案件”。[2] 在该案中，曼斯菲尔德勋依据威廉三世颁布的制定法，对于被告在其制造的五只手表上使用原告卡布瑞尔（Cabrier）姓名的行为，裁定被告向原告支付 100 英镑。[3] 在 1783 年的 *Singelton v. Bolton* 一案中，曼斯菲尔德勋爵触及普通法上的商标剽窃争议就显得毫不奇怪了。凭借着对商业需求和衡平原则的强烈感受，曼斯菲尔德勋爵认为，“如果被告使用原告的名称或者标识销售自己生产的药品，就构成欺诈，原告有权获得救济”。[4]

英国普通法上第一个被报道的明确涉及商标保护案件直到

---

[1] 在 1883 年，罗米莉掌卷法官指出：“尽管哈德威克勋爵的名字具有极高的权威性，我仍然十分怀疑，在今天的类似案件中相同的理由是否会被遵循。”（*Hall v. Barrows*, 32 Law Journal, N. S. Equity, p. 550.）

关于这种联系，参见 1924 年 10 月上诉法院在 *Charles Goodall & Son Ld. v. John Waddington Ld.* 一案中的判决（41 Rep. Pat. Cas. 658）。该案涉及扑克牌商标。法院认识到整个扑克牌产业仅仅是由原告、被告和另外一个公司组成的（p. 655, lines 36 *et seq*）。尽管如此，法院仅以缺少欺诈的可能性而拒绝颁发禁令。律师和法院均没有引用 *Blanchard v. Hill* 一案。

在美国的重要判例 *Dixon Crucible Co. v. Guggenheim* 一案中，法院批评了 *Blanchard v. Hill* 一案中所表达的对垄断的恐惧情绪，指出：“现代的，如果不是更加激进的观点可能是，衡平法院对商标的保护趋势正好相反，它鼓励人们从事产品生产。” 2 Brewster (Phila.) 321, 327. See also *Amoskeag Mfg. Co. v. Spear*, 2 Sandf. (N. Y.) Super. 599, 605，以及近期的判例 *Scandinavia Belting Co. v. Asbestos Rubber Works*, 257 Fed. 937, 941；以及 1840 年 12 月《法律月报》杂志上发表的“商标”一文，重印于《美国法学家》（1841 年，第 25 卷，第 269、277 页）。

[2] *St. James Chronicle*, Dec. 4, 1777.

[3] Atkyns and Overall, *Some Account of the Worshipful Company of Clockmakers of the City of London*, p. 259. 该法禁止出口带有假冒标识的空手表盒子（用来装劣质手表）以防止“伤害购买者和损害国内外手表制造业的声誉”。（9 & so Win. Ⅲ, c. 28, Stat. at Large iii, 73.）

[4] 3 Doug. 293；Cox, *Manual of Trade – Mark Cases*, No. 4, p. 3.

1824 年的 *Sykes v. sykes* 一案才出现。[1] 在该案中，艾博特（Ab-
138 bott）首席大法官似乎认为法律已经确定，再去引用其他权威意
见是多余的。该案判决确认原告：

> 制造和销售子弹带、火药等产品，他通常使用“赛克斯专利”（Sykes Patent）这一标识，目的是为了表明这些产品是由原告制作的，并且用来区别于其他人制造的相同产品。原告因其产品的优良质量而获得了极大的声誉，通过销售这些产品获得了巨额的利润。被告明知该事实，仍然故意的、明知的、欺诈的违背原告意愿，在未经原告许可和同意的情况下制造大量的子弹带和火药，并使用“赛克斯专利”这一标记来模仿原告的产品……而且明知的、欺诈的出售模仿原告制造的子弹带和火药等产品为自己获利；原告的子弹带和火药等产品的销量大为减少，声誉受到极大损害，被告制造和销售的产品质量与原告生产的产品质量相比，极其低劣。[2]

在讨论现代商标侵权诉讼的基础时，我们将有机会重提该案件。[3]

不幸的是，在第一个为制止商标侵权而颁发禁令的案件——*Day v. Day* 一案中，没有关于英国大法官埃尔登（Eldon）勋爵阐述判决理由的记录，该案只是作为注解出现在埃尔登 1821 年出版的《论禁令》一书之中。[4]

在 1838 年的重大案件——*Millington v. Fox* 一案[5]中，英国大法官科特纳姆（Cotttenham）勋爵在没有引用任何先例，并且

---

[1] 3 B. & C. 541.

[2] 3 B. & C., pp. 451 – 452.

[3] See *infra*, ch. vii, p. 142.

[4] P. 314. See Kerly, *op. cit.*, p. 2, n. 8.

[5] 3 Myl. & Cr. 338.

忽略了 *Blanchard v. Hill* 一案的情况下，认为即使在被告不存在故意并且不知道原告对商标享有所有权的情况下，衡平法院仍然 139
可以制止商标侵权行为。原告的衡平法诉状在证明系争商标由原告及其前任生产者长期使用之后，并未主张被告存在任何欺诈行为，而仅仅主张被告“在大量生产的钢制品上使用原告的商标，以使其产品可以被作为原告生产的产品在市场上销售”。科特纳姆勋爵在区分本案与包含欺诈的案件时指出：“本案中，足以认为原告对系争商标享有权利，毫无疑问，他有权要求衡平法院协助其行使该权利……（被告没有过错的情形）并不能剥夺原告对那些名称的排他性使用……。”[1]

我们需要粗略的考察一下普通法和衡平法上商标保护的最初几个个案出现之后商标法的历史发展状况。更重要的是，我们将力图证明前几章中指出的历史渊源如何已经以及正在影响着商标法的发展。但是，为了使我们能够理解美英两国的法院和学者们的历史观念及其仍然面临的难题，有必要对两国商标保护的立法和司法商标保护所处的特定阶段作一简单说明。

直至 1862 年英国议会均没有对商标保护问题进行广泛和一般考虑的事实，表明法律迟迟未给予商标足够的保护，以及立法缺乏对该种保护有益效果的认识。当时，人们极力强调制定商标注册法案的必要性，[2] 但是由于后文将提到的原因，后来实施的制定法[3]并未对商标注册进行规定，而仅仅规定对商标假冒给予 140
刑事处罚。直至 1875 年第一部英国商标注册法[4]的制定，议会

[1] 3 Myl. & Cr. 352.

[2] See *Report from the Select Committee on Trade – Marks Bill in Reports of Committees*, 1862, Session Papers xii, Index, p. 178, e. v. “Registration”, No. 1.

[3] 25 & 26 Vict. , c. 88.

[4] 38 & 39 Vict. c. 91.

对商标注册事宜的漠视态度❶才最终得以改变。1870 年，美国通过第一部商标注册法，❷ 但是该法被判违宪，❸ 类似的法律在剔除了其中的争议问题之后于 1876 年重新颁布。❹

对 1862 年英国议会商标委员会报告以及美国国会关于商标问题的一系列早期辩论❺进行细致研读，会使带有盎格鲁—撒克逊法律是优越的、快速发展的先入之见的从事比较法研究的学生感到失望，因为这些事实清楚的表明，在美英两国，商标注册法的制定与其说是保护国内的生产者，不如说是为了保障这些生产者获得外国法律基于互惠原则所给予的保护。❻

141 1862 年英国议会商标委员会的报告和 1870 年美国国会中的辩论提供了当时关于商标属性以及制定全国性商标法的目的和必要性等问题的认识的有趣线索。在英国，主要的难题似乎在于立

---

❶ See James Bryce, Introd. to Suppl. to *Ludlow and Jenkyns Treatise on the Law of Trademarks* (2nd. ed. London 1877) p. vii. See also Hansard, *Parliamentary Debates* 3rd Series, Vol. 217, 1874, column 702; *ibid.*, 3rd Series, vol. 223, 1875, column 139.

❷ 16 Stat. L. 198.

❸ *Trade - Mark Cases*, 100 U. S. 82.

❹ 19 Stat. L. 141. See *Report of United States Commissioners*, pp. 105 *et seq.*

❺ See *Report of United States Commissioners*, Chapter XXV, pp. 380 *et seq.*

❻ 参见 1870 年 4 月 14 日詹克斯（Jenekes）先生在美国国会的发言，部分内容如下："关于商标，我们目前处于极不协调的状态，国会可能还没有认识到这点。在与比利时、法国和俄国签订的条约或者协议中，我们已经同意承认这些国家的商标通过在美国专利商标局注册获得保护，给予其在美国全境与其来源国相同的效力；本国法律保护的商标在欧洲国家亦获得与其国民或者国内主体相同的保护。此外，根据这些条约，本大陆最高效力的法律的一部分，我们对上述三个国家的权利主体提供了国内法没有赋予美国公民的保护。通过商标注册获受保护的权利无论如何不能超出对外国公民的保护水平。事实上，这些条款在本质上都是来自欧陆国家以及英国的商标制定法的，我相信我们正在致力于通过谈判与这些国家签订类似的条约。"（Report of United States Commissioners, p. 392）. See also *ibid.*, p. 380, 383, 421, 441, *Report from the Select Committee on Trade - Marks Bill*, Q. Nos. 1142, 1143, 2461："我们已经从德国得到了法律意见，即与……商标……有关的法律仅仅保护与之存在互惠条约对德国生产者亦提供保护的国家的生产者，但是由于我国不存在该类法律，因此我们什么也不能做。"（Q. No. 2461.）See also *Trade - Mark Cases*, 100 U. S. 82, 88.

法者、律师和商人们拒绝或者无法将商标看作一般意义上的资产或者财产。他们认为应当避免将商标作为财产看待时可能发生的最为可怕的结果，例如，商标的欺诈性使用、商标买卖和垄断的产生等。[1] 在美国国会，反对联邦商标立法的理由似乎部分是出于对“州权利”（State' Rights）的考量，[2] 部分是出于对商标保护主题次要性的感觉。[3]

1862 年英国议会特别委员会极度不愿意将商标解释为财产的观点为美英两国法院所共有。我们已经看到，在判例节略和摘要以及引用 *Southern v. How* 一案的判决中，多德里奇法官提及的纺织者对于盗用其标识之人提起诉讼的判决，均被归入欺诈诉讼之列。[4] 但是，与 *Southern v. How* 一案极为不同的是，为数不少的英国法院逐渐开始径直将普通法上的商标侵权归入欺诈之诉项下，尽管在该类案件中原告事实上并未被欺诈（deceived），而 142
是因欺诈行为而受到损害（defrauded）。1883 年的 *Blofeld v. Payne* 一案，[5] 与 *Sykes v. Sykes* 一案和 *Millington v. Fox* 一案一样，在没有引用任何先例的情况下，对商标法作出了重要的发展。王座法院在该判决中指出：

> 原告生产的质量优良的细磨刀石享有极高声誉，因此获得了巨额的销售收入；被告故意的、未经原告同意将……细

---

[1] See *Report from the Select Committee on Trade Marks Bill* (1862) Questions Nos. 206, 224, 620, 2825, 2826.

[2] 佐治亚州的哈蒙德先生指出：“一种观点认为各州不能给予商标足够的保护。为什么不能？各州法院的法官与美国联邦法院的法官同样诚实并深谙法律。即使两级法院的陪审团存在差异，在联邦法院中也不会变得更好，在某些地区联邦法院的陪审团甚至还没有达到州法院陪审员的智识和道德水平。州里的官员更多，同样值得信任；州法院数量更多也更加便利；在州法院中的司法成本更低且更为有效率。”（*Report of United States Commissioners*, p. 446.）See also, *ibid.*, pp. 474 *et seq.*

[3] *Ibid.*, pp. 436, 447.

[4] See *supra*, ch. i, p. 9 and n. 1 thereto.

[5] 4 B. & Ad. 410.

> 磨刀石……装在模仿原告样式的包装袋中，并且使用了相同的文字，以此表明该产品是由他制造的，此种细磨刀石被伪装成由原告生产的，受此影响原告细磨刀石的销售量大为减少，同时，由于被告销售产品质量极差，导致原告产品价格降低，声誉也受到损害。[1]

陪审团做出对原告有利的判决，支持其获得一法新[2]的赔偿，但是认为被告的细磨刀石并没有比原告的质量差。四位法官一致支持该判决，利特德特（Littledate）法官认为，被告的行为构成对原告的欺诈，尽管可能并没有给原告造成实质性的损害，但是在某种程度上仍然是对权利的损害。

1842 年的 *Crawshay v. Tompson* 一案，[3] 也是一个关于被告"不正当的、明知的和欺诈性的"将模仿原告使用的商标使用在其生产的铁门闩上的案件，法院认为：[4]

> 在性质上，这是一个欺诈诉讼；已经为《科林斯会要》(Com. Dig.)[5] 所确认，标题是"基于欺诈的类案诉讼"(F3)，"应被起诉的是被告恶意地（*sciens*）对某事进行欺诈性的陈述，即他的行为构成虚假的欺诈（*falsò et fraudulenter*）"。

尽管在后续的判决中英国普通法法院继续将商标侵权诉讼描
143 述为欺诈之诉或者"本质上为基于欺诈令状的类案诉讼"，但是

---

[1] 4 Man. & G. 357.

[2] 法新，英国旧时铜币，相当于 1/4 便士。——译者注

[3] *Ibid.*, p. 410.（着重号为作者所加。）

[4] *Ibid.*, p. 385. per Cresswell.

[5] 即《英国法会要》(A Digest of the Laws of England)，为 18 世纪英国法官约翰·科林斯（John Comlyns）编纂的判例摘编，因此又称"科林斯会要"(Comlyns Digest)。——译者注

却不时地表现出对该种分类正当性的怀疑。❶ 在 1902 年的 *Addley Bourne v. Swan & Edgar, Ld.* 一案中，❷ 费威尔（Faewell）法官对关于该问题的先例进行了梳理，他得出如下结论，即尽管在商标侵权案件中并不存在对原告的欺诈性的虚假陈述，但是不管正确与否，法律已经确定地认为普通法上的商标侵权诉讼属于一种欺诈之诉。❸

美国法院在解决商标侵权问题上采用的方法并未沿用英国普 144

---

❶ 在 *Crawshay v. Thompson* 一案中，莫尔法官认为该案"在本质上是欺诈之诉"。4 Man. & G. 357（1842）385. 在 *Rodgers v. Nowill* 一案中，案例报告将该案描述为一件"起诉被告剽窃某标识的类案诉讼"，莫尔法官问道："该案是否为欺诈之诉?" 5 C. B. 109（1847）116. 律师坚持认为"该案不能被归入其他类型"，并且引用了 *Baily v. Merrell* 一案（3 Bulstr. 95）和 *Pasley v. Freeman* 一案（3 T. R. 51）主张原告需证明欺诈的故意和损害方能胜诉。需要注意的是，原告所引用的两个判例均为直接向原告进行虚假陈述，与剽窃商标案件中那样向第三人所做虚假陈述的情形不同。尽管强调可以获得损害赔偿，四位法官似乎回避了对诉讼的本质进行界定。在 *Edelsten v. Edelsten* 一案中，大法官韦斯特伯里（Westbury）勋爵认为商标侵权诉讼"在普通法上的合理救济是建立在欺诈之诉的基础之上的，证明被告存在欺诈是该类诉讼的重点所在……"（1863）1 De G. J. & S. 185，199. 在 *Leather Cloth Co. v. American Leather Cloth Co.* 一案中，大法官韦斯特伯里勋爵再次指出："在普通法上，剽窃商标诉讼是一种类案诉讼，本质上是基于欺诈令状提起的。其救济是建立在欺诈基础之上的，该类诉讼起初似乎不仅可以由标识被剽窃的商人提起，亦可以由市场中受欺诈而购买劣质产品的购买者提起。"（1865）4 De G. J. & S. 137（1863）at pp. 139 – 140. 在 *Jamieson & Co. v. Jamieson* 一案中，沃恩·威廉（Vaughan Williams）大法官指出："该案为侵权之诉。属于欺诈之诉；被告出于欺诈的故意将其生产的产品假冒为原告的产品，以此进行仿冒。这并非对原告任何财产的侵犯。原告仅仅享有不受本案被告将自己生产的产品作为原告产品出售的欺诈行为损害的权利。"（1898）15 Rep. Pat. Cas. 169，C. A at p. 191. 在 *London, General Omnibus Co. v. Lavell* 一案中，阿尔弗斯通（Alverstone）大法官论述道："本案是欺诈之诉，即被告运行的公共汽车可能抢夺原告公共汽车的乘客。"（1899）70 L. J. Ch. 17. 此外，沃恩·威廉大法官认为（at p. 20）："无疑这些诉讼起源于欺诈之诉，即指控被告构成欺诈的诉讼，随着时间的推移，在很大程度上被看作是被告侵害了原告私有权利的诉讼。"

❷ 20 Rep. Pat. Cas. 105.

❸ See also Pollock on *Torts*（12th ed.）p. 314 n. Z；Kerly on *Trademarks*（5th ed.），p. 567.

通法上的欺诈理论，而是将其保护建立在衡平法原则之上，这种做法与1842年英国兰代尔掌卷法官（Langdale，M. R.）明确阐述并且被再三引用判决在本质上是相同的：

> 禁止行为人将自己的产品假冒为他人的产品进行出售……因此，禁止其使用他人的名称、标识、字母以及其他标记，通过上述手段来引诱消费者相信其销售的产品是由他人生产的……毫无疑问，其他人无权出于欺诈的目的使用该名称或者标识，通过上述行为，为其在交易中吸引顾客。如果没有上述不正当行为，客户常常就会流向第一个使用并唯一持续使用该名称或者该标识的人。[1]

纽约最高法院的杜尔法官在1849年的 *Amoskeag Mfg. Co. v. Spear* 一案中发表的多数意见，反映了早期美国法院对商标仿冒行为的典型态度。杜尔法官论述道：

> 当我们认识到违法行为的本质是对商标所有人权利的侵犯时，衡平法院进行干预的必要性就变得更加显而易见。侵权人在其产品上使用了模仿自他人原创标识的标识，这些标识为他人所有且能够起到区别作用，侵权人通过使用标识欺诈公众，抢夺他人由于高超的技艺和进取之心而获得的在先排他权利为其带来的利润。他试图通过虚假陈述来达成一个不诚信的目的；他对公众和商标的真正所有者构成了欺诈。消费者被迫购买其不愿意购买的产品，商标所有者亦被剥夺了通过劳动而成功获得的良好声誉成果。在这种情况下，欺诈带来了损失，如果衡平法院拒绝对违法者适用禁令，那么就会背离其管辖权据以建立的大部分基础原则，公开放弃发
> 145 挥其制止欺诈以及制止能够证明将会造成无可挽回的损失的

---

[1] *Perry v. Truefitt*,（1842）6 Beavan 66，73.

损害行为的重大作用。[1]

随着英美两国普通法和衡平法的融合，同时，在禁令救济比金钱赔偿更为有效的观点下，近年来对商标侵权的制止越来越落入衡平法的范畴之中，这类案件中授予救济的原则也随之变为衡平法的而非普通法的。这些原则是什么，以及在何种程度上受到历史上先例的影响，将是最后一章的主题。

[1] *Amoskeag Mfg. Co. v. Spear*, 2 Sandf. (N. Y.) Super. 599, 605 – 606. See also *Marsh v. Billings*, (1851) 61 Mass. 322, 330; *Miller Tobacco Manufactory v. Commerce*, (1883) 45 N. J. L. 18; *Smith v. Walker*, (1865) 57 Mich. 456, 474; *Falkinburg v. Lucy*, (1868) 35 Cal. 52, 64; *Dixon Crucible Co. v. Guggenheim*, (1870) 2 Brewster, Phila., 321, 333; *Stonebraker v. Stonebraker*, (1870) 35 Md. 252, 268; *Candee, Swan & Co. v. Deere & Co.*, (1870) 54 Ill. 439, 457.

146

第七章 现代法律难题的历史考量

在本书的开篇，我们已经提到美国和英国法院在处理商标侵权和不正当竞争案件中所面临的何种原则处于支配地位的难题。[1] 该问题看似十分简单。“商标案件中给予救济的依据”，美国最高法院在1915年的一份重要判决中指出：

> 在于保护当事人对营业中的商誉所享有的权利。商标首要的和真正的功能，是识别商标所附着商品的来源或者所有者……。法院给予救济的理由在于，当事人就其营业的商誉以及其使用的用以维持和扩展商誉的商标享有价值巨大的利益。侵权行为的实质在于某位制造商或者销售商将自己的商品当做他人的产品进行销售。[2]

以上关于“一般原则”的陈述，与前一章末尾引述的75年前英国 *Perry* v. *Truefitt* 一案[3]中适用的原则并无实质区别。实际上，“普通法和衡平法上适用的原则”均在于“禁止将自己的商品伪装成他人的商品进行销售”。但是，在适用该原则时，法院遇到了许多难题。这些难题在某种程度上可以追溯到前几章所描

---

[1] See *supra*, ch. i, pp. 4 – 6.

[2] *Hanover Milling Co.* v. *Metcalf*, 240 U. S. 403, 412 – 413, per Pitney, J.

[3] See *supra*, p. 144.

述的历史背景之中。首先，许多法院似乎无法从历史上关于商标功能的某些先入之见中解脱出来。法律的进化没能跟上商标功能演进的脚步。“生活塑造行为模式，行为模式最终被确认为法律。法律保护来源于生活并在生活中形成的行为模式”。❶ 甚至在1870年，伊利诺伊最高法院还将商标保护作为“新的课题”（*novus hospes*），❷ 使用与词典编纂者吉尔·雅各布一样令人迷惑的语言来描述商标的性质，这些描述的来源甚至可以追溯到15世纪： 147

> 商标在某些方面类似于牲畜所有者在其放养的牲畜身上使用的标记或者烙印。其作用在于与使用其他标识的财产进行区别。……商标标示商品的来源。每人不得拥有一个以上的标识，而且该标识应当被记录在案。如果一个人拥有一个以上的用于标明其财产的标识，则会出现严重的混淆和不确定性，导至上述目的无法实现。我们没有发现所有人主张一个以上商标的情况出现……❸

按照法院的习惯做法，❹ 将商标说成是指示来源和所有者的标识，对于杰拉德·马利纳斯以及与他同时代的人来说，这种解释已经足够了。但是，在今天，只有在忽略现实的情况下，才能说对于消费者而言，商标实际上指示了所附着商品的特定所有者或者来源。假定有一个知名的商品，在国际市场上销售，或者至少是通过现代复杂的销售渠道进行销售，一般购买者无论如何是无法知晓其特定来源的。法院在继续将商标描述为指示“来源或者所有者”的标识的同时，必须让步于公众并不关心涉诉商品实 148

---

❶ B. Cardozo, *The Nature of Judicial Process*, p. 64.

❷ *Candee, Swan & Co. v. Deere & Co.*, 54 Ill. 439, 453.

❸ *Ibid.*, pp. 456 – 457.（着重号为作者所加。）

❹ See *supra*, p. 19 and n. 2 thereto.

际的特定来源和所有者的事实。在20年前，第七上诉巡回法院指出：“我们可以十分肯定地认为，即使是千分之一的知晓或者愿意购买‘贝克（Baker）可乐’或者‘贝克巧克力’的人，都不会知道瓦尔特·贝克（Walter Baker）有限公司。‘贝克’这个名字是用于识别商品的，是由于其与原告商品的联系而被人知晓，是卓越的象征和保证。”[1] 正如最近霍姆斯法官对“可口可乐”商标所作的评论，他指出，“……很难说是饮料塑造了名称，还是名称塑造了饮料”。[2]

英国法院也经常表达同样的思想，他们主张：

> 人们可能被误导，将一种商品误认为是另一种，尽管他们不知道上述两种商品的制造者是谁。某人的名字可能不被他人知晓，但是他的标识却可能被他人模仿，这与他的名字和标识均为人知晓时给其经营造成的损害是一样的。他使用的标记赋予商品以声誉。是他的标识在销售商品。[3]

“只有在对制造者的关注超出了对商品的关注时，才会单独提及商品的制造者；在消费者的脑海中很少出现该种关注，他们不关心制造者，只关心他们所购买的商品”。[4] “口渴的人需要啤酒而不是辩解。如果公众得到了他们想要的商品，或者与之类似的商品，而且是在旧有名称——他们熟悉的名称——下取得的，他们可能极不关心啤酒酿造者的特性和品行，也不会关心竞争者的公平权利”。[5]

149 为了既与当代交易实践保持一致又能维护历史定义的完整性，法院被迫对“来源和所有者”进行了最大限度的解释。“从

---

[1] *Walter Baker & Co. v. Slack*, 130 Fed. 514, 518. See also *Shredded Wheat Co. v. Humphrey Cornell Co.*, 250 Fed. 960, 963.

[2] *Coca Cola Co. v. Koke Co.*, 254 U. S. 143, 146.

[3] *Powell v. The Birmingham Vinegar Brewery Company, Ld.*, 13 Rep. Pat. Cas. 235, 250, per Lindley, L. J.

[4] *Siegert v. Finder*, L. R., 7 Ch. Div. 801, 813, per Fry, J.

[5] *Montgomery v. Thompson*, 1891 A. C. 217, 225, per Lord Macanghten.

特性来看，商标不必”，纽约上诉法院指出，

> 指示任何负载商标商品的特定生产者。它可以向消费者表明所售商品的质量。在这种情况下，商标对任何关心商品在市场上销售情况的人来说才是有价值的。❶

类似地，“商标的使用”，马萨诸塞州最高法院主张：

> 对于标明附着商品是由商标使用者制造的这一点而言，并不必要，在法律上亦不重要。这些商品是为商标使用者生产的，他控制了商品的生产就足够了，甚至他们仅仅是在交易中经手，并在这些商品中注入了他们的声誉、名称或者商业风格。❷

在最近枢密院司法委员会（Judicial Committee of the Privy Council）处理的关于著名商标“金火花”（Gold Flake）的案件中，菲利莫尔（Phillimore）勋爵指出：

> 进口商通过精心挑选、小心运输和储存而使其商品获得了良好的声誉，或者由于地域特征使商品获得了特定的品质。当竞争者使用与之相同的标识以将其他商品仿冒为该进口商的商品进行进口时，该进口商即有权起诉。❸

那么，商标到底指示什么呢？并非是指示特定商品的任何具体或者特定的来源，而是指示消费者所知晓的商品特性或者与之 150

---

❶ *Golillot v Harris*, 81 N. Y. 265, 266, per Danforth, J.

❷ *Nelson v. Willchell & Co.*, 203 Mass. 75, 82, per Sheldon, J. 引用美国最高法院、纽约上诉法院和英国法院的判决（着重号为作者所加）。*Cf. A. Bourjiois v. Katzel*, 260 U. S. 689, 692（美国销售商从外国制造商处购买的商品在美国享有商标权）；*Hughes v. Alfred H. Smith Co.*, 205 Fed. 302, 311（英国制造商为美国零售商所贴的商标）。

❸ *Imperial Tobacco Company of India, Ltd. v. Bonnan*,（May 1924）41 Rep. Pat, Cas. 441, 446, lines 36 –41.

相联系的特性。对于能够给消费者带来满足的商品而言，带有的商标仅保障消费者购买的商品具有相同的来源，或者通过相同的贸易渠道到达消费者手中。消费者知道标有商标商品的确切来源与消费者知道两个商品具有相同的来源之间的区别看似过于空泛且不具有实质意义，但是，当我们考察可口可乐、贝克巧克力以及其他商标时，侵权人可能以消费者不知道原告销售商品的特定来源，因此公众并未受欺骗从而购买被告而非原告的商品为由进行抗辩。如前文所述，从现实的角度来说，消费者并不认为商标是指示（特定）来源的，而只是表明其购买的带有该商标的商品具有与其从前购买的带有相同商标的商品具有相同的优秀品质。是商标在“销售商品”。

但是，法院和学者们面临的难题并不是商标的属性为何，而是商标权的属性为何以及保护这些权利的适当基础何在。法律适应商业需求发展的首要障碍在于，对于商标是否为法律适用者和评论者所称的“财产”这一问题的回答具有不确定性。❶ 这种不
151 确定性，曾经在英国议会和美国国会关于商标注册立法的审议中显得非常引人注目，❷ 随着过去半个世纪中大量立法的通过，以及近年来大量对上述法律评论的出现，该种不确定性被重新审视，但是似乎仍然存在很多的困惑。

研究衡平法和侵权法一般原则的学者们经常将商标侵权说成是对这种或者那种财产权利的侵犯。例如，兰代尔将商标侵权描述为“显然是对财产”的侵犯，他继续论述道：“这不是对任何特定物的侵犯，也与任何特定物无关。这是对他人财产

---

❶ 与此相关，法国的法院和学者也遇到了类似的难题。对不同观点的讨论，see Etienne Arnal, *De la propriété des marques de fabrique* (Monterpellier, 1909), pp. 28 – 42. 关于中世纪和现代德国和意大利的观点，see G. lasting, *Markenrech tund Ziechenregister*, ch. ix.

❷ See *supra*, p. 141.

的总体——（如罗马人所称的）对其总体财产（*universitas*）的侵犯，这种行为导致所有者变得更加贫穷。”❶ 波默罗伊（Pomeroy）在《论衡平救济》（*Treatise on Equitable Remedy*）一书中论述道：“该权利的基础是制造者或者供货商保护其经营的财产权。”❷ 科尔（Kerr）在《论禁令》（*Injunctions*）一书中指出，衡平法对该类案件的管辖“是出于对权利的保护，并建立在保护财产不受不可挽回的损失的基础之上”。❸ 类似地，霍尔斯伯里（Halsbury）的《英国法》（*Laws of England*）一书亦认为“法院保护商标的管辖权是依据财产权建立起来的，法院颁布禁令的原因在于，只有此种方式才能够使得这种财产权获得充分的保护”。❹ 另外，萨尔蒙德（Salmond）法官在《论侵权行为》（*Torts*）一书中暗示道，只有通过登记，商标才能变成一种无形财产。❺

法院虽然并没有像学者们那样武断，但是却处于在两个极端之间摇摆的困难境地。为了对商标提供保护，他们多次表现出一种将救济建立在保护财产的理论基础上的强烈倾向，就像除此以 152
外没有发现救济的其他合理依据一样。回想一下早期普通法判例中的诉讼请求，即被告的欺诈行为损害了原告的声誉。❻ 诉讼的要点是欺诈，尽管欺诈实际上指向的是消费者，而不是涉诉的商标所有者。但是，衡平法保护原告对标识的“排他性权利”，这种保护不考虑欺诈的问题，即使在不存在欺诈的场合仍然可

❶ C. C. Langdell, *A Brief Survey of Equity Jurisdictions* (2nd ed.), p. 250.

❷ Pomery, *Treatise on Equitable Remedies*, *Supplementary to Pomeroy's Equity Jurisdictions*, vol. 2, p. 4528.

❸ Kerr on *Injunctions* (5th ed.), p. 357.

❹ Halsbury's *Laws of England*, vol. 17, Article "Injunctions," p. 259.

❺ Salmond on *Torts* (6th ed.), pp. 565 - 566.

❻ See *supra*, pp. 137 - 138, 141 - 143.

以给予保护。[1] 衡平法仅“救济”和“辅助”合法的权利,[2] 而该权利被定义为“一项拥有特定商标的权利”。[3]“在普通法上”，韦斯特伯里大法官指出：

> 适当的救济是通过基于欺诈的类案诉讼来获得的：证明被告存在欺诈是该类诉讼的关键。但是，本法院将仅仅适用保护财产的原则，禁令的颁发，并不要求证明被告存在欺诈，或者原告的信誉因劣质商品的销售受到损害。对原告生意造成顾客流失的损害即足以使其有权获得救济。[4]

在同年[5]著名的 *American Leather Cloth Co.* 一案中，大法官再次申明了相同的要旨：

> 看来，真正的原则……是，法院保护商标的管辖权基础应当建立在财产权之上，法院颁布禁令的理由在于，只有此种模式才能够使得此种财产权获得充分的保护。[6]

153 但是，其他英国法官则主张“现有法律已经确定，在商标中不存在任何财产”,[7] 商标中存在财产权的说法并不准确。[8]

美国判决中关于商标权属性和商标侵权案件中适用救济原则的认识与英国一样混乱。该问题在美国法院中最早是作为宪法问题出现的，涉及国会和州立法者关于商标及商标注册立法的权限

---

[1] See *supra*, pp. 138 – 139.

[2] *Moltey v. Downman*, 3 Myl. & Cr. 1, 14.

[3] *Faiana v. Silverlock*, 39 Law & Eq. 514, 516.

[4] *Edelstein v. Edelstein*, 1 De G. J. & S. 185, 199 – 200.

[5] 即 1863 年。——译者注

[6] *The Leather Cloth Co. Ltd. v. American Leather Cloth Co. Ltd.*, 4 De G. J. & S. 137, 142.

[7] *Collins Company v. Brown*, 3 K. & J. 423, 6.

[8] 参见赫舍尔（Herschell）法官在 *Reddaway v. Banham* 一案（［1896］A. C. 199, 209）中的意见，以及美国最高法院在 *Hanover Milling Co. v. Metcalf* 一案（240 U. S. 403, 413）和 *Chadwick v. Covell* 一案（151 Mass, 190, 194）中引用的其他案件。

问题。在该问题被提交到最高法院进行讨论之前，某个州的法院在一个长篇判决中论述道：

> （商标中的）财产权无论如何不是存在于制定法之中的，也无法得到制定法的支持。尽管与普通法相比，在制定法中商标会获得更好的保护，对侵犯所有者权利的行为进行抑制或者救济也更加有效。当然，与其他财产权一样，商标财产权的行使也会受到制定法的限制或者控制。但是，像商誉权一样（在某些方面类似于商标权），商标中的财产权是在没有制定法保护的前提下生成的……；只要普通法对违法行为提供救济，所有人就可以主张和维护其财产权。❶

在“商标案”（*Trade – Mark Cases*）中，美国最高法院认为，选择和使用商标的权利：

> 是普通法诉讼通过损害赔偿予以救济的财产权，对其持续的侵犯将由衡平法院处理，因为赔偿是针对已经发生的侵权而言的。这种排他性权利并非由国会的法律创设，也不依其发生效力。商标财产权及其民事救济的整个体系在该法案颁布前就已经长期存在，而且在其通过后仍然完全有效。❷

在几年前印第安纳州的一份判决中，主审法官埃利奥特（Elliott）指出：“……国会无权剥夺州法院对商标案件的管辖权，亦无权剥夺其对于任何其他类型财产争议作出判决的权力。”❸ 154

---

❶ *Derrinder v. Plate*,（1865）29 Cal. 292, 295.

❷ *Trade – Mark Cases*,（1879）100 U. S. 82, 92.（这里所说的法案是指美国1870年颁布的联邦层面的商标法。——译者注）

❸ *Smail v. Sanders*,（1888）118 Ind. 105, 106. 另参见对“商标案”的评注（in 10 Rose's Notes of United States Roports（Revised ed.）pp. 847 – 849）, *United Drug Co. v. Rectanus Co.*, 248 U. S. 90, 98 – 99; *Coca Cola Co. v. Steven Co.*, 276 Fed. 1010, 1016; *Louis Bergdoll Brewing Co. v. Ber gdoll Brewing Co.*, 218 Fed. 131, 132; *Apollo Bros. v. Perkins*, 207 Fed. 530, 533; *Thomas G. Carroll & Co.*, 89 Fed. 664, 667 – 668; *Re Gorham Mfg. Co.*, 41 App. D. C. 263, 265; *Traiser v. J. W. Doty Cigar Co.*, 198 Mass. 327, 328 – 329; *Kayser & Co. v. Italian Silk Underwear Co.*, 160 N. Y. App. Div. 607, 610 – 612.

从宪法层面进入到侵权法层面，我们发现了关于商标权及其救济基础的相反观点。这些判例看上去不但互相之间存在不可调和的矛盾，有时甚至会自相矛盾。❶ 我们已经引用了美国最高法院在 1879 年"商标案"中的观点。与存在"整体商标财产权体系"的笼统判决意见相比，1915 年该法院谨慎地、有区别地论述道，"商标仅仅被作为对商誉进行保护的手段，除非与现存的营业相联系，不是财产权的对象"。❷

霍姆斯法官的判决意见在过去的 15 年中对商标法的发展做出了显著和巨大的贡献，他的三份判决书有趣地揭示了司法思维的变化和细微差别。在 1890 年，当他还是马萨诸塞州最高法院的初级法官时，他讲道：

> 当普通法发展出商标和商业名称的法律原则时，并没有在广告中创设一种比《失乐园》（*Paradise Lost*）作者享有的
155 更加绝对的财产权；而是为了禁止仿冒他人的商品，禁止通过不正当的手段或者欺骗公众的方法来抢夺他人的生意或者损害他人的声誉。❸

但是，1923 年，霍姆斯法官在美国最高法院写道：

> 在（专利）案件中，垄断是更为广泛的，但是，我们没有发现在商标案件中维持该种垄断的充足理由，就其程度而言，较欠完整。商标是一个复杂的事物，可能价值巨大但是却极易被破坏，因此需要注意对其加以保护。❹

最后，在仅仅几个月后的判决意见中，霍姆斯法官论述道：

> 那么，商标中承载了何种新的权利呢？商标中并不包含

---

❶ 例如，在 *Thomas G. Carroll & Son Co. M' Ilvaine* 一案中，霍夫（Hough）法官论述道："商标中的'财产权'存在于普通法上……"，在下一段中他指出，"商标所有人对商标不享有如不动产（eastate）一样的权利……" 171 Fed. 125，p. 128.

❷ *Hanover Milling Co. v. Metcalf*，240 U. S. 403，414.

❸ *Chadwick v. Covell*，151 Mass. 190，193 – 194.

❹ *A. Bourjios & Co.，Inc. v. Katzel*，260 U. S. 689，692.

禁止使用某个或者某些词汇的权利。该种权利不是版权……一个商标仅给予所有者保护其商誉免受侵害的权利，禁止其他人为销售假冒其商品而使用商标的行为……当某个标识并非以欺骗公众的方法来使用时，不应阻止他人使用该词汇以描述客观事实。这不是禁忌。❶

关于商标是否为财产以及商标保护的适当基础为何的自相矛盾的意见，出现在10年前由第七上诉巡回法院审理的 *Hanover Star Milling Company v. Allen & Wheeler Co.* 一案中，贝克（Baker）法官论述道：

很明显，那些否认商标为财产的人亦会同意原告有权在商标使用中获得保护的观点。双方均同意该类案件的诉因在于，原告在经营活动中使用涉案商标来指示商品的来源或者所有者，被告的行为给原告的经营造成了妨害或者损失，相应的救济是禁止被告使用该标识来抢夺本属于或者本应属于原告的商业机会。不管商标是否在事实上被称为财产，很明显，一些被赋予商标的权利就是财产权；因此，就像法院某些时候在陈述管辖权事实（jurisdictional fact）时将法人组织描述为"公民"一样，将商标称为"财产"亦是出于便利的考虑，是对有限真理的简短表述，这一有限真理需要更为丰富的方式进行完整且准确的表述。其他关于该有限真理的表述，出现在 *Weston v. Kentcham* 一案中："并不存一种'总体'（in gross）意义上的商标，不应使用该词进行类比。商标一定是'附属于'某些特定使用该标识的营业或者与其使用的特定商品相联系的。" 51 How. Prac.（N. Y.）455. 不是商标，而是经营活动、营业声誉受到了损害；禁止欺诈者通过使用原告"商业标识"的手段来抢夺原告顾客从而 156

❶ *Prestonettes, Inc.*, *v. Coty*, 264 U. S. 359, 368.

保护财产和经营中的权利免受损害。❶

毫无疑问，司法上关于商标合理归类的许多困惑，归因于法院不仅没有跟上商标功能的进化，亦没有跟上财产概念变化的脚步。霍姆斯法官写到："虚假的准确性是法律中谬误产生的根源。通过将某营业称为'财产'，你可以使它看上去类似于土地……"❷ 但是，我们真的有必要将财产与商标的维度相结合么？最近，查菲（Chafee）教授论述道：

> 财产观念的不断拓展，使得衡平法在保护人类尊严和内
> 157 心宁静方面的扩张变得更加容易。一亩土地和隐私权之间的鸿沟在衡平法看来是难以逾越的，但是，目前对财产的管辖权已经从土地、牲畜扩展至无形的人类利益……长期以来，衡平法即对如专利、版权和商标这样的国家认可的精神财产（mental property）提供保护。❸

---

❶ *Hanover Star Milling Co. v. Allen & Wheeler Co.*, 208 Fed. 513, 516.

在最近的几个案子中，联邦法院已经采用了不动产法的术语来讨论与商标有关的问题。他们将商标侵权称为对原告权利的"非法侵入"（trespass）（*Louis Bergdoll Brewing Co. v. Bergdoll Brewing Co.*, 218 Fed. 131, 132），将"侵权者称为非法侵入者"（*Hercules Powder Co. v. Newton*, 266 Fed. 169, 171; *National Picture Theatres v. Foundations Film Corp.*, *ibid*, 209, 211）。在 *Coca Cola Co. v. Stevenson* 一案（276 Fed. 1010, 1013－1014）中，菲茨亨利（Fitzhenry）法官主张，衡平法院有权命令伊利诺伊州州务卿撤销被告将原告商标进行登记的行为，因为这些登记"对原告的权利造成了威胁……"，他引用了伊利诺伊州法院关于去除不动产上的权利威胁或者使权利回复到原有状态的判决作为依据。

❷ *Truax v. Corrigan*, 257 U. S. 312, 342.

❸ Zecharaih Chafee, "The Progress of the Law, 1919－1920", 34 *Harvard Law Review* 388, 407－408. *Cf.* Arnal, *op. cit.*, p. 29, 前引书，第 29 页："对标识的权利仅仅是一种无体权利，由于是无体的，不能被称为财产，但这不是一个有力的理由"（Que le droit à la marque soit un droit immatériel, rien de plus juste; mais pourquoi, parce qu'il est immatériel, lui refuser le nom de propriété, ce n'est point une raison valable）。*Cf. Das Firmenrecht des Koufmanns und der Schutz anderer Beziechnungen des gewerblichen Verkehrs* (p. 83)："关于这种权利的归类是有争议的。法国学者称其为'不具有绝对性的、相对的排他的财产'。但是，我们的权概念中并没有将'财产'扩展至非物质的事物，我们称之为'非物质性的权利'"。(Welcher Art dieses Recht ist, ist bestritten. Die französische Literatur nennt das Recht 'une propriété non absolue, mais relative.' Unser Recht kennt jedoch nicht die Ausdehnung des Begriffes 'Eigentum' auf unkörperliche Sachen, wir nennen vielmehr derartige Rechte 'immaterielle Güiterrechte'.) See also G. Lasting, *op. cit.*, p. 193.

“现代社会中大部分最有价值的事物”，史蒂文森（Stevenson）副大法官写道，“似乎或多或少的均直接依赖于‘可能发生之期待’（probable expectancies）……看起来法院和我们的法学体系不可避免地要朝着适应日趋复杂的社会秩序所产生的需求的方向进化，会对更多的‘可能发生之期待’进行发掘和定义，并保护对其不受不正当的侵害”。❶ 在这些“可能发生之期待”中，经常请求法院定义和保护的，就是商誉，即经营者或者生产者在交易中不受干预地以优良的商品品质和精巧的广告宣传吸引消费公众的一种期待。商标是创造和保持该种“可能发生之期待”的最为重要的因素，“被法律认可并由国家权力保障”，❷ 看起来没有任何理由将商标权从财产或者财产权的分类中排除出去。

按照上述思路，最近纽约上诉法院在论及商标时指出：

> 任何本身并不违法亦不与公共政策相冲突、并且具有金钱价值的民事权利，均可以成为一项财产权，按照财产权的方式进行保护。法院经常保护这种权利。当事实表明如果不行使衡平法上的管辖权可能会放任交易中或者任何涉及财产权的不正当竞争时，他们从不会拒绝按照上述思路给予保护。❸ 158

类似地，美国最高法院在最近的一个不正当竞争案件中指出：“衡平法院本身仅考虑保护财产权的规则，将任何具有金钱价值的私人权利视为财产……。”❹ 英国上诉法院在几个月前的一个“仿

❶ *Jersey City Printing Company v. Cassidy*, 63 N. J. Eq. 759, 765. See *Booth & Bro. v. Burgess*, 72 *ibid.*, 181, 187.

❷ T. E. Holland, *Elements of Jurisprudence* (13th ed.) p. 83.

❸ *Fisher v. Star Co.*, (1921) 231 N. Y. 414, 428, per Chase J.

❹ *International News Service v. Associated Press*, 248 U. S. 215, 236, per Piney, J. See also *Peekskill Theatre, Inc., v. Advance Theatrical Co.*, 206 N. Y. App. Div. 138, 141.

冒”案件中表达了相同的看法，萨金特（Sargantd）大法官指出：

在我看来，这种诉讼的关键在于必须存在造成原告财产有形损害的可能性，但是我认为“财产”这个词汇也可以包含原告的商业信誉，如果对原告的商业信誉造成了有形损害，就足以获得保护。❶

通常，反对把商标说成是财产的理由之一，是担心这种做法可能导致语言上或者设计上的垄断。最近，宾夕法尼亚州东区法院的迪金森（Dickinson）法官考虑到了这一点，他写道：

专利、版权和商标激起了两种固有的感觉。一种感觉是，事物的创造者有权对其主张排他性财产权，并有权利用它进行交易。另一种则是对垄断的敌意。通过对专利和版权授予有限的垄断权，使得后一种感觉让位于第一种感觉。这是宪法明文规定的为维护公共利益所授予的特许权（conces-
159 sion）。消费公众认为该种特许权是一种特权；发明人和作者获得了一种仅仅因受法律保护而具有价值的有限的权利。但是在产品交易中，经营者往往会倾向于认为其获得了一项没有限制的垄断权。这种认识是错误的。他享有的权利仅仅限于出售他们的商品，以及禁止他人仿冒其商品抢夺他们的客户。为了辅助其主张权利，他们可以在其商品上使用标识以识别和区别其产品并宣告这些商品为其所有。❷

罗杰斯在关于商标的著作中简明的阐述了相同的思想：

以“金粉（Gold Dust）”一词为例。如果你在街上与朋

---

❶ *Harrods Limited v. R. Harrod Limited*, 41 Rep. Pat. Cas. 74, 87.

❷ *Loughran v. Quaker City Chocolate & Confect. Co.*, 286 Fed. 694, 697（affirmed 296 Fed. 822）. *Cf. Barton v. Rex－Oil Co.*, 2 F.（2d）402, 3.

友谈话时不可避免的使用该词时，一个人竟然站出来说："我拥有'金粉'这个词，禁止你使用它。"你和你的朋友一定会笑话他，认为他是从精神病院里跑出来的。另一方面，没有人会质疑 N·K. 费尔班克（Fairbank）公司有权禁止在洗衣粉包装上使用"金粉"一词。这有什么不同呢？它们是普通的英文单词。为什么费尔班克公司比你认为是疯子的无关人员享有更多的权利？很简单，在一个单词或者名称中不存在财产权。仅当其代表了一个企业的商誉之时，才会获得财产的属性。❶

不管怎样，这种垄断实际所要表达的，是经营者享有使用一个有效商标来销售商品的排他性权利，只要他持续地使用该标识销售商品。无须去讨论商标在经济上的有用性和价值，❷ 该部分内容在本书中也无法找到合适的位置，我们可以认为字典中的词汇是足够丰富的，足以证明这种有限垄断的正当性。正如最近某 160
联邦法院在禁止对涉及由两个单词组成的商标（a two - word mark）的侵权行为案件中所指出的，"原告的权利最多限定于两个单词，剩余的无限多的词汇对于被告来说则是放开的"。❸

也许有人会认为，法院将商标权归类为财产权的困难被过分强调了。但是，正如上文所描述的，❹ 法院正面临着这样的两难

---

❶ E. S. Rogers, *Good Will*, *Trade - Marks*, *and Unfair Trading*, pp. 99 - 100.

❷ 关于商标与国家财富关系的讨论，see Thorstein Veblen, *The Theory of Business Enterprise*, pp. 139 - 140; Sidney Webb, *Industrial Democracy* (1920) p. 685, note i. 上述两个文献均被芝加哥大学图书馆保存的安娜·R. 范米特（Anna R. Van Meter）的题为《商标的功能》(*The Function of the Trade - mark*) 这一有趣的未出版的打印论文所引用。See also G. B. Hotchkiss, "An Economic Defence of Advertising" in *American Economic Review*, vol. xv. (Supplement), 14, at p. 18, 以及相关讨论 M. A. Copeland, *ibid.*, 38, at p. 40; G. W. Goodall, *Advertising*, p. 81.

❸ *Coco Cola Co. v. Old Dominion Beverage Corp.*, (C. C. A. 4th Cir.) 271 Fed. 600, 604, per Rose, D. J. See Hopkins, *op. cit.*, Sec. 24, pp. 56, 57.

❹ See *supra*, pp. 151 - 152.

选择：一方面，他们急于对商标提供保护，简单的理由在于商标剽窃与司法良知相抵触；[1] 另一方面，他们一定会感到他们对商标保护的某些法律理论的适用路径，会导致他们所习惯援引衡平法保护（即财产权保护）的必要性丧失殆尽。问题不会因泛泛地将商标权描述为财产权而得到解决。说“商标是财产因此应受到保护”不会比说“商标应受保护因此是财产”更能澄清问题。抑制商标侵权和其他不正当竞争行为的较为合理的基础，在于保
161 护销售商或者制造商“对将来客户的合理期待”（reasonable expectation of future patronage）不受侵害。[2] 即使商标权被称为财产权的做法是不理想或者不准确的，根据其他衡平法原则，衡平法院亦没有理由不向商标所有人提供全面的保护。较之从前，法院

---

[1] 例如：“在商品销售中‘的不正当竞争’就是对司法情感造成冲击的行为；长期以来第二巡回法院一直十分敏感”，—Hough，D. J.，in *Margarete Steiff，Inc. v. Bing*，（1914）215 Fed. 204，206. See *International News Service v. Associated Press*，248 U. S. 215，240.

“塔克（Tucker）先生说道，关于是否公平的问题，如果有人向他要一根‘科洛娜’（Corona）雪茄，而他却拿出了一根帕特加斯（Partagas）工厂生产的雪茄，这么做是不合适的，因为那将导致给消费者并不想要的东西。罗伯茨先生说道，要一盒科洛娜的说法对他来说是容易产生误解的，直到他弄清楚消费者真正想要什么之前他不能公平地与其进行交易。帕德罗（Padro）先生说道，如果有人要一根‘科洛娜’雪茄，在缺乏上下文的情况下他究竟想要什么是有疑问的。但是他承认，作为一个诚实的人，他会询问消费者他提供的产品是否为其需要的牌子或者尺寸。”——Plllock，M. R.，in *Havana Cigar & Tobacco Factories，Ld. v. Oddenino*，（1923）41 Rep. Pat. Cas. 47，56.

“该种实践不仅与一个有良心的商人所树立的较高的荣誉或者道德的标准相矛盾，而且直接违反了法院一直推行的诚实交易的一般日常原则。” — Sargent，L. J.，in the same case at p. 60. See also E. S. Rogers，“Unfair Competition”，17 *Michigan Law Review*，490，494.

[2] E. S. Rogers，*Good – will，Trade – Marks，and Unfair Trading*，p. 13. See *International News Service v. Associated Press*，248 U. S. 215，240；*Summerfield Co. v. Prime Furniture Co.*，242 Mass. 149，155.

开始在更大程度上承认和保护人格权（personal rights），[1] 如果说历来的反感或者经济上的反对意见均阻止将商标作为财产保护，那么法院亦没有理由不对商标所有人的人格自由权提供保护，或者禁止他人侵害商标所有人在交易中的期待利益（trade expectations）。

法院对将商标侵权仅仅建立在侵犯财产权之上表现出来的不情愿，以及目前他们尽力保护（do equity to）商标所有人的渴望，将他们带入了各种微妙关系和形而上学（subtleties and metaphysics）之中。例如，由于他们对来源（saurce and orign）这一概念极为宽泛的解释，他们不再对寻求禁令救济的原告克以对被告主观上存在欺诈故意或者明知（*scienter*）的不可能实现的证明责任，个人的故意已经被所谓的“推定故意”（constructive intent）所取代，他们称之为“从情境中可以推知”。[2] 实际上，对商标权和商业名称权的侵害以及其他的不正当竞争行为的证据仅仅并且几乎总是通过侦探或者其他调查者方能获得，这种方式在英国被称为“陷阱取证”（trap orders）。那些从事试探性购买 162
（test purchases）的人当然并非因被欺诈而购买商品，他们实际上是因欺诈受到了损害；尽管如此，法院仍然运用这些证据来证明被告欺诈的“故意以及目的，就如同是消费者购买的，而不考

---

[1] See Joseph R. Long, “Equitable Jurisdiction to Protect Personal Rights,” 32 *Yale Law Journal* 115; Roscoe Pound, “Equitable Relief against Defamation and Injury to Personalities,” 29 *Harvard Law Review* 640; Note on *Witte v. Bauderer* (255 S. W. 1016), in 24 *Columbia Law Review* 431. 颁发禁令限制陌生人调戏原告的妻子。

[2] Hopkins, *op. cit.*, Sec. 118; Nims on *Unfair Competition* (3 rd ed.), Secs. 318, 358; Kerly, *op. cit.*, p. 472; *Elgin National Watch Co. v. Illinois Watch Case Co.*, 179 U. S. 685; *Saxlehner v. Siegel Cooper Company*, *ibid.*, p. 42; *Higgins Co. v. Higgins Soap Co.*, 144 N. Y. 462; *Pennsylvania Central Brewing Co. v. Anthracite Beer Co.*, 258 Pa. 45; *Millington v. Fox*, 3 My. & Cr. 358.

虑实际上是为了获得销售上的证据而进行的购买”。[1] 为了证明这种替代的合理性，某法院在一个未涉及任何专门商标的侵权案件中走得更远，它论及“推定被告将原告的商业名称或者标识在另外一个生产者的商品上进行使用”。[2]

许多法院希望将商标的保护基础建立在一个更为坚实的基础之上，而不是前述改良的、微妙的推理之上。同时，他们不愿意将他们的干预直接建立在保护财产权的基础之上，他们不再将保护公众仅仅作为认定不正当竞争和商标侵权的考虑因素之一，而是将其作为行使管辖权的基础。最近，第二上诉巡回法院论述道：“本法院基于促进诚实和公平交易的目的，以任何人无权将自己的商品仿冒为他人的商品进行销售的理由进行裁判。本法院致力于保护消费公众不被欺诈，同时保护原告的财产权。”[3]

关于衡平法不但要保护原告财产权，也要保护公众的观点，早先被韦斯特伯里大法官所反驳，他说：

> 欺骗公众对于原告的权利来说确实非常重要，但是，其重要性仅仅体现在如下方面，即作为认定被告侵害原告财产权的考虑因素之一……但是，本法院管辖权的真正基础是财
> 163 产权，对其进行保护的必要性乃是出于对普通法救济并不充分的考虑。[4]

---

[1] See Nims, *op. cit.*, Sec. 337，以及注释 45 中引用的判例；*Burroughs Wellcom & Co. v. Thompson & Capper*, 21 Rep. Pat. 69, 84；*Joseph farrow & Co., Ltd. v. J. F. Seyfried & Sons, Ltd.*, 38 *ibid.* 114；*Havana Ciga & Tobacco Factories, Ltd. v. Tiffin*, 26 *ibid.*, 473.

[2] *American Fibre Chamois Co. v. de Lee*, 67 Fed. 329, 331.

[3] *Goldwyn Pictures Corporation v. Goldwyn*, 296 Fed. 391, 401, per Rogers, Cir. J.; *Industrial Finance Corp. v. Community Finance Co.*, 294 Fed. 870, 872；*Imperial Cotto Sales Co. v. N. K. Fairbanks Co.*, 270 Fed. 686；*Coca Cola Co. v. J. G. Butler & Sons*, 229 Fed. 224, 229 – 230；*Wisconsin White Lily Paper Co. v. Safer*, 182 Wis. 71；*B. V. D. Co. v. Kaufman & Baer*, 272 Pa. 240, 242. Also case cited by *supra*, p. 5, n. 4.

[4] *Hall v. Barrows*, 4 De G. J. & S. 150, 159.

类似地，许多著名的美国法学家也反对保护公众同样是禁令救济基础的观点。戴（Day）法官当他还是第六上诉巡回法院法官时指出：

> 销售假货来欺骗公众的行为，不会形成一个私人诉讼，除非原告的财产权因此受到侵害。……衡平法院颁发禁令救济是出于保护原告财产权的考虑。❶

维德（Veeder）法官关于此点富有启发性的论述，有力地指出了对该问题进行清晰思考的必要性：

> 私权救济的基础，不在于保护公众不受欺骗，而在于对原告的侵害。公众受到欺诈可能是原始所有者权利受到侵害的事实证据。如果原始所有人根本没有受到侵害，衡平法院不会考虑对公众的欺诈。因此，意图欺诈公众的行为并非必要因素，真正需要防止的是原告的损失，而不是对公众的侵害。这与普遍原则是一致的。衡平法院不能行使本属于国家的行政权力（police power）。❷

强调以欺诈公众作为商标保护的基础无疑具有历史合理性。在判决中广泛存在的以“欺诈公众”这一要素作为商标法基础的做法，可以追溯到比多德里奇在 *Southern v. How* 一案中提出的 164
附带意见更早的早期行会中带有管理性和强制性的商标。从社会的角度来看，中世纪的手工业者盗用同行的商标，并将其附着在“假冒的”“劣质的”（naughty）或者“欺诈性”的商品上是有

---

❶ *American Washboard Co. v. Saginaw Mfg. Co.*, 103 Fed. 281, 285.

❷ *Aunt Jemima Mills Co. v. Rigney & Co.*, 234 Fed. 804, 806. See also *Florence Mfg. Co. v. J. C. Dowd & Co.*, 178 Fed. 73; *Joseph Schlitz Brewing Co. v. Houston Ice & B. Co.*, 241 Fed. 817, 820; *Munn & Co. v. Americana Co.*, 83 N. J. Eq. 308; Hopkins, *op. cit.*, p. 44. 2 Pomeroy, *Equitable Remedies* (2nd ed.), p. 4529; E. S. Rogers, "Predatory Price Cutting as Unfair Trade" in 27 *Harvard Law Review* 139, 147.

罪的，这不是对标识所有者的侵权，而是对国王子民的犯罪。❶如果是这样的话，我们可以将这种贸易管制称为使用强制性标识的管制，因为由行会或者公会颁布、管理的中世纪商人法和由议会颁布的制定法在本质上是“管制性的”而非私法。且不言对垄断的考虑，至少从成文法（formal law）的表述来看，面包师和制桶匠使用标识的管理规定，保证了民众饮食的合格且足量的供应；对金匠标识的保护维护了货币制度的稳定；对刀具工匠和其他武器制造者标识的管理乃是出于保卫国土的迫切要求。不规范使用标识的商品被追查到其店铺的，所有者因此要被装入笼子戴枷示众（liable to the hurdle and the pillory），侵权者如果被发现亦会受到同样或者更为严重的惩罚。

从公众利益本身出发，也许不再需要将欺诈公众作为商标保护的基础。目前，出现了大量禁止商标假冒（misbranding）和其他形式商业欺骗的联邦和州立法❷用以保护公众利益，其中至少
165 有些已经取得了相当的成就。❸ 另外，联邦贸易委员会，特别承担起了制止影响公共福利的不正当手段竞争的职责，❹ 逐渐地塑造和推行商业伦理准则，这些准则对保护公众利益免受不正当商业手段（包括假冒产品商标）侵害规则的发展产生了重大影

❶ 如果商标侵权产生于14～15世纪王室民事法院的管辖，那么救济应当是根据欺诈类案诉讼令状而不是非法侵入令状颁发的。See W. Holdsworth, *History of English Law* ii, 3rd ed., pp. 407－408.

❷ 对这些制定法的搜集整理，see Hopkins on *Trade－Marks*（4 th ed.），Part Ⅱ; see also *Hygrade Provision Co. v. Sherman*, U. S. Sup. Ct. Adv. Opinions, Feb. 2, 1925, p. 169, *Hebe Co. v. Shaw*, 248 U. S. 297.

❸ 对纽约市“商业欺诈法院”（Commercial Frauds Court）工作的描述，see 20 *Bulletin U. S. Trade Mark Assn.* 12.

❹ 参见1925年4月17日联邦贸易委员会的观点：“在所有该类案件中均包括三方主体：被告、遭受损失的竞争者和公众。”（*Journal of Commerce*, March 18, 1925.）

响。❶ 一段时间内，对联邦贸易委员会将管辖权扩张至商标侵权案件的疑虑被以明显的有利于该委员会的方法解决，❷ 不管怎样，从私权诉讼的角度来看，该委员会就此类案件所行使的权力和适用的程序均可能存在缺陷，❸ 因为只有当公共利益显而易见时，该委员会干预对公众的保护才是无可置疑的。

然而，反对将欺诈公众仅仅作为不正当竞争的考量因素，而是将其作为救济基础的观点，比仅仅否定这种对公众的保护是多余的观点更为强势。关于欺诈公众是否应被作为商标侵权的基础 166
之一，当然与商标对于公众而言具有的实际显著性密切相关。正如我们已经指出的，❹ 与其说商标是用于指示来源的，不如说是一种质量保障。任何忽视这种事实以及任何没有将法院保护商标功能的重点放在所有人商誉之上的商标理论，都不可避免地使商标所有人依赖于保护，不去关注创造商誉的一般因素，例如商品的优良品质、广告的吸引力，而是关注司法上对公众主观状态的估计。无论如何，这种心理因素充其量只是一个不确定的因素，

---

❶ See *Federal Trade Commission v. Winsted Hosiery Co.*, 258 U. S. 483; *Federal Trade Commission v. Pure Silk Hosiery Mills, Inc.* 15 T. M. Rep. 63; *Royal Baking Powder Co. v. Federal Trade Commission*, 281 Fed. 744; W. Notz, "New Phases of Unfair Competition and Measures for Its Suppression," in 30 *Yale Law Journal* 384; J. L. Mechem, "Procedure and Practice Before the Federal Trade Commission," in 21 *Michigan Law Review* 125.

❷ 国会最初认定的落入联邦贸易委员会管辖范围内的应当包括所有"以不正当方法的竞争"，参见上诉巡回法院丹尼森（Denison）法官在 *L. B. Silver Co. v. Federal Trade Commission* 一案中发表的反对意见（289 Fed. 985, 992 *et seq.*）；see also H. P. Seligson, "The Extent of the Jurisdiction of the Federal Trade Commission Over Unfair Methods of Competition" in 9 *American Bar Assn. Journal* 698，在 *Juvenile Shoe Co., Inc. v. Federal Trade Commission* 一案中，第九上诉巡回法院似乎认为联邦贸易委员会对制止被告使用原告公司名称的案件当然地享有管辖权，——尽管尚未弄清是要保护原告还是要保护公众。289 Fed. 57. 调卷令（*Certiorari*）被最高法院所否定。263 U. S. 706. See *John Bene & Sons v. Federal Trade Commission*, 299 Fed. 468, 472.

❸ See G. C. Henderson, *The Federal Trade Commission* pp. 169 *et seq.*

❹ See *supra*, pp. 147 - 148.

而且“所谓普通消费者的精神特质会因不同的法官而不同”;❶另外，可能极易被竞争者的不诚实行为严重影响。一旦商标变得知名，大量不择手段的竞争者就会开始“抢夺他的胜利果实”。❷已经被反复指出的是，“商品的大规模销售导致商标成为质量的指示器，该事实本身即足以对所有者提供保护，或者使其成为交易中的普通财产。而相反的观点则无异于在商标变得最有价值之时剥夺所有人对商标的排他性使用，完全无法满足保护的需
167 求”。❸ 或者，如同纽约上诉法院所说的，“商标的真正价值形成于创造或者采用商标的生产者在其标识被行业知晓之时，以及因为产品广受欢迎而使得产品上的标识变得为公众所知晓之时。以上创造价值的情形绝不会同时破坏其价值”。❹

上述引用的泛泛地将商标作为财产进行保护的判决，是40余年前作出的，那时法院尚未开始在司法上对制造商和销售商刚刚兴起的巨额广告投资给予关注。然而，随着大规模全国性广告的迅速发展，法院开始暗示，对商标进行的广告投资本身即为广

---

❶ H. Münsterberg, “The Market and Psychology” in *American Problems*, p. 171. 亦参见 E·S. 罗杰斯有趣且具有启发性的文章，该文指出包括商标和商业名称在内的不正当竞争案件之间关于欺诈可能性判断上存在“不可调和的矛盾”。“The Unwary Purchaser” in 8 *Michigan Law Review* 613. 近年来关于事实上的与司法认定中公众混淆之间矛盾的有趣的心理学研究，see R. H. Paynter, *A Psychological Study of Trade - Mark Infringement* (Columbia University Archives of Psychology, 1920, No. 42), and H. E. Burtt, “Measurement of Confusion Between Similar Trade Names” in 19 *Illinois Law Review* (1925), 320.

❷ 关于该种剽窃的典型例子，参见 *Barton v. Rex - Oil Co.* 一案（2 F.（2d）402），该案同时说明了带有商标的产品贸易飞速发展的现象——从1918年在田纳西的麦克阿瑟营（Camp MacArthur）兜售仅有少量库存的皮革上光剂，到1921年在全国销售近40万瓶。

❸ *Burton v. Stratton*, 12 Fed. 696, 702.

❹ *Selchow v. Baker*, 93 N. Y. 59, 66. See also *Menendez v. Holt*, 128 U. S. 514, 520; *N. K. Fairbank Co. v. Central Land Company*, 74 Fed. 133; *Schendel v. Silver*, 63 Hun (N. Y.) 230; *In the Matter of Trademarks of Kodark, Ld.*, 20 Rep. Pat. Cas, 337, 350.

告者带来了显著的收益，补充和扩大了先前存在的受保护的商誉权益。[1] 首先指出商标广告投资中产生权益的判决，是由考克斯（Coxe）法官作出的，他论述道：

> 商品受大众欢迎不仅是由于其内在的价值，而且也归因于广告中所体现的具有独创性、吸引力和一贯的风格，由此 168
> 获得的商誉需要受到保护。广告中的投资如同在厂房、机器中的投资一样，是营业的一部分，对于这些投资，经营中的竞争者均无权使用——无权使用生产这些商品的机器，更无权使用他的商标将商品推向市场。任何人不得在最后时刻侵占或者侵夺其通过多年经营所获得的优势地位。[2]

最近，英国上诉法院关于著名的“克拉纳”（Corana）雪茄商标的判决与该主题相关，值得认真研究。[3] 在该案中，“克拉纳”牌雪茄的所有人试图禁止其他品牌雪茄的销售，理由在于这些雪茄上使用了“克拉纳”一词。哈瓦那的大型雪茄制造业为

---

[1] See *Coca Cola Co. v. Koke Co.*, 254 U. S. 143; *A. Bourjois & Co. v. Katzel*, 260 U. S. 189; *Coca Cola Co. v. Stevenson*, 267 Fed. 1010, 1018; *Antheuser Busch v. Budweiser Malt Products Corp.*, 287 Fed. 243; *Jacob Ruppert v. Knickerbocker Food Specially Co.*, 295 Fed. 381, 383; *Potter – Wrightington v. Ward Baking Co.*, 288 Fed. 597, 599 – 600; *Henry Mfg. Co. v. Henry Screen Mfg. Co.*, 204 N. Y. App. Div. 779, 788; *George G. Fox Co. v. Hathaway*, 199 Mass. 99, 101, *Harkert Cigar Co. v. Herman*, 196 N. W. (Sup. Ct. Ia.) 968, 978; *France Milling Co. v. Washburn – Crosby Co.*, 3 F. (2d) 321, 326; *Oppenheim, Obendorf & Co., Inc., v. President Suspender Co.*, 3 F. (2d) 88, 89.

在行政法领域，为了税收的目的，商标中的广告投资被视为独立的资本投资，对其关注程度常常超过有形的会计资产。(See *Treasury Dept. B. I. R. Cumulative Bulletin* No. 2, 1920, p. 292; Holmes on *Federal Taxes*, 6th ed., pp. 621 *et seq.*) 国内税务局（Bureau of Internal Revenue）关于商标价值评估的十大产业考量因素，see *Bulletin U. S. Trademark Association*, New Ser., vol. 16 (Feb. 1921) pp. 23 to 25.

[2] *Hilson Co. v. Foster*, (1897) 80 Fed. 896, 897.

[3] *Havana Cigar & Tobacco Company, Ltd. v. Oddeninio*, 41 Rep. Pat. Cas. 47. 特别参见波洛克先生的意见，第 55 页；沃林顿法官的意见，第 58—59 页；以及萨金特法官的意见，第 60 页。

被告参加诉讼提供了资金支持。被告承认“克拉纳”商标的有效性，并承认原告对该商标的权利，但是主张随着时间的推移，“克拉纳”已经不仅仅是一种商标，在很大程度上变成了公众观念中一种雪茄的大小和形状。上诉法保护了原告的权利并颁发了禁令，理由在于初审法院发现了以下事实，即对于大多数公众而言，“克拉纳”仍然是一种商标，而非雪茄的大小或者形状。

当然，英国上诉法院的这种推理已经深入到了商标保护的适当基础这一根本问题。在该案中，不存在“阿司匹林”案——*Bayer Co. v. United Drug Co.* 一案[1]中提出的诉讼请求，例如放弃“克拉纳”商标使其进入公有领域，或者没有表明原告曾在“克拉纳”商标的使用过程中默许其指代一种大小或者形状。然
169 而，根据该案的逻辑进行推论，法院可能暗示如果有足够多的侵权者能够导致公众认知的混乱，“克拉纳”会因此成为一种大小或者形状，而不再是一种商标；另外，没有过错的原告可能由于这种欺诈最终被排除在商标保护之外。美国法院的判决，如上文引用的 *Selchow v. Baker* 一案，[2] 似乎为商标提供了更加强有力的保护。

有迹象表明，未来几年内，为回答关于在非竞争性商品上禁止使用侵权标识的难题，美英两国最高审级的法院须决定商标和不正当竞争法逻辑上的有效基础为何的问题。1898 年，英国衡平法院在保护商誉符号的发展方向上采取了激进的做法，主张自行车上的“柯达”商标侵犯了用于照相机上的“柯达”商标权，理由在于“‘柯达照相机’可以在自行车上使用”而且“许多商店……既销售自行车也销售照相机……”[3] 1917 年，美国第二上

[1] 272 Fed. 505.

[2] *Supra*, p. 167.

[3] *Eastman Photographic Materials Co., Ld. v. John Griffiths Cycle Corporation, Ld.*, (1898) 15 Rep. Pat. Cas. 105, 110. See *Walter v. Ashton*, [1902] 2 Ch. 282.

诉巡回法院认为在面粉上使用的“杰迈玛婶婶”（Aunt Jemima's）商标被在糖浆上使用的“杰迈玛婶婶”商标所侵犯，理由在于“糖浆和面粉均是食品，而食品通常是被同时使用的”。❶ 近几个月，第六上诉巡回法院认为在杂志上使用的商标可能被一个在帽子上使用的近似商标所侵犯，尽管原告和被告的产品之间不存在实际的市场竞争。丹尼森（Denison）法官在解释不正当竞争原则时指出：

> ……竞争一词并不神圣。衡平法更加关注的是不正当性。如果B将其生产的商品假冒成由A生产，并且可以看到 170
> 因此给A造成了损失，我们认为无需考虑给A带来的损失是否来自A制造商品的市场竞争还是来自其他的渠道。❷

在上述判决作出后不久，美国某地区法院认为在电子管上使用的“劳斯莱斯”（Rolls - Rocyce）商标侵犯了在汽车上使用的“劳斯莱斯”商标。法院在没有引用任何先例的情况下，评论道：

> 与适用于本案判例中的具体规则相比，我对于本案中涉及的关于该主题的宽泛的衡平法原则印象更加深刻。……在那些为我做出判决提供指引的法律渊源中，我也无法找到支持我意图做出判决的依据。❸

---

❶ *Aunt Jemina Mills Co. v. Rigney & Co.*，(1917) 247 Fed. 407, 410. *Cf. France Milling Co. v. Washburn Crosby Co.*，（U. S. C. C. A.，2nd Cir.，April 6，1925 未被报道）.

❷ *Vague Co. v. Thompson Co.*，300 Fed. 509，512.

❸ Runyon D. J.，in *Rolls - Royce of America*，*Inc. v. Howard Wall*，*Inc.*，(Oct.，1924) 15 T. M. Rep. 12，13. 相反的亦参见迪金森法官（U. S. D. C.，E. D.，Pa）在 *Rosenberg Brothers and Company v. John F. Elliott* 一案中的观点，认为在男士帽子上使用的仅用于零售的“Fashion - Park”商标没有侵犯在“外套、汗衫、裤子以及类似的衣物”上使用的用于批发贸易的“Fashion - Park”商标。(June 1924) 3 F. (2d) 182. See *Aunt Jemina Mills Co. v. Rigney & Co.*，*supra*，p. 169，n. 3.

此类案件中的判决理由似乎仅仅就是法院方面不愿意允许被告“从原告的声誉或者广告中获益，或者预先抢占原告业务扩展的领域”。[1] 这种做法完全放弃了中世纪和“行会法”的古老理论，预示着商业标识的专有性、控制性和垄断性特征，即使可能是有些姗姗来迟，但是仍然有益地认识到了现代生产和销售条件下商标的真正性质和功能。这种推理，没有被中世纪的先入之见和现代的错误观念所束缚，将会给现有的和潜在的商誉提供充分
171 保护，将会被证明是对打击那些隐藏于交易领域边缘地带、终日窥视的商标仿冒者的最为有效的手段。

简单总结一下本章得出的结论：

第一，与商标有关的不正当竞争法的发展已经被法律无法紧跟商标自身功能的进化所阻碍。

第二，在现代法律意义上使用财产一词，即具有金钱价值并且应当受到法律保护的权利，商标中的或者与商标有关的权利可以被划入财产的类别。

第三，将商标归入财产范畴并非商标保护的关键，因为衡平法无论如何均须制止可能破坏或者损害商业预期的行为，而商标就是这种预期的符号，也是创造这种预期的重要因素。

第四，为使商标作为商品卓越质量的象征和保证为公众知晓，商标所有人花费了大量金钱，正如他们毫无疑问地有权收回对设备和材料的投资一样，他们亦应当从法院那里获得对广告投资的同等保护。

---

[1] *Aunt Jemina Mills Co. v. Rigney & Co.*, *supra*, at p. 410. 关于非竞争者使用商业标识的进一步讨论，see 25 *Columbia Law Review*（1925）199；23 *Michigan Law Review*（1925）433.

参考文献

A. 法律文献

（1）有关商标、不正当竞争和专利的专著、论文、报告等

注：关于商标法的有价值的文章的参考文献，参见 E. Pouillet, *Trailé des marques de fabrique et de concurrence déloyale*（6th ed. by A. Taillefer and C. Claro, Paris, 1912）, pp. xiii – xxiii; T. Braun and A. Capitaine, *Les marques de fabrique et de commerce*（Paris and Brussels, 1908）pp. 709 – 727; "Catalogue of the Library of the United States Trade – Mark Association" in *Bulletin of the United States Trade – Mark Association.* vol. vi（1910）, pp. 37 – 57.

ADAMS, F. M. *Treatise on the Law of Trade – marks.* London, 1876.

ALLAN, C. E. *The Law Relating to Good – Will.* London, 1889.

ARNAL, E. *De la propriété des marques de fabrique.* Montpellier, 1909.

BLUMENTHAL, C. *Das Firmenrecht des Kaufmanns und der Schutz anderer Bezeichnungen des gewerblichen Verkehrs.* Greifswald, 1916.

BRAUN, T. and CAPITAINE, A. *Les Marques de fabrique et de commerce.* Paris and Brussels, 1908.

BROWNE, W. H. *A Treatise on the Law of Trade – Marks.* 2nd ed. Boston, 1898.

BRYCE, J. Supplement to Ludlow, Sir H., and Jenkyns, H., *Treatise on the Law of Trade – marks*, 2nd ed. London, 1877.

BURTT, H. E. "Measurement of Confusion Between Similar Trade Names" in *Illinois Law Review*, vol. xix（1925）, p. 320.

CHAFEE, Z. JR. *Cases on Equitable Relief Against Torts.* Cambridge, 1924.

pp. 100 *et seq.* deal with trade – mark infringement and unfair competition.

COLUMBIA LAW REVIEW. Note on *Vogue v. Thompson – Hudson Co.* (300 Fed. 509) in vol. xxv (1925) p. 199.

COLUMBIAN CENTINEL. Boston, Dec. 24, 1791. "Letter from a Philadelphia Manufacturer" concerning trade – marks and their infringement.

COX, R. *Manual of Trade – Mark Cases*, 2nd ed. Boston, 1892.

DANIELS, L. E. "History of the Trademark" in *Bulletin of the United States Trade – Mark Association*, vol. 7, New Series, (1911) p. 239.

DIETZEL, G. "Das Handelszeichen und die Firma" in *Jahrbuch des gemeinen deutschen Rechts*, vol. iv, p. 227. Leipzig, 1860.

DUNANT, P. *Trailé des marques defabrique et de commerce en Suisse.* Geneva, 1898.

EDMUNDS, L. H. *The Law and Practice of Letters Patent.* 2nd. ed. By T. M. Stevens. London, 1897.

FEDERAL TRADE COMMISSION. *Memorandum on Unfair Competition at Common Law.* Washington, 1916.

GOLD, J. L. "Equity: Trade – Marks: Nature of Infringement" in Notes and Comment, *Cornell Law Quarterly*, vol. vii (1921—1922), p. 373.

GORDON, J. W. *Monopolies by Patents and The Statutory Remedies Available To the Public.* London, 1897.

HAINES, C. G. "Efforts to Define Unfair Competition" in *Yale Law Journal*, vol. xxix (1919—1920), p. 1.

HARVARD LAW REVIEW. Note on *A. Bourjois & Co., Inc. v. Katzel* (275 Fed. 539) in vol. xxxv (1921—1922), p. 624.

HENDERSON, G. C. *The Federal Trade Commission: A Study in Administrative Law and Procedure.* New Haven, 1924.

HOPKINS, J. L. *The Law of Trade – marks, Trade Names and Unfair Competition* ..., 4th ed. Cincinnati, 1924.

KERLY, D. M. *The Law of Trade Marks and Trade Name.* 5th ed., by F. G. UNDERHAY. London, 1923.

KOHLER, J. *Das Recht des Markenschutzes.* Wurzburg, 1884.

LASTIG, G. *Markenrecht und Zeichenregister.* Halle, 1889.

MECHEM, J. L. "Procedure and Practice. Before the Federal Trade Commission" in *Michigan Law Review*, vol. xxi (1922—1923), p. 125.

MICHIGAN LAW REVIEW. Note on *Vogue v. Thompson – Hudson Co.* (300 Fed. 509) in vol. xxiii (1925), p. 434.

MONTHLY LAW MAGAZINE. Article on Trade – Marks, vol. ix (1840—1844), p. 20. Reprinted in *American Jurist*, vol. xxv (184), p. 269.

MÜNSTERBERG, H. "The Market and Psychology" in *American Problems*, p. 151. New York, 1912.

NIMS, H. D. *The Law of Unfair Competition and Trade – Marks.* 2nd ed. New York, 1917.

NOTZ, W. "New Phases of Unfair Competition and Measures for Its Suppression – National and International" in *Yale Law Journal*, vol. xxx (1920—1921), p. 384.

OLSHAUSEN, T. *Das Verhältniss des Namenrechts zum Firmenrecht.* Berlin, 1900.

OLIPHANT, H. *Cases on Trade Regulation Selected from Decisions of English and American Courts* (American Case Book Series). St. Paul, 1923.

——, "Trade Regulation" in *American Bar Association Journal*, vol. ix (1923), p. 311.

PATENT AND TRADE MARK REVIEW, vols. i – xxiii. New York.

PAYNTER, R. H. JR. *A Psychological Study of Trade – Mark Infringement* (Columbia University Archives of Psychology, No. 42, Jan. 1920). New York, 1919.

PAUL, A. C. *The Law of Trade – Marks Including Trade Names and Unfair Competition.* St. Paul, 1903.

PELLA, D. R. *Marcas de Fábricay de Comercio en España.* Madrid, 1911.

POUILLET, E. *Traité des marques de fabrique et de concurrence déloyale en tous genres.* 6th ed. by A. TAILLEFER and C. CLARO. Paris, 1912.

PRICE, W. H. *English Patents of Monopoly* (Harvard Economic Studies, vol. i). Cambridge, 1913.

REPORT OF THE COMMISSIONER OF PATENTS to Congress for the Year Ended

December 31, 1923. *Official Gazette of the United States Patent Office*, vol. 319, Feb. 1924, p. 225. Washington, 1924.

REPORT OF THE COMMISSIONERS APPOINTED TO REVISE THE STATUTES RELATING TO PATENTS, TRADE AND OTHER MARKS, and Trade and Commercial Names, Under Act of Congress Approved June 4, 1898. (Senate Documents, 56th Congress, 2nd Session, Document No. 2). Washington, 1902.

REPORT FROM THE SELECT COMMITTEE ON TRADE - MARKS BILL AND MERCHANDISE MARKS BILL: Together with the Proceedings of the Committee, Minutes of Evidence, etc. (*Session Papers*, *Reports from Committees*, [7], Session Feb. 6 - Aug. 7, 1862), vol. xii. London, 1862.

REPORTS OF PATENT, DESIGN AND TRADE MARK CASES. Vols. i to xlii (Advance Sheets). London, 1884—1925.

ROGERS, E. S. *Good Will*, *Trade Marks and Unfair Trading.* Chicago, 1919.

——, "Predatory Price Cutting as Unfair Trade" in *Harvard Law Review*, vol. xxvii (1913—1914), p. 139.

——, "Some Historical Matter Concerning Trade - marks" in *Michigan Law Review*, vol. ix (1910—1911), p. 29.

——, "Unfair Competition" in *Michigan Law Review*, vol. xvii (1918—1919), p. 490.

SEBASTIAN, L. B. *The Law of Trade Mark Registration.* 2nd ed. By L. B. SEBASTIAN, F. E. BRAY and J. Q. HENRIQUES. London, 1922.

SELIGSON, H. P. "The Extent of the Jurisdiction of the Federal Trade Commission Over Unfair Methods of Competition" in *American Bar Association Journal*, vol. ix (1923), p. 698.

STRUVE or STRUVIUS, F. G. *Systema Jurisprudentiae Opificariae ... additis Documentis ... ex Scriptis & Manuscriptis Adriani Beieri* ... 3 vols. in 1. Lemgo, 1737. Copy in Harvard Law Library.

UNITED STATES TRADE - MARK ASSOCIATION, *Bulletin.* New Ser. vols. 1 to 20. New York, 1904—1925.

——, *Reporter*, vols. 1 to 15. New York, 1911—1925.

UNITED STATES TREASURY DEPT. *B. I. R. Cumulative Bulletin* No. 2. Washington, 1920.

UPTON, F. H. *A Treatise on the Law of Trade Marks.* Albany, 1860.

VAN METER, A. R. *The Function of the Trade – Mark.* Unpublished typewritten thesis in library of University of Chicago Law School.

（2）关于商标、不正当竞争和专利以外的法学文献

（a）制定法、记录、报告和案例集

ACTS OF THE PRIVY COUNCIL OF ENGLAND. New Series, vols. 1 – 32, ed. J. R. DASENT; vol. 1613—1614, ed. E. G. ATKINSON. *Record Commission*, London, 1890—1917, 1921.

CALENDAR OF THE CHARTER ROLLS PRESERVED IN THE PUBLIC RECORD OFFICE. (London)

CALENDAR OF THE CLOSE ROLLS PRESERVED IN THE PUBLIC RECORD OFFICE. (London)

CALENDAR OF THE PATENT ROLLS PRESERVED IN THE PUBLIC RECORD OFFICE. (London)

CALENDAR OF THE STATE PAPERS PRESERVED IN THE PUBLIC RECORD OFFICE. (London)

DECREE OF THE STAR CHAMBER, October 12, 1632, concerning counter – feiting of seals to Colchester baize by Thomas Jupp. Imprinted by Robert Barker. London, 1632. Copy in the Duke of Northumberland's library.

PROCEEDINGS AND ORDINANCES OF THE PRIVY COUNCIL OF ENGLAND [1386—1542], vols. 1 – 7, ed. H. NICOLAS. Record Commission, London, 1834—1837.

PROCLAMATION OF CHARLES I, April 16, 1633, "Against frauds and deceits used in Draperie..." Imprinted by Robert Barker. London, 1633. Copy in the British Museum (506. h. 12 [19])

ROTULI PARLIAMENTORUM; UT ET PETITIONES ET PLACITA IN PARLIA – MENTO [1278—1503]. 6 vols. London, no date. Index 1832.

RYMER, T. *Foedera*, *Conventiones*, *Litterae*... 4 vols. in 7. (*Record Commis-*

sion and Rolls Series). London, 1816—1869.

STATUTES OF THE REALM [1235—1713] ed. A. LUDERS and others. Ⅱ vols., *Record Commission*, London, 1810—1828.

YEAR BOOKS: (1) Of 20 - 22, 30 - 35 Edw. I; of 11 - 12 Edw. Ⅲ (6 vols.); of 12 - 20 Edw. Ⅲ (14 vols.) *Rolls Series*. London, 1863—1883; 1885—1911.

(2) Of Edw. Ⅱ: *Selden Society* (*Year Book Series*) *Publications*, vols. xvii, xix, xxii, xxiv, xxvi, xxvii, xxix, xxxi, xxxiii, xxxiv, xxxvi - xxxix. London, 1903—1923.

(3) Of Ric. Ⅱ, ed. G. F. DEIER (Ames Foundation). Cambridge, 1914.

ACTS AND LAWS OF THE COMMONWEALTH OF MASSACHUSETTS [1780—1805], Boston, 1890—1898.

PRIVATE AND SPECIAL STATUTES OF THE COMMONWEALTH OF MASSACHUSETTS, vol. i. Boston, 1805.

有用的案例汇编如下:

MARSDEN, R. G. *Select Pleas in the Court of Admiralty*, vol. i (Selden Society Publications, vol. vi) and vol. ii (Selden Society Publications, vol. xi). London, 1894—1897.

GROSS, C. *Select Cases Concerning the Law Merchant*, vol. i (Selden Society Publications, vol. xxiii). London, 1908.

CARR, C. T. *Select Charters of Trading Companies*, *A. D.* 1530—1707 (Selden Society Publications, vol. xxviii). London, 1913.

LEADAM, I. S. & BALDWIN, J. F. *Select Cases Before the King's Council* (Selden Society Publications, vol. xxxv). London, 1918.

(b) 专著和论文

BACON, M. *A New Abridgement of the Law* ... 5 vols. London, 1768—1770.

BENNETT, W. P. *The History and Present Position of the Bill of Lading*. Cambridge, 1914.

BEWES, W. A. *The Romance of the Law Merchant*. London, 1923.

BIRREL, A. *The Law and History of Copyrighting Books*. London, 1899.

BLACKSTONE, SIR W. *Commentaries on the Laws of England*, by T. M. COOLEY, 4th ed. by J. de W. ANDREWS. 2 vols. Chicago, 1899.

BRACTON, H. *De Legibus et Consuetudinibus Angliae.* Ed. T. Twiss (Rolls Series), 6 vols. London, 1878—1883.

BRITTON. Tr. M. NICHOLS, ed. S. E. BALDWIN. Washington, 1901.

BRODHURST, B. E. S. "The Merchants of the Staple" in *Select Essays in Anglo-American Legal History*, vol. iii, p. 6.

CARDOZO, B. H. *The Nature of the Judicial Process.* New Haven, 1922.

CHAFEE, Z. JR. "The Progress of the Law, 1919—1920" in *Harvard Law Review*, vol. xxxiv (1920—1921) p. 388.

COLUMBIA LAW REVIEW. Note on *Witte v. Bauderer* (225 S. W. [Tex.] 116) in vol. xxiv (1924), p. 431.

COMYNS, SIR J. *A Digest of the Laws of England*, 5 vols. London, 1780.

EDEN, R. H. *A Treatise on the Law of Injunctions.* London, 1821.

ENCYCLOPEDIA BRITANNICA. 11th ed., Article "Law Merchant," vol. 16, p. 300. Cambridge, 1911.

FLETA SEU COMMENTARIUS JURIS ANGLICANI. London, 1647.

GLANVILL, R. DR. *Tractatus de Legibus et Consuetudinibus Regni Angliae.* Tr. J. Beames, ed. J. H. Beale, Jr. Washington, 1900.

HALSBURY, EARL OF. Article, "Injunctions" in *The Laws of England*, vol. xvii, p. 197. London, 1911.

HOLDSWORTH, W. S. *History of English Law.* Vols. i, ii, and iii, 3rd ed. London, 1923. Vols. iv, v, and vi, London, 1924.

HOLLAND, T. E. *The Elements of Jurisprudence.* 13th ed. Oxford, 1924.

HOLMES, G. E. *Federal Income Tax.* 6th ed. Indianapolis, 1925.

JACOB, G. *Lex Mercatoriaor Merchant's Companion.* London, 1718.

JEUDWINE, J. W. *Tort, Crime and Police.* London, 1917.

KENT, J. *Commentaries on American Law.* 7th ed. 4 vols. New York, 1851.

KERR, W. W. *Treatise on the Law and Practice of Injunctions.* 5th ed. by J. M. PATTERSON. London, 1914.

LANGDELL, C. C. *A Brief Survey of Equity Jurisdiction.* 2nd ed.

Cambridge, 1908.

LONG, J. R. "Equitable Jurisdiction to Protect Personal Rights" in *Yale Law Journal*, vol. xxxiii (1923—1924), p. 115.

MALYNES, G. DE. *Consuetudo*, *vel*, *Lex Mercatoria*: or *The Ancient Law – Merchant*, *in Three Parts.* London, 1622.

MEARS, T. L. "The History of the Admiralty Jurisdiction" in *Select Essays in Anglo – American Legal History*, vol. ii, p. 312.

MITCHELL, W. *An Essay on The Early History of the Law Merchant.* Cambridge, 1904.

MOLLOY, C. *De Jure Maritimo et Navali*: or *A Treatise of Affaires Maritime*, *and of Commerce.* London, 1676.

NELSON, W. *An Abridgement of the Common Law.* 3 vols. London, 1725—1726.

POLLOCK, SIR F. *The Law of Torts.* 12th ed. London, 1923.

POMEROY, J. N. JR. *Treatise on Equitable Remedies*, 2nd ed. , San Francisco, 1919, vols. i and ii, being vols. v and vi of J. N. POMEROY'S *Equity Jurisprudence and Equitable Remedies.*

POUND, R. "Equitable Relief Against Defamation and Injury to Personality" in *Harvard Law Review*, vol. xxix (1915—1916), p. 640.

——, *Interpretations of Legal History.* Cambridge, 1923.

SALMOND, SIR J. *The Law of Torts.* 6th ed. London, 1924.

SCRUTTON, SIR T. E. "General Survey of the History of the Law Merchant" in *Select Essays in Anglo – American Legal History*, vol. iii, p. 7.

——, *The Contract of Affreightment as Expressed in Charterparties and Bills of Lading.* 11th ed. by SIR T. E. SCRUTTON and F. D. MACKINNON. London, 1923.

SELDEN SOCIETY PUBLICATIONS, vols. i. to xl. London, 1887—1923. See also CARR, C. T. ; GROSS, C. ; LEADAM, I. S. ; MARSDEN, R. G. in this Section, also HUDSON, W. and LEACH, A. F. in Section B. of this bibliography, *infra*, p. 181. See also YEAR BOOKS.

SELECT ESSAYS IN ANGLO – AMERICAN LEGAL HISTORY. By various authors. 3 vols. Boston, 1907—1909.

STEPHEN, H. J. *New Commentaries on the Laws of England*, 16th ed. by E. JENKS. 4 vols. London, 1914.

VANCE, W. R. "The Early History of Insurance" in *Select Essays in Anglo - American Legal History*, vol. iii, p. 99.

VINER, C. *A General Abridgement of Law and Equity*. 24 vols. London, 1791—1795.

VINOGRADOFF, SIR P. *Introduction to Historical Jurisprudence*. Oxford, 1920.

B. 社会、经济史（包括行会和市政记录）

注：对该领域进行研究的初级参考文献是 C. Gross, *The Sources and Literature of English History from the Earliest Times to About* 1485（2nd ed., London and New York, 1915），同作者的 *A Bibliography of Municipal History Including Gilds and Parliamentary Representation*（New York, 1897），以及休伯特·霍尔（Hubert Hall）主持编纂的 *Select Bibliography for the Study, Sources and Literature of English Mediaeval Economic History*（London, 1914）。对这些参考文献中材料的补充，可以参见其他著作和文章，特别是以下关于行会和同业公会历史的文献。

ANDERSON, R. C. *The Assize of Bread Book*, 1477—1517. (Publications of the Southampton Record Society, vol. 23). Southampton, 1923.

ASHLEY, W. J., SIR. *Introduction to English Economic History and Theory*. Vol. i, parts Ⅰ and Ⅱ. 4th ed., 10th impression. London and New York, 1919.

ATKYNS, S. E. and OVERALL, W. H. *Some Account of the Worshipful Company of Clockmakers of the City of London*. London, 1881.

BAIN, E. *Merchant and Craft Guilds*. Aberdeen, 1887.

BATESON, M. *Records of the Borough of Leicester*. Vols. 1 to 3（1103—1603）. Cambridge, 1899—1905. For vol. 4（1603—1688）see STOCKS, H.

BENIIAM, W. G. *The Red Paper Book of Colchester*. Colchester, 1902.

BENSON, R. and HATCHER, H. *Old and New Sarum*. Vol. 6 of *Modern History of Wiltshire*, 6 vols. in 3. Ed. R. C. Hoare. London, 1822—1844.

BERRY, H. F. "The Dublin Gild of Carpenters, Millers, Masons and Heliers, in the Sixteenth Century" in *Journal of the Royal Society of Antiquaries of Ireland*, vol. 35 [5th Ser. vol. xv] p. 321. Dublin, 1905.

——, "The Records of the Dublin Gild of Merchants, Known as the Gild of the Holy Trinity, 1438—1674" in *Journal of the Royal Society of Antiquaries of Ireland*, vol. 30 [5th Ser. vol. x] p. 44. Dublin, 1900.

BICKLEY, F. B. *The Little Red Book of Bristol*. 2 vols. Bristol, 1900.

BLAIR, C. H. *Northumbrian Monuments*. (Newcastle - upon - Tyne Records Committee Publications, vol. iv). Newcastle - upon - Tyne, 1924.

BLOMETIELD, F. *An Essay Towards a Topographical History of the County of Norfolk*, 1739—1775. 2nd ed. , 11 vols. London, 1805—1810.

BOILEAU, ETIENNE. *Le Livre de Métiers*. (Ed. R. de Lespinasse and F. Bonnardot). Paris, 1879.

CHAPMAN, A. B. W. *The Black Book of Southampton*, vols. i and ii. (Publications of the Southampton Record Society, vols. 13 - 14). Southampton, 1912.

CHEAL, H. *The Story of Shoreham*. Hove, Combridges, 1921.

COLLINS, F. *Wills and Administration from the Knaresborough Court Rolls*, vols. i and ii. (Publications of the Surtees Society, vols. cix, cx). Durham and London, 1902, 1905.

COOTE, H. C. "The Ordinances of Some Secular Guilds of London, 1354 to 1496" in *Transactions of London and Middlesex Archæological Society*, vol. iv, p. i. London, 1871.

COTTON, W. "Some Account of the Ancient Guilds of the City of Exeter" in *Transactions of the Devonshire Association for the Advancement of Science*, Literature and Art, vol. v, p. 117. Plymouth, 1872.

CROMWELL, T. [K.] *History and Description of the Ancient Town and Borough of Colchester, in Essex*. 2 vols. London, 1825.

CUNNINGHAM, W. *The Growth of English Industry and Commerce*, vol. 1 (*During the Early and Middle Ages*), 5th ed. Cambridge, 1910. Vols. 2

and 3 (*Modern Times*, Parts Ⅰ and Ⅱ). Cambridge, 1912, 1917.

DENDY, F. W. *Extracts from the Records of the Merchant Adventurers of Newcastle – upon – Tyne*, vol. i, ii. (Publications of the Surtees Society, vols. xciii, ci). Durham and London, 1895, 1899.

DIXON, R. W. "Thaxted" in *The Antiquary*, vol. xvii, pp. 10 – 12; 57 – 62. London, 1888.

DOUBLEDAY, H. A., PAGE, W. and ROUND, J. H. *History of Essex* (Victoria County Histories), vol. i, ed. H. A. Doubleday and W. Page; vol. ii, ed. W. Page and H. Round. London, 1903—1907.

DUKE, E. *Prolusiones Historicae*. Salisbury, 1837.

EARWAKER, J. P. *Court Leet Records of the Manor of Manchester* [1552—1686; 1731—1846], 12 vols. Manchester, 1884—1890.

EVANS, A. P. "The Problem of Control in Medieval Industry" in *Political Science Quarterly*, vol. xxxvi, p. 603. New York, 1921.

FIRTH, J. F. *Coopers' Company, London, Historical Memoranda, Charters, Documents, and Extracts from the Records of the Corporation and the Books of the Company*, 1396—1848. London, 1848.

FITCH, R. "Notices of Norwich Brewers' Marks and Trade Regulations" in *Norfolk Archæology: Norfolk and Norwich Archæological Society*, vol. v, p. 313. Norwich, 1859. Plates reproducing 40 brewers' marks.

FURLEY, J. S. *City Government of Winchester from the Records of the XIVth and XVth Centuries*. Oxford, 1923.

GAILHARD – BANCEL, M. DE. *Les anciennes corporations de métiers et la lutte contre la fraude dans le commerce et la petite industrie*. Paris, 1912.

GROSS, C. *The Gild Merchant. A Contribution to British Municipal History*. 2 vols. Oxford, 1890.

GUILDING, J. M. *Reading Records: Diary of the Corporation*, 1431—1654. 4 vols. London, 1892—1896.

HARDY, W. J. "Foreign Settlers at Colchester and Halstead" in *Proceedings of the Huguenot Society of London*, vol. ii, 1887—1888, p. 182. London, 1889.

HARRIS, M. D. *Life in an Old English Town.* London, 1898.

——, *Coventry Leet Book (The) or Mayor's Register*, 1420—1555. 4 parts. (Early English Text Society). London, 1907—1913.

HARROD, H. "Notes on the Records of the Corporation of Great Yarmouth" in *Norfolk Archæology; Norfolk and Norwich Archæological Society Publications*, vol. iv, p. 239. Norwich, 1855.

HEARNSHAW, F. J. C. *Leet Jurisdiction in England, Especially as Illustrated by the Records of the Court Leet of Southampton.* (Southampton Record Society Publications, No. 5). Southampton, 1908.

——, and HEARNSHAW, D. M. *Court Leet Records* [of Southampton], vol. i, Part Ⅰ, Ⅱ, Ⅲ and Supplement. (Publications of the Southampton Record Society, vols. 1, 2, 4, 6). Southampton, 1905—1908.

HEATH, J. B. *Some Account of the Worshipful Company of Grocers of the City of London*, 3rd ed. London, 1869.

HERBERT, W. *The History of the Twelve Great Livery Companies of London.* 2 vols. London, 1836—1837.

HIBBERT, F. A. *Influence and Development of English Guilds.* Cambridge, 1891.

HILLS, G. M. "On the Ancient Company of Stitchmen of Ludlow: Their Account-Book and Money-Box" in *Journal of the British Archaeological Association*, vol. xxiv, p. 327. London, 1868.

HUDSON, W. *Leet Jurisdiction in Norwich* (Selden Society Publications, vol. v). London, 1892.

——, and TINGEY, J. C. *Records of the City of Norwich.* 2 vols. Norwich, 1906—1910.

HUNTER, J. *Hallamshire; the History and Topography of the Parish of Sheffield in the County of York.* Ed. and enlarged by A. Gatty. London, 1869.

JEAYES, I. H. and BENHAM, W. G. *Court Rolls of the Borough of Colchester*, 1310—1352. Colchester, 1921.

JOHNSON, A. H. *History of the Worshipful Company of the Drapers of London.* 5 vols. Oxford, 1914—1922.

KINGDON, J. A. *Facsimile of First Volume of MS. Archives of the Worshipful*

Company of Grocers of the City of London. 2 parts. London, 1886.

KRAMER, S. *The English Craft Gilds and the Government.* New York, 1905.

LAMBERT, J. M. "The Trade Gilds of Beverley," in *Transactions of the East Riding Antiquarian Society*, vol. xix, p. 91. Hull, 1913.

LAMBERT, J. M. *Two Thousand Years of Gild Life.* Hull, 1891.

LAMOND, E. *A Discourse of the Common Weal of this Realm of England.* Cambridge, 1893.

LEACH, A. F. *Beverley Town Documents* (Selden Society Publications, vol. xiv). London, 1900.

LEADER, R. E. *History of the Company of Cutlers in Hallamshire.* 2 vols. Sheffield, 105 – 106.

LEICHTON, W. A. "The Guilds of Shrewsbury" in *Transactions of the Shropshire Archæological and Natural History Society*, vol. v, p. 265. Shrewsbury, 1882.

LETTS, M. "Law and Order in a Medieval Town" in *Law Quarterly Review*, vol. xxxix. London, 1923.

LIPSON, E. *An Introduction to the Economic History of England*, vol. i (The Middle Ages). London, 1920.

LLOYD, G. I. H. *The Cutlery Trades.* London, 1913.

LOWER, M. A. "Memorials of the Town Parish, and Cinque – Port of Seaford" in *Sussex Archæological Collections*, vol. vii, p. 73. London, 1854.

MAITLAND, F. W. "Review of 'The Gild Merchant'" in *The Collected Papers of Frederic William Maitland*, ed. by H. A. L. FISHER, vol. ii, p. 223. Cambridge, 1911.

MALDEN, H. E. *History of the County of Surrey* (Victoria History of the Counties of England). 4 vols. London, 1902—1914.

MACADEM, J. H. *Baxter Books of St. Andrews.* Leith, 1903.

MARKHAM, C. A. and Cox, J. C. *Records of the Borough of Northampton.* Introd. by W. L. D. Adkins. 2 vols. London, 1898.

MATTHEWS, J. H. *Cardiff Records.* 6 vols. Cardiff, etc., 1898—1911.

MORRIS, B. *The Stirling Merchant Gild.* Stirling, 1919.

NICHOLL, J. *Some Account of the Worshipful Company of Ironmongers of London*, 2nd ed. London, 1866.

NICHOLS, J. G. "Bakers' Hall and the Muniments of the Company" in *Transactions of the London and Middlesex Archœological Society*, vol. iii, p. 54. London, 1870.

OVERALL, W. H. "Some Account of the Ward of Vintry and the Vintners' Company" in *Transactions of the London and Middlesex Archœological Society*, vol. iii, p. 404. London, 1870.

PAGE, W. *History of the County of Somerset* (Victoria History of the Counties of England). 2 vols. 1906—1911.

——, *History of the County of Gloucestershire* (Victoria County Histories). Only vol. ii issued. London, 1907.

——, *London. Its Origin and Early Development.* London, 1923.

PAULI, R. *Drei Volkswirthschaftliche Denkschriften aus der Zeit Heinrichs* Ⅷ *von England.* Gottingen, 1878.

PENTY, A. J. *A Guildsman's Interpretation of History.* London, 1920.

POTTHOFF, H. *Die Leinenleggen in der Grafschaft Ravensberg.* Bielefeld, 1900.

REES, J. A. *The Worshipful Company of Grocers.* London, 1923.

RENARD, G. *Guilds in the Middle Ages.* (Tr. by D. Terry, ed. By G. D. H. Cole). London, 1919.

RILEY, H. T. *The French Chronicle of London.* London, 1863.

——, *Memorials of London and London Life in the* XIII*th*, XIV*th and* XV*th Centuries.* London, 1868.

——, Munimenta Guildhallae Londoniensis. *Liber Albus* ...; *Liber Custumarum et Liber Horn* (Chronicles and Memorials of Great Britain, Rolls Series, No. 12). 3 vols. London, 1859—1862.

SALTER, H. E. *Records of Medieval Oxford.* Oxford, 1912.

SARGEANT, F. "The Wine Trade in Gascony" in *Finance and Trade Under Edward* Ⅲ, ed. G. Unwin. (Publications of the University of Manchester, Historical Series, No. xxxii). Manchester, 1918.

SELLERS, M. *York Memorandum Book*, Part Ⅰ (1376—1419); Part Ⅱ

(1388—1493). (Publications of the Surtees Society, vols. cxx, cxxv). London and Durham, 1912, 1915.

——, *York Mercers and Merchant Adventurers*, 1356—1917. (Publications of the Surtees Society, vol. cxxix). Durham and London, 1918.

SHARPE, R. R. *Calendar of Letters from the Mayor and Corporation of the City of London, circa A. D.* 1350—1370, *etc.* London, 1885.

——, *Calendar of Letter Books Among the Archives of the Corporation of the City of London at the Guildhall.* Letter - Books A - L [Edw. I - Hen. Ⅶ]. ii vols. London, 1899—1912.

SHERWELL, J. W. *A Descriptive and Historical Account of the Guild of Saddlers of the City of London.* London, 1889.

SLASKI, W. VON. *Danziger Handel im XVten Jahrhundertauf Grund eines in Danziger Stadtarchiv befindlichen handlungsbuches geschildert.* Heidelberg, 1905.

SMITH, L. T. "The Bakers of York and Their Ancient Ordinary" in *Archæological Review*, vol. 1. London, 1888.

SMITH, T. *English Gilds* (Early English Text Society). London, 1870.

STALEY, E. *The Guilds of Florence*, 2nd ed. London, 1906.

STEVENSON, W. H., BAKER, W. T. and GUILFORD, E. L. *Records of the Borough of Nottingham.* 6 vols. Vols. i - iv ed. by W. H. Stevenson; vol. v ed. by W. T. Baker; vol. vi ed. by E. L. Guilford. London and Nottingham, 1882—1914.

STOCKS, H. and STEVENSON, W. H. *Records of Borough of Leicester*, 1603—1688, vol. 4. (Continuation of vols. I to 3, ed. by M. Bateson). Cambridge, 1923.

STONE, E. M. *History of Beverly* ... Boston, 1843.

STOW, J. *A Survey of London.* Ed. C. L. Kingsford. 2 vols. Oxford, 1908.

STUBBS, W. *Constitutional History of England.* 4 th ed. 3 vols. Oxford, 1896.

STUDER, P. *The Oak Book of Southampton of c. A. D.* 1300, vols. i, ii and Supplement. (Publications of the Southampton Record Society, vols. 10 - 12). Southampton, 1910—1911.

SYMONDS, G. E. "Thaxted And Its Cutlers' Guild" in *Transactions of Essex Archæological Society*, vol. iii, New Series, p. 255. Colchester, 1889.

THOMAS, A. H. *Calendar of Early Mayor's Court Rolls* ... 1298—1307. Cambridge, 1924.

TOULMIN, J. *The History of Taunton in the County of Somerset.* Ed. By J. Savage. Taunton, 1822.

TURNER, W. H. *Selections from the Records of the City of Oxford...* Oxford and London, 1880.

UNWIN, G. *Finance and Trade Under Edward* Ⅲ. (Publications of the University of Manchester, Historical Series, No. XXXII). Manchester, 1918.

——, *Industrial Organization in the Sixteenth and Seventeenth Centuries.* Oxford, 1904.

——, *The Gilds and Companies of London.* London, 1908.

WALDO, F. J. *Short History of the Worshipful Company of Plumbers of the City of London.* 2nd ed. London, 1923.

WEBB, S. and B. "The Assize of Bread" in *Economic Journal*, vol. xiv, p. 196. London, 1904.

WELCH, C. *History of the Worshipful Company of Pewterers of the City of London.* 2 vols. London, 1902.

——, *History of the Worshipful Company of Paviors of ... London.* London, 1919.

——, *History of the Worshipful Company of the Cutlers of London.* 2 vols. London, 1916—1923.

WHEELER, J. *A Treatise of Commerce.* London, 1601.

WILLIAMS, W. M. *Annals of the Worshipful Company of Founders of the City of London.* London, 1867.

WINSOR, J. *Memorial History of Boston.* 4 vols. Boston, 1881.

YOUNG, S. *Annals of the Barber-Surgeons of London.* London, 1890.

C. 艺术、考古和奖章收藏

BANKS, J. "Ordinances Respecting Swans on the River Witham" [1570] in

Archæologia, vol. xvi, p. 155. London, 1810.

BAUR, P. V. C. *Catalogue of the Rebecca Darlington Stoddard Collection of Greek and Italian Vases in Yale University.* (Yale Oriental Series: Researches, vol. viii). New Haven, 1922.

BLEGEN, C. W. *Korakou, a Prehistoric Settlement Near Corinth.* (American School of Classical Studies at Athens). Boston, 1921.

BOEHEIM, W. "Die Mailänder Nigroli und der Augsburger Desiderius Colman, die Waffenkünstler Karl's V" in *Repertorium fur Kunstwissenschaft*, viii, 185. Berlin, 1885.

——, *Handbuch der Waffenkunde.* Leipzig, 1890. pp. 648 – 680 are devoted to a list and reproductions of armourers' marks.

——, "Werke Mailander Waffenschmiede in der Kaiserlichen Sammlungen" in *Jahrbuch der Kunsthistorischen Sammlungen der oesterreichischen Kaiserhauses*, vol. ix. Vienna, 1899.

BOUTELL, C. *Heraldry.* London, 1864.

BOYNE, W. *Trade Tokens Issued in the Seventeenth Century in England, Wales and Ireland by Corporations, Merchants, Tradesmen, etc.* Revised ed. by G. C. WILLIAMSON. 2 vols. London, 1889—1891.

BRULLIOT, F. *Dictionnaire des monogrammes* ... New ed. 3 vols. in I. Munich, 1832 – 1834. Reproduces artists' signatures and symbols.

BUCK, J. H. "Historical Sketch of Makers' Marks" in *Trade Marks of the Jewelry and Hundred Trades*, published by Jewelers Circular Publishing Co. (3 rd ed.) New York, 1915.

BUMPUS, T. F. *London Churches, Ancient and Modern.* London, 1905.

CHAFFERS, W. *Handbook to Hall Marks on Gold & Silver Plate.* Ed. C. A. MARKHAM (4th ed.) London, 1913.

——, *Marks and Monograms on Pottery and Porcelain of the Renaissance and Modern Periods* ... 3rd ed. revised & enlarged. London, 1872.

CHRIST, M. *Dictionnaire des monogrammes* (French tr. from German). Paris, 1762.

CHRISTY, M. *The Trade Signs of Essex.* Chelmsford and London, 1887.

COOPER, T. P. "The Armorial Bearings of Gilds and Livery Companies" in *The Antiquary*, vol. xlix [New Series, vol. ix] pp. 287 – 291; 345 – 349. London, 1913.

COSSON, A. DE "Arsenals and Armouries in Southern Germany and Austria" in *Archæological Journal*, vol. xlviii, p. 117. London, 1891.

COTMAN, J. S. *Engravings of Sepulchral Brasses in Norfolk and Suffolk.* 2nd ed. by Sir S. R. MEYRICK, 2 vols. London, 1839.

CROSSLEY, F. H. *English Church Monuments*, A. D. 1150—1550. London, 1921. Reproduces merchant's mark on tomb (p. 159).

DANIELS, L. E. "The History of the Trademark" in *Bulletin U. S. Trademark Assn.*, vol. 7 (New Series), p. 239. New York, 1911.

DAVIS, C. T. *Monumental Brasses of Gloucestershire.* London, 1899.

DEAN, B. *Catalogue of a Loan Exhibition of Arms and Armor.* New York, 1916.

——, *The Collection of Arms and Armor of Rutherford Stuyvesant.* New York, 1914.

DRUITT, H. *Manual of Costume as Illustrated by Monumental Brasses.* Philadelphia, 1907.

DUNKIN, E. H. W. *Monumental Brasses of Cornwall.* London, 1882.

EWING, W. C. "Notices of the Norwich Merchant Marks" *in Norfolk Archæology*; *Norfolk and Norwich Archæological Society Publications*, vol. iii, p. 177. Norwich, 1852.

FAIRHOLT, F. W. "Marks of Gold and Silver Smiths" in *Trade Marks of the Jewelry and Hundred Trades*, published by Jewelers Circular Publishing Co. (3rd ed.) New York, 1915.

FFOILKES, C. J. *Inventory and Survey of the Armouries of the Tower of London.* 2 vols. London, 1916.

——, *The Armourer and His Craft from the XIth to the XVIth Century.* London, 1912. pp. 62 – 73 deal with the relation of armourers' marks to "the proof of armour"; pp. 147 – 152 contain list of armourers' marks with illustrations. Appendices also have regulations concerning armourers' marks.

——, "The Armourers of Italy" in *The Connoisseur*, vol. xxv, pp. 28, 167.

London, 1909.

——, "The Craft of the Armourer" in *The Connoisseur*, vol. xxiv, p. 99. London, 1909.

GAWTHORP, W. E. *The Brasses of Our Homeland Churches.* London, 1923. Ch. viii deals with merchants' marks.

GERSTUNG, W. *Das Zeichenbuch.* Offenbach am Main, 1923. Contains excellent reproductions of medieval marks and symbols, unfortunately without adequate explanations and references.

GILBERT, W. "The Token Coinage in Essex in the Seventeenth Century" in *Essex Archæological Society Transactions*, vol. xiii, New Series, p. 184. Colchester, 1915.

GILCHRIST, H. I. *Catalogue of the Collection of Arms and Armor Presented to Cleveland Museum of Art by Mr. and Mrs. John Long Severance*, pp. 265 – 278. Cleveland, 1924.

GRAESSE, J. G. T. and JAENNICKE, E. *Führer für Sammler von Porzellan und Fayence* ... 15th ed. , by E. ZIMMERMAN. Berlin, 1919. Reproduces European, Japanese and Chinese porcelain and pottery marks.

GRAY, H. ST. G. and SYMONDS, H. "Somerset Trade Tokens, XVII Century" in *Proceedings of the Somersetshire Archæcological and Natural History Society*, vol. lxi, p. 115. Taunton, 1916.

HAINES, H. *Manual of Monumental Brasses.* 2 vols. London, 1861.

HAMY, E. T. "Un Naufrage en 1332" in *Études historiqueset gégraphiques.* Paris, 1896.

HANNOVER, E. *Pottery and Porcelain, a Handbook for Collectors.* Ed. and tr. by B. RACKHAM, 3 vols. London, 1924. A very important work, containing much information concerning pottery and porcelain marks and their infringement, also valuable bibliographies.

HEARNE, T. See THYNNE, F.

HOMEYER, K. G. *Die Haus – und Hofmarken.* Berlin, 1853.

JACKSON, C. J. *English Goldsmiths and Their Marks.* 2nd ed. London, 1921. Very comprehensive in scope and thorough in treatment.

JONES, S. R. *Posters and Their Designers.* London, 1924.

LAKING, G. F. *A Record of European Armour and Arms.* 5 vols. London, 1920.

LARWOOD, J. and HOTTEN, J. C. *History of Signboards*, 3rd ed. London, 1908.

LEEDS, E. T. "Oxford Tradesmen's Tokens" in *Surveys and Tokens* (Oxford Historical Society, vol. lxxv), ed. by H. E. SALTER. Oxford, 1923.

MACKLIN, H. W. *The Brasses of England*, 2nd ed. London, 1907.

MANNING, C. R. "Monumental Brass Inscriptions &c. in Norfolk" in *Norfolk Archœology: Norfolk and Norwich Archœological Society Publications*, vol. xi, p. 182. Norwich, 1892.

MARKHAM, C. A. *Pewter Marks and Old Pewter Ware.* London, 1907.

MAYO, C. H. "Swans on the Salisbury, Avon and The Dorset Stour" in *Notes & Queries for Somerset and Dorset*, vol. xiii, p. 297. Sherborne, 1913. Contains excellent reproductions of swan – marks.

MÉLY, F. DE. *La céramique italienne, marques et monogrammes.* Paris, 1884.

——, *Les primitifs et leurs signatures.* Paris, 1913.

METROPOLITAN MUSEUM OF ART, NEW YORK. *Bulletin*, vol. xix, No. 5. New York, 1924.

NEALE, J. M. *Illustrations of Monumental Brasses.* (Cambridge Camden Society, 1846.)

NEWTON, W. *A Display of Heraldry.* London, 1846.

PEACOCK, E. "Swan Marks" in *Archœological Journal ... of the Royal Archœological Institute*, vol. xli, p. 290. London, 1884.

RAINE, J. JR. *A Volume of English Miscellanies Illustrating the History and Language of the Northern Counties of England.* (Publications of the Surtees Society, vol. lxxxv [vol. ii for 1888]). Durham and London, 1890.

ROGERS, E. S. *Good Will, Trade – Marks and Unfair Trade.* Chicago, 1919.

——, "Some Historical Matter Concerning Trade – Marks" in *Michigan Law Review*, vol. ix (1910—1911), p. 29.

ROTH – SCHOLTZ, F. *Thesaurus Symbolorum Ac Emblematum.* Nuremberg and Altdorf, 1730. See ROTH – SCHOLTZ in Section D of this bibliography, infra, p. 190.

RYLANDS, J. P. "Merchants' Marks and other Mediaeval Personal Marks" in *Transactions of the Historical Society of Lancashire and Cheshire for the Year* 1910, vol. lxii [New Series, vol. xxvi] p. i. Liverpool, 1911.

SAMPSON, H. *The History of Advertising from the Earliest Times.* London, 1875.

STIRLING - MAXWELL, W. *Annals of the Artists of Spain.* 4 vols. New ed. London, 1891. Vol. iv, p. 1642, reproduces Spanish artists' monograms.

SUFFLING, E. R. *English Church Brasses from the 13th to the 17th Century.* London, 1910.

THORNELEY, J. L. *Monumental Brasses of Lancashire and Cheshire.* Hull, 1893.

THYNNE, F. "A Discourse of the Duty and Office of an Herald at Arms," 1605, reprinted in *A Collection of Curious Discourses*, ed. T. HEARNE, 2nd ed. 2 vols. London, 1775.

WATTERS, H. B. *History of Ancient Pottery* (Based on the Work of Samuel Birch). London, 1905.

D. 早期印刷者和出版者标识

注：关于出版信息页、印刷商和出版商历史参考文献的较好归纳，参见 A. W. Pollard, *Fine Books*, (London, 1912) pp. 309 - 315.

ALDIS, H. G. *The Printed Book.* Cambridge, 1921.

AMES, J. *Typographical Antiquities.* Enlarged by T. F. Dibdin, 4 vols. London, 1810—1819.

ARBER, E. *A Transcript of the Registers of the Company of Stationers of London*, 1554—1640. 5 vols. London, 1875—1894.

BAILLET, A. *Jugemens des savans sur les principaux ouvrages des auteurs.* Ed. by B. de la Monnoye. 8 vols. Paris, 1722—1730.

BARACK, K. A. See Introd. to *Elsässische Bückermarken* in Heitz's BÜCHERMARKEN series.

BAYLEY, H. *A New Light on the Renaissance.* London, 1909.

BERNOUILLÉ, C. See Introd. to *Die Basler Büchermarken* in Heitz, BÜCHERMARKEN series.

BIBLIOGRAPHICA. Review of P. Kristeller's *Die Italienischen Buchdrucker – und Verlegerzeichen*, vol. i, pp. 123 – 125. London, 1895.

BIBLIOGRAPHICAL SOCIETY. *Illustrated Monographs.*

BIBLIOGRAPHICAL SOCIETY. *Transactions.* London, 1893, etc.

BIRRELL, A. *The Law and History of Copyrighting Books.* London, 1899.

BRESCIANO, G. "Insegne di typografi e librai napoletani del XV e XVI secolo," in *Bolletino del Bibliofilo*, vol. i, pp. 94 – 96, 129 – 156. Naples, 1918—1919.

BRIQUET, C. M. *Les Filigranes.* 4 vols. Paris, 1907.

BROWN, H. F. *The Venetian Printing Press.* New York, 1891.

BROWNE, W. H. *Treatise on the Law of Trademarks*, 2nd ed. Boston, 1898.

BÜCHERMARKEN. *Die Büchermarken oder Buchdrucker – und Verlegerzeichen. Strassburg*, 1892, etc.

1. *Elsässische Bückermarken bis Anfang des* 18. *Jahrhunderts.* Herausgeg. von P. HEITZ, 1892.
2. *Die Italienischen Buchdrucker – und Verlegerzeichen bis* 1525. Herausgeg. von P. KRISTELLER, 1893.
3. *Die Basler Büchermarken bis Anfang des* 17. *Jahrhunderts.* Herausgeg. von P. HEITZ, 1895.
4. *Die Frankfurter Drucker und Verlegerzeichen bis Anfang des* 17. *Jahrhunderts.* Herausgeg. von P. HEITZ, 1896.
5. *Spanische und Portugiesische Bütcherzeichen des xv. und xvi. Jahrhunderts.* Herausgeg, von K. HAEBLER, 1898.
6. *Kölner Büchermarken his zum Anfang des xvii. Jahrhunderts.* Herausgeg. von DR. ZARETZIY, 1898.
7. *Genfer Buchdrucker – und Verlegerzeichen vom xv. xvi. und xvii. Jahrhundert.* Herausgeg. von P. HEITZ, 1908.

BURNHAM, L. "Harold Bayley's 'A New Light on the Renaissance,'" in *The*

Bookman, p. 531, vol. xxix. New York, 1909.

CAMBRIDGE MODERN HISTORY. See TILLEY, A.

CHEVILLIER, A. *L'Originede l'imprimeriede Paris.* Paris, 1694.

DANIELS, L. E. "The History of the Trade – Mark" in *Bulletin of the United States Trade – Mark Association*, New Series, vol. 7, p. 239. New York, 1910.

DELALAIN, M. P. *Inventaire des marques d'imprimeurs et de libraires*, 2nd ed. Paris, 1892.

DE VINNE, T. L. *Notable Printers of Italy during the fifteenth century.* New York, 1910.

DIBDIN, T. F. *Typographical Antiquities.* 4 vols. London, 1810—1819.

DUFF, E. G. *A Century of the English Book Trade.* London, 1905.

DUPONT, P. *Histoire de l'imprimerie.* 2 vols. Paris, 1854.

ENCYCLOPEDIA BRITANNICA. 11th ed. vol. xxvii (Cambridge, 1911) pp. 509 – 548.

EYRE, G. E. B. and RIVINGTON, C. R. *A Transcript of the Registers of the Worshipful Company of Stationers from* 1640—1708, *A. D.* 3 vols. London, 1913—1914.

FIRMIN – DIDOT, A. *Alde Manuce.* Paris, 1875.

——, Article "Typographie" in *Encyclopédie Moderne*, vol. xxvi. Paris, 1851, pp. 558 – 922.

FREIMANN, A. Article "Printers' Marks" in *Jewish Encyclopedia*, vol. x (New York, 1905) pp. 200 – 204.

GIBSON, S. *Abstracts from the Wills of Oxford Printers.* London, 1907.

GRAY, G. J. and PALMER, W. M. *Abstracts from the Wills and Testamentary Documents of Printers, Binders and Stationers of Cambridge, from* 1504 *to* 1699. (Bibliographical Society, London), London, 1915.

GRESWELL, W. P. *Annals of Parisian Typography.* London, 1818.

GROLIER CLUB. *A Description of the Early Printed Books owned by the Grolier Club.* New York, 1895.

HAEBLER, K. *The Early Printers of Spain and Portugal.* (Bibliographical Society

Illustrated Monographs, No. IV). London, 1897.

HEITZ, P. See BÜCHERMARKEN.

ISAMBERT, F. A. *Recueil général des anciennes lois françaises.* Vol. xii. Paris, 1828.

JOHNSON, H. L. *Historic Design in Printing.* Boston, 1923.

KOHLER, J. *Das Recht des Markenschutzes.* Würzburg, 1884.

KRISTELLER, P. See *Die Italienischen Buchdrucker – und Verlegerzeichen* in Heitz, BÜCHERMARKEN Series.

MCKERROW, R. B. *Printers' and Publishers' Devices in England and Scotland*, 1485—1640. (Bibliographical Society Illustrated Monographs, No. XVI.). London, 1913.

MACFARLANE, J. *Antoine Verard* (Bibliographical Society Illustrated Monographs, No. Ⅶ). London, 1900.

MADAN, F. "Early Representations of the Printing Press" in *Bibliographica*, vol. i. London, 1895.

PLOMER, H. R. *Abstract from the Wills of English Printers and Stationers*, 1492 – 1630. (Bibliographical Society, London.) London, 1903.

——, "Eliot's Court Printing House, The (1584—1674)" in *The Library*, 4 th Series, vol. ii (Transactions of the Bibliographical Society, London, 2nd Series, vol. ii), pp. 175 – 184. Oxford, 1922.

——, *English Printers' Ornaments.* London, 1924. See review in *London Times Literary Supplement*, March 13, 1924, p. 159, criticizing exclusion of printers' devices from this work.

——, *Short History of English Printing*, 2nd ed. London, 1915.

POLLARD, A. W. *An Essay on Colophons*, The Caxton Club, Chicago, 1915.

——, *Fine Books.* London, 1912.

——, *Early Illustrated Books*, 2nd ed. London, 1917.

——, *Last Words on the History of the Title – Page.* London, 1891.

——, "Printers' Marks of the XVth and XVIth Centuries" in *The Connoisseur*, vol. ii (London, 1902), p. 262.

——, "Some Notes on English Illustrated Books" in *Transactions of the Biblio-*

graphical Society, London vol. vi, p. 29. London 1900—1901.

——, "Some Notes on the History of Copyright in England," 1622—1674 in *The Library*, 4 th Series, vol. iii (Transactions of the Bibliographical Society, London, vol. iii), p. 97. Oxford, 1923.

PROCTOR, R. *Jan Van Doesborgh* (Bibliographical Society, Illustrated Monographs, No. XI). London, 1894.

PUTNAM, G. H. *The Censorship of the Church of Rome.* 2 vols. New York, 1906.

REED, T. B. *History of Old English Letter Foundries.* London, 1887.

RENOUARD, P. *Bibliographie des impressions et des œuvres de Josse Badius Ascencius.* 3 vols. Paris, 1908.

REUSCH, H. *Die Indices Librorum Prohibitorum des sechzehnten Jahrhunderts* (Bibliothek des Litterarischen Vereins in Stuttgart, vol. clxxvi). Tdbingen, 1886.

ROBERTS, W. *Printers' Marks.* London, 1893.

ROGERS, E. S. *Good Will, Trade - Marks and Unfair Trading.* Chicago, 1919.

——, "Some Historical Matter Concerning Trademarks" in *Michigan Law Review*, vol. ix (1910—1911), p. 29.

ROTH - SCHOLTZ, F. *Thesaurus Symbolorum et Emblematum.* Nuremberg and Altdorf, 1730. A rare volume. Copy in Library of Congress. Reproduces 508 printers' and publishers' devices. At foot of Plate 50 appears "Partis primafinis," but according to the Library of Congress Catalogue no second part was ever published.

SAUGRAINE, C. M. *Code de la librairie et imprimerie de Paris.* Paris, 1744.

SHARPE, R. R. *Calendar of Wills Proved and Enrolled in the Court of Husting, London A. D.* 1258 - *A. D.* 1688. 2 vols. London, 1889—1890.

SILVESTRE, L. C. *Marques typographiques.* Paris, 1867.

STEELE, R. *Earliest English Music Printing* (Bibliographical Society, Illustrated Monographs, No. XI). London, 1903.

THOMPSON, S. B. "Peter Short, Printer, and His Marks" in *Transactions of the Bibliographical Society*, London, vol. iv, p. 103. London, 1898.

TILLEY, A. A. "The Reformation in France," in *Cambridge Modern History*,

vol. ii, pp. 280 – 304. New York, 1904.
UNWIN, G. *The Gilds and Companies of London.* London, 1908.
UPDIKE, D. B. *Printing Types, their History, Forms and Use.* 2 vols. Cambridge, 1922.
ZARETZKY, O. See Introd. to *Die Kölner Büchermarken* in Heitz's BÜCHERMARKEN series.

E. 文学、传记及其他

AMERICAN STATE PAPERS. Vol. ix (Class iv, vol. viii). Washington, 1832.
BISHOP, J. L. *History of American Manufactures.* 3 vols. Philadelphia, 1864.
BOSTON GAZETTE. Dec. 26, 1791.
BRECI, S. *Genealogy of the Breck Family.* Omaha, 1889.
BRIGHT, M. *Diary and Correspondence of Samuel Pepys.* 10 vols. New York, 1884.
CAMPBELL, J. C. *Lives of the Chief Justices of England.* 6 vols. New York, 1873.
COPELAND, M. A. "The Economies of Advertising" – Discussion of, in *American Economic Review*, vol. xv (Supplement), p. 38. New Haven, 1915.
D'EWES, SIR S. Journal of, ed. W. NOTENSTEIN (Yale Historical Publications, vol. vii). New Haven, 1923.
DOBSON, A. *Diary of John Evelyn.* 3 vols. London, 1906.
DUNLAP'S. *American Daily Advertiser.* Philadelphia, Dec. 12, 1791.
GOLLANCZ, SIR I. *A Good Short Debate Between Winner and Waster* (Selected Early English Poems for Early English Text Society, No. Ⅲ). London, 1920.
GOODALL, G. W. *Advertising: A Study of a Modern Business Power* (London School of Economics Monographs, No. 41). London, 1914.
HANSARD, T. C. *Parliamentary Debates*, 3rd Series, vol. 217. London, 1874.
HOTCHKISS, G. B. "An Economic Defence of Advertising" in *American Economic Review*, vol. xv (Supplement), p. 14. New Haven, 1925.
JEFFERSON, T. *Complete Works.* Ed. By H. A. WASHINGTON, 9 vols. New

York, 1853—1855.

KERSEY, J. *Dictionarium Anglo – Britannicum: or a General English Dictionary*, etc. London, 1715.

MURRAY, J. A. H. *A New English Dictionary.* Vol. vi, part Ⅱ (Oxford, 1908), s. v. "marks."

PAGE, E. D. *Trade Morals, Their Origin, Growth and Province.* New Haven, 1914.

REPORT OF THE COMMITTEE ON THE DECAY OF TRADE. (House of Lords, Oct. 28, 1669) in *Historical Manuscripts Commission Report*, vol. viii, Appendix Part i, No. 215, 133 – 136. London, 1881.

RUSHWORTH, J. *Historical Collections of Private Passages of State*, *etc.* 7 vols. London, 1659—1701.

ST. JAMES' CHRONICLE. London, Dec. 4, 1777.

SCUDDER, H. E. *Recollections of Samuel Breck.* Philadelphia, 1877.

SKEAT, W. *Pierce The Ploughman's Crede* (Early English Text Society). London, 1867.

VEBLEN, T. *The Theory of Business Enterprise.* New York, 1904.

WEBB, S. *Industrial Democracy.* New York, 1920.

WRIGHT, T. and HALLIWELL, J. O. *Reliquae Antiquae. Scraps from Ancient Manuscripts.* 2 vols. London, 1845.

YARRELL, W. *History of British Birds*, 4 th ed. 4 vols. London, 1884.

YORKE, P. C. *Life and Correspondence of Philip Yorke, Earl of Hardwicke.* 3 vols. Cambridge, 1913.

索　引

A. B. C. with a little cathechisme《天主教教义基础知识》，74 –76

Abbott 艾博特，C. J. ，137

Abridgements 摘编，classification of trade – mark infringement by 商标侵权归类，9

Admiralty courts 海事法院，*see* Maritime courts 参见海事法院

Advertisement 广告，self – 自我，repression by gilds 行会的衰落，46

Advertising 做广告，development of after Industrial Revolution 工业革命以后的发展，130；Dr. Johnson on 约翰逊博士论，130；posters for 招贴，130 and n. 3；económic justification of 经济上的正当性，150 n. 2；protection of 保护，in equity 衡平法上，167 and n. 3，168

Agnus dei 上帝的羔羊，as merchant's mark 作为商人标识，24

Aldus 阿尔杜斯，Manutius 马努提乌斯，complaint of infringement by 对其侵权行为的控诉者，63 –64；forgery of italic of 假冒斜体，76 n. 2

Alverstone 阿尔弗斯通，L. J. 大法官，quoted 引文，143 n. 1

American writers on trade – mark law 美国商标法学者，13

Apprentices 学徒，enticement of 引诱，42 and n. 3

Aquinas 阿奎那，Thomas 托马斯，"Just Price" and "公平价格" 与，42 n. 1

Arber 阿尔伯，Edward 爱德华，*Transcript of Registers*，of《登记簿抄本》，73 and n. 2

Arbitration 仲裁：gild ordinances compelling 行会规章汇编，16，17 and n. 1，2；statute forbidding 禁止的制定法，ineffectual 无效的，18

Archœological societies 考古机构，records of 记录，16

Archœology 古物，trade – marks in 中的商标，11，19，20 and n. 4.

Armstrong 阿姆斯特朗，Clement 克莱门特，quoted 引文，85

Ascensius 阿斯克尼斯，Josse Badius 约瑟 · 巴迪乌斯，device of 标记，64

and n. 1
Ashley 阿什利，quoted 引文，40，80，81
“Asperin”“阿司匹林”，168
“Asset mark”“财产性标识”，*see* Compulsory mark 参见强制性标识
Assisa Panis et Cervisiae（Assize of Bread and Ale）《面包和啤酒法令》，49 - 50，52，56，57
“Aunt Jemima”“杰迈玛婶婶”，169

Bacon 培根，V. C. 副大法官，9
Badius 巴迪乌斯，complaint of 指控，64；devices of 标记，67 - 68；use of others' devices by 使用他人的标记，68 n. 5
Baillet 贝利特，*Jugemens des Savans* of《学者评论集》，69
Baize 台面呢，seals on 上的标记，88 - 100
Baker 贝克，Judge 法官，quoted 引文，155 - 156
“Baker's Chocolate”“贝克巧克力”，148，150
Bakers' marks 面包师标识，forms of 的形式，39 and n. 7
Barack 巴拉克，cited 引文，66
Bargain 对价，loss of 丧失，action for 诉讼，15 n. 1
Barrington 巴林顿，Daines 戴恩斯，quoted 引文，48
Basel 巴塞尔，printers of 印刷商，65
“Beehive”“蜂巢”，134 n. 1
“Beverly Cotton Manufactory，The”“贝弗利面纺织业”，130 n. 5，6；infringement of seal of 侵犯标记，130 - 131
Bickley 比克利，F. F.，quoted 引文，17 n. 2
Bills of lading 提单，in Admiralty Court 海事法院中，15 n. 4；merchants' marks in 商人标识，32
Binnerman 宾纳曼，Henry 亨利，device of 标记，72
Birmingham 伯明翰，cutlers of 刀具工匠，102；competition of 竞争，with Sheffield cutlers 与谢菲尔德刀具工匠，107 n. 1
Bishop's Lynn 大主教管辖的林恩地区，monopoly in marble at 在大理石中的垄断权，42 n. 1

Blackstone 布莱克斯通，*Commentaries* of《释义》，trade – marks not mentioned in 没有提及商标，129

Blanchard v. Hill，*ratio decidendi* of 判决理由，10，134，136；approved 赞同，136 and n. 5；not followed 未适用，137 and n. 1，138

Blofield v. Payne，pleading in 请求，142

Blomefield 布洛姆菲尔德，F.，quoted 引文，23

Bordeaux 波尔多，Milanese armorers at 米兰武器制造者，105 n. 2

Borough Courts 自治市法庭，actions in 中的诉讼，14

Boure 布尔，Robert 罗伯特，mark of 标识，120

Brabant 布拉班特，merchants 商人，marks of 标识，27

Bracton 布拉克顿，13

Brasses 黄铜，monumental 纪念牌，merchants' marks on 商人标识，24 and n. 1

Braun 布朗，Alexandre 亚历山大，12，26

"Brazen Serpent" device "铜蛇" 标记，70 – 72

Bread 面包：compulsory marks on 强制性标识，48 – 56；seals on aldermen's custody of 市政官保管的标记，52 n. 6；punishment for "false" bread 对 "劣质" 面包的惩罚，55 and n. 2

Breck 布雷克，Samuel 萨缪尔，131 and n. 1；petition for protection of marks by 请求保护标识，131 – 133

Briquet 布里凯，C. M.，cited 引文，77 n. 3

Bristol 布里斯托：Gild ordinances of 行会规章，17 n. 2；localization of trades in 贸易的本地化，41；cloth of 纺织品，82

Britton 布里顿，13

Brotherhood of Our Lady of Bethlehem 伯利恒圣母兄弟会，ordinances of 规章，17

Bruges 布鲁日，*échevins* and burgomaster of 市议员和市长，29 and n. 2

Budriess 布德里斯，Samuel 萨缪尔，34 n. 4

Burgos 布尔戈斯，Juan de 胡安·德，67

Bydell 比德尔，John 约翰，device of 标记，70 and 71 n. 5

Cabrier 卡布瑞尔，name of 姓名，infringed 被侵权，137

Çagarra 察加拉，Bartholomeus 巴塞罗缪斯，mark of 标识，26 – 27
Calais 加来，Mayor and Aldermen of 市长和市政官，31
Capitalists 资本家，in clothing trade 在纺织贸易中，80，95
Cardozo 卡多佐，Judge 法官，quoted 引文，147
Caxton 卡克斯顿，William 威廉，use of devices by 使用标记，70
Chafee 查菲，Professor 教授，quoted 引文，156 – 157
"Champagne" "香槟"，79 n. 1
Charter parties 租船合同，history of 历史，3，4；in Admiralty Courts 在海事法院中，15 n. 4
Churches 教堂，merchants' marks in 中的商人标识，23 and n. 1，24 and n. 1
"*Cigninota*，" 35
Close and Patent Rolls 密封的和公开的记录，merchants' marks in 中的商人标识，28
Cloth 纺织品，sealing of by towns 打上市镇标记，84 and n. 1，2
Cloth industry 纺织品产地：national expansion of 全国范围的扩张，79；trade – mark law in 中的商标法，79；royal control of 皇室的控制，81；sealing of cloth by towns 打上市镇标记，84 and n. 1，2；development of administrative law of trade – marks in 商标行政法的发展，86 – 100，*passim*
"Clothiers" "纺织者"，rise of 崛起，81
"Coca Cola" "可口可乐"，148，150
"Cognac" "克拉纳"，79 n. 1
Coinage 金属货币，goldsmiths' marks and 与金匠标识，59 and n. 4
Coins 金属货币，tokens substituted for 代币，25
Coke 科克，Edward 爱德华，quoted 引文，35
Colchester baize 科尔切斯特台面呢：history of 历史，82，88 – 93；reputation of 声誉，88 – 89；sealing of 标注，method 方法，89；infringement of seals 标记侵权，89 – 93，96 – 100
Collective marks 集体商标，79 and n. 1，80，94，105 n. 2，107 n. 1
Collins 柯林斯，Wilkie 威尔基，130 n. 3
Colman family 考尔曼家族，marks of 标识，24 n. 3
Colophons 出版信息页，relation of 关系，to devices 与标记，65 and n. 3；no

copyright in 不存在版权，65
Commercial law 商法，history of 历史，3 - 4
Common law 普通法，cognizance of commercial cases by 审理商事案件，123，125
Common law courts 普通法法院，so - called "antiquity" of action in 诉讼中所谓的"古董"，10；first decision actually squarely involving trade - mark in 第一个判决实际上并非涉及商标，137；pleading in 请求，138，142；deceit as basis of action in 以欺诈作为诉讼的基础，141，142，143 and n. 1，144，152；equity acts "in aid of" "救济" 衡平行为，151，152
"Competition" "竞争"，no fetish in word 词汇中没有崇拜，169 - 170
Compulsory marks 强制性标识：examples of 例子，38 - 39；registration of 登记，39；purpose of 目的，47；as liability 作为责任，47，55 and n. 2，58 - 59，62；evolution from to asset 进化到财产，47，63，101，102 and n. 1，122，123；only one unvariable mark to each craftsman 一个手工业者仅能拥有一个稳定不变的标识，95，110 and n. 2
Conciliar law 议会法，125
Concurrence déloyale 不正当竞争，4
Congress 国会，Jefferson's report on trade - marks to 杰弗逊给关于商标的报告，131；later attitude of 后来的态度，140 and n. 6，141，150 - 151
Constitutional law 宪法，trade - marks in 中的商标，153 - 154
"Constructive intent" "推定故意"，161
Consuetudo vel Lex Mercatoria《商人习惯法》，quoted 引文，15 n. 4，124
Consumer 消费者，relation of 关系，to producer 与生产者，40 - 41
Continental jurists 欧陆法学家，on trade - mark law 论商标法，in Middle Ages 中世纪，13 and n. 5；in eighteenth century 在 18 世纪，129 n. 4
Contracts 合同，foreign 外国，in Admiralty Courts 在海事法庭，15 n. 4
Coopers of London 伦敦的制桶匠，enrollment of marks by 登记标识，57 - 58；entry in *Letter Books*《特许状登记簿》上的记录，58 and n. 2；transfer of marks 商标的转让，58 n. 2
Copyright 版权，compared with trade - mark rights 与商标权进行比较，4，155，158 - 159

Corinth 科林斯，excavations near 附近的发掘，20
"Corona" "克拉纳"，168 – 169
Cottenham 科特纳姆，Lord 勋爵，quoted 引文，139
Covenache 科万维奇，Conrad 康拉德，goods of 货物，28
Coventry 考文垂，frieze of 起绒粗呢，82 – 83；sealing of 标记，83
Crafts 手工业者，companies and trades 公会和贸易 –

Aberdeen 阿伯丁：	Bakers 面包师，48 – 49
	Coopers 制桶匠，58 n. 3
	Gilds 行会，17 n. 2
Arabia 阿拉伯：	Papermakers 造纸工匠，77 n. 3
Barcelona 巴塞罗那：	Candlemakers 蜡烛制造者，39
	Printers 印刷商，67
	Silversmiths 银匠，39
	Tape makers 烛芯制造者，39
	Tinsmiths 铁匠，39
	Torchmakers 火把制造者，39
	Weavers 纺织工人，80
Basel 巴塞尔：	Printers 印刷商，66
Beverly 贝弗利：	Goldsmiths 金匠，59 – 60
Birmingham 伯明翰：	Cutlers 刀具工匠，102
Bristol 布里斯托：	Bakers 面包师，51
	Butchers 屠夫，41
	Cooks 厨师，41
	Fullers 漂洗工，41
	Gilds 行会，17 n. 2
	Skinners 皮革工匠，47
	Tuckers 缩绒工人，41
	Weavers 纺织工人，61
Bruges 布鲁日：	Painters 画匠，39 and n. 4
Cambridge 剑桥：	Brewers 啤酒酿造者，50 n. 2
Cologne 科隆：	Printers 印刷商，66

Coventry 考文垂：	Fullers 漂洗工，61
	Smiths 铁匠，17 n. 2
	Walkers 漂洗工，61，83
Derby 德比：	Cutlers 刀具工匠，102
Dublin 都柏林：	Carpenters 木匠，17 n. 2
	Masons 泥瓦匠，17 n. 2
	Merchants 商人，17 n. 2
	Millers 碾磨工，17 n. 2
Exeter 埃克塞特：	Tailors 裁缝，43
Ferrara 费拉拉：	Cutlers 刀具工匠，80
Florence 佛罗伦萨：	Armorers 武器制造者，105 n. 2
	Bakers 面包师，49
	Innkeepers 旅店老板，42 n. 2
	Landlords 地主，42 n. 2
	Mercers 商人，80 n. 3
	Perfumers 香水制造者，80 n. 3
	Physicians 医生，42 n. 2
	Printers 印刷商，67
	Stationers 书商，80 n. 3
	Veilmakers 制造工，80 n. 3
	Weavers 纺织工人，80 n. 3
Grimsby 格里姆斯比：	Bakers 面包师，49 n. 7
Hull 赫尔：	Bakers 面包师，51
	Cordwainers 皮匠，62
	Hostlers 马夫，51
	Shoemakers 制鞋匠，62
Leicester 莱斯特：	
Lisbon 里斯本：	Printers 印刷商，67
London 伦敦：	Bakers 面包师，52 - 57
	Barber - surgeons 理发师 - 外科医生，17 n. 2，44

Bladesmiths 刀刃工匠，60，61，103
Bottle – makers 制瓶工匠，56
Bucklers 制盾工匠，41
Coopers 制桶匠，17，57 and n. 3，58 – 59
Cutlers 刀具工匠，ch. V，passim
Drapers 布料商，17 and n. 1
Founders 翻砂工，17 n. 2，62
Fourbours 抛光工，46
Girdlers 腰带生产者，15 n. 1，47
Grocers 杂货商，17，83 n. 2
Hatters 帽子制作者，46 – 47
Heaumers（helmet – makers）头盔制造者，46，61 and n. 6，105 n. 1
Iron – mongers 小五金商，17 n. 2
Joiners 西姆工人，61
Lorimers 马具制作者，41
Paviors 铺路工，17 n. 2
Pewterers 锡镴器工匠，42 – 43，45，61 and n. 10，102 n. 1
Plumbers 水管工，42
Potters 陶器工匠，46
Saddlers 马鞍制作者，17 n. 2，41，43
Scriveners 代书人，60
Sheathers 刀鞘制造者，103
Silk dealers 丝绸经销商，dyers and weavers 染色工和纺织工人，94 n. 2
Smiths 铁匠，41
Turnours 量器制造者，56 – 57
Vintners 酿酒人，37
Waterbearers，43
Weavers 纺织工人，41

Ludlow 卢德洛：　Stitchmen 缝纫工，17 n. 2
Manchester 曼彻斯特：　Bakers 面包师，52
Brewers 啤酒酿造者，52
Milan 米兰：　Armorers 武器制造者，105 n. 2
Montserrat 蒙特塞拉特：　Printers 印刷商，67
Newcastle－upon－Tyne 泰恩河上的纽卡斯尔：Merchant adventurers 投机商人，43 n. 6，45 and n. 1
Northampton 南安普敦：　Waxchandlers 蜡染匠，61
Norwich 诺里奇：　Bakers 面包师，39 n. 7
Brewers 啤酒酿造者，55 n. 1
Hatmakers 帽子制造者，62
Weavers 纺织工人，61 and n. 4，84 n. 1，2
Novaria 诺瓦里亚：　Bakers 面包师，49
Oxford 牛津：　Brewers 啤酒酿造者，43
Paris 巴黎：　Cutlers 刀具生产者，103
Goldsmiths 金匠，83 n. 2
Weavers 纺织者，79
Parma 帕尔马：　Bladesmiths 刀刃工匠，105 n. 2
Passau 帕绍：　Cutlers 刀具工匠，80
Poitiers 普瓦捷：　Bakers 面包师，49
Rheims 兰斯：　Bakers 面包师，49
Rhula 拉乌拉：　Cutlers 刀具工匠，103
Salisbury 索尔兹伯里：　Cutlers 刀具工匠，102
St. Andrews 圣安德鲁斯：　Bakers 面包师，48－49
St. Germain－des－Prés 圣日耳曼德佩：Bakers 面包师，49
Seville 塞维利亚：　Printers 印刷商，67
Sheffield（Hallamshire）谢菲尔德（哈勒姆郡）：Cutlers 刀具工匠，62，ch. V，*passim*
Shrewsbury 什鲁斯伯里：Barber－surgeons 理发师－外科医生，17 n. 2，43

Siena 锡耶纳：　Fullers 漂洗工，38

Solingen 索林根：　Cutlers 刀具工匠，80，103

Southampton 南安普敦：　Bakers 面包师，52

　Coopers 制桶匠，59

Southwark 南华克：　Bakers 面包师，54

Strassburg 斯特拉斯堡：　Printers 印刷商，66

Thaxted 萨克斯特德：　Cutlers 刀具工匠，l02

Thüringen 图林根：　Cutlers 刀具工匠，103

Toledo 托莱多：　Cutlers 刀具工匠，80

Torroella 托罗埃利亚：　Weavers 纺织工人，80

Verona 维罗纳：　Bakers 面包师，38

Winchester 温彻斯特：　Bakers 面包师，50

　Gilds 行会，17 n. 2

Worcester 伍斯特：　Gilds 行会，17 n. 2

　Tilers 铺瓦匠，61

York 约克：　Bakers 面包师，17 n. 2，50 – 51

　Cutlers 刀具工匠，102 and n. 2

　Girdlers 腰带生产者，62

　Innkeepers 旅店老板，50 – 51

　Listers 制表人，17 n. 2

Ypres 伊普尔：　Weavers 纺织工人，79

Crafts 手工业，localization of 区域化，40 – 41

Craftsman 手工业者，distinguished from merchant 与商人不同，15 n. 4；as merchant 作为商人，21；mark of 标识，*see* Compulsory mark 参见强制性标识

Credit 信誉，defamation of 损坏，15 n. 1

Creswell 克雷斯韦尔，J. 法官，quoted 引文，142

Crucifix 十字架，as merchant's mark，作为商人标识 24；in printers' devices，在印刷商的标记中 66

Cunningham 坎安宁，cited 引用，49；quoted 引文，91，129

Cutlers' marks 刀具工匠的标识，widow's life estate in 孀妇的终身财产，101；

in Germany 在德国，108 n. 1；in London 在伦敦，108 – 109，112 – 114；in Sheffield 在谢菲尔德，120 – 121

Cutlery trades – development of trade – mark law in 商标法在刀具贸易中的发展，79 and ch. V；specialization in medieval 中世纪的细化分工，102 – 103

London Cutlers 伦敦刀具工匠，specialization among 分工的细化，103；early history of 早期历史，104 and n. 2，105；monopoly of 垄断，105 – 109；competition with Sheffield and Birmingham cutlers 与谢菲尔德和伯明翰刀具制造者的竞争，107 n. 1；union of bladesmiths and armorers 刀刃铁匠和武器制造者的联合，109 n. 1；dissolution of bladesmiths 刀刃工匠的解体，*ibid.*，cutlers' registration of armorers' marks 刀具工匠注册武器制造者标识，*ibid.*，maintenance of standards of production 保持生产标准，111；forbade marks "in gross" 禁止"总体"标识，*ibid.*，registration of marks by Company 在公会登记标识，111 – 112；widow's life estate in mark 孀妇在标识中的终身财产，112 – 114；reservation of mark for son 儿子对商标的财产归复权，114 – 116；conditional transfer and registration of marks 有条件的标识转让和注册，116 – 117；mode of transfer 转让的模式，117；form of marks 标识的形式，117；litigation over marks 与标识有关的诉讼，117 – 118；criminal proceedings 刑事诉讼，118；advertising of marks 用商标进行广告，119

Sheffield（Hallamshire）Cutlers 谢菲尔德（哈勒姆郡）刀具工匠，marks granted to 授予标识，14；marks required by 要求使用标识，62；records of 记录，101；organization of 组织，102 – 103；Chaucer on 乔叟论，103；Joseph Kohler on 约瑟夫·科勒论，103 – 104；early history of 早期历史，104；forgery of London mark by 对伦敦标识的仿冒，107 n. 1；granting of marks by Lord of Hallamshire to 哈勒姆郡勋爵授予标识，119 – 120；"mark rent" "标识使用费"，120；incorporation of the Company 组成公会，120；reservation of marks for son，by 儿子对标识的财产归复权，120；widow's life estate 孀妇的终身财产，120；"one man one mark" "一人一标识"，121；transmission of marks 商标移转，121；Act of 1801 1801 年法案，121

Danzig 但泽，English merchants in 英国商人，26；*Handelsbuch* of 商业票据，26

Day 戴，John 约翰，privileges for printing of 印刷特权，74 – 76；devices of 标记，75；case against Ward 起诉沃德的案件，75 – 76

Day v. Day，first trade – mark case in equity 衡平法上的第一商标案件，138

Deceit 欺诈，in Borough Court records 在自治市法庭记录中，14；as basis of action for trade – mark infringement 作为商标侵权诉讼的基础，9，10，142，143 and n. 1，144，152，164 n. 1

Deception of the public 欺诈公众，*see* Public 参见公众，deception of 欺诈，also Common law courts 普通法法院；Equity 衡平法.

Decretum Gratiani cum Glossis《格兰西教会法汇要》，65

Defamation of credit 损害信誉，15 n. 1

Defence 抗辩，national 全国性的，compulsory marks and 与强制性标识，104 – 107 and notes

De Jure Maritimo《马里迪莫法》，quoted 引文，15 n. 4

Denison 丹尼森，Judge 法官，quoted 引文，169 – 170

Denys 丹尼斯，Cornelys 科内利斯，bill of lading of 提单，32

Devon 德文郡，Sheriff of 郡长，28

Dibdin 迪布丁，*Typographical Antiquities* of《印刷文物》，cited 引用，70 – 71

Dickinson 迪金森，D. J. 地区法院法官，quoted 引文，158 – 159；"Fashion – Park" decision of "Fashion – Park" 案判决，170 n. 2

Dictionarium Anglo – Britannicum《盎格鲁 – 不列颠词典》，definition of "mark" in 对"标识"的定义，127

Digests 摘要，classification of trade – mark infringement by 商标侵权的分类，9

Discourse of the Common Weal《英联邦谈话录》，quoted 引文，85 – 86

Dodderidge 多德里奇，Justice 法官，dictum of 意见，6 – 10，12

Doesborgh 多巴斯，Jan Van 简·范，devices of 标记，67

Dolphin device 海豚标记，63

Domestic system 国内体系，81

"Double Crescent" mark "双新月"标识，108，109，121

Dover Haven 多弗·黑文，33
Drapers 布料商，arbitration among 之间的仲裁，17
Duer 杜尔，Justice 法官，quoted 引文，144 – 145
Duff 达夫，E. G.，quoted 引文，71 n. 4
Dunant 杜南特，Philippe 菲利浦，12，26
Duran 杜兰，Bernardus 伯纳德斯，26
"Durham tobacco" "达拉谟烟草"，79 n. 1
"Dutch Bay Hall" of Colchester 科尔切斯特的"荷兰湾大厅"，88，90
"Dutch Congregation" of Colchester 科切斯特"荷兰人联盟"，88 – 90，93

Eirenarcha 治安法官，on coopers' marks 制桶匠标识，57 n. 3；on arrow – head makers' marks 箭头制造者标识，105 n. 1
Elizabeth，伊丽莎白 control of industry under，产业控制 84 – 85
Economic background of trade – mark history，商标法历史的经济背景128 – 134
Eden❶ on *Injunctions* 艾尔登《论禁令》，138
Elzevirs 埃尔塞维尔社，The，devices of 标记，67
Encyclopedia Britannica《不列颠百科全书》，criticized 被批判，15 n. 1
England 英格兰，in European cloth markets 欧洲纺织品市场，80；regulation of cloth trade in 纺织品贸易管制，80 *et seq*.
English writers on trade – mark law 英国商标法学者，13
Equity 衡平法：Adaptibility of 适用性，to repress fraud 抑制欺诈，135；first trade – mark case in 其中的第一个商标案件，138；English courts of 英国法院，ignored infringer's intent 不考虑侵权人主观故意，138 – 139；acted to protect owner of mark and public 保护标识所有人和公众，144；American courts of 美国法院，adopted same theory 采用相同的理论，144 – 145；merger of law and 与普通法的融合，145；textwriter's views 学者观点，151；English and American courts of 英国和美国法院，acted "in aid of" legal right "辅助保护" 合法权利，151 – 152；perplexity of courts as to nature of that right 法院对该权利属性认识混乱，153；whether trade –

❶ 原文有误，应为 Eldon。——译者注

marks are "property" 商标是否为"财产", 154 – 156; "probable expectancies" "可能的期待", 157; as property 作为财产, 158; fear of monopoly by 对垄断的恐惧, 158 – 59; personal rights of trade – mark owners 商标所有人的个人权利, 161; metaphysics of courts 法院的形而上学, 161 – 162; protection of public as basis of relief 以保护公众为救济基础, 162; objections to theory 理论上的反对意见, 162 – 163; historical justification for 历史正当性, gone 消失, 163 – 164; practical necessity for 实践必要性, gone 消失, 164 – 165; application of 适用, befogs issue 使人迷惑的争议, 165 – 167; investment in advertising creates new equity 广告中的投资创造新的衡平法原则, 167 – 168; dangers of deception of public as basis of relief 欺诈公众的危险作为救济基础, 168 – 169; infringing marks on non – competitive goods 对非竞争产品标识的侵权, 169 – 176; true *ratio decidendi* 真正的判决理由, 170 – 171

Evelyn 依夫林, John 约翰, *Diary of* 日记, quoted 引文, 89

Façon de Paris 巴黎之路, 79

Fair courts 集市法庭, 14

"Fair price," the "公平价格", 42 n. 1

"False" wares "劣质" 产品, 47 and n. 2, 55 n. 2

Faques 法克斯, R., device of 标记, 69

"Fashion – Park," 170 n. 2

Federal Courts 联邦法院, first trade – mark litigation in 第一个商标诉讼, 134

Federal Trade Commission 联邦贸易委员会: Protection of collective trade – marks by 保护集体商标, 107 n. 1; protection of public by 保护公众, 165; policy of 监督, 165 n. 1; prevention of misbranding by 禁止虚假贴牌, 165 n. 2; jurisdiction over trade – mark cases 对商标案件的管辖权, 165 n. 3

Ferrara 费拉拉, cutlery mark of counterfeited 仿冒的刀具标识, 105 n. 2

Figure 4 数字 4, meaning of 含义, 24; as merchant's mark 作为商人标识, 24 and n. 1

Flanders 弗兰德斯, English seals in 英格兰印记, 29

Fleta 弗莱达，13
Florence 佛罗伦萨，English merchants' mark in 英国商人标识，34 n. 4；restrictions on competition in 对竞争的限制，42 n. 2
"Foreigners""外乡人"，meaning of 含义，41
François 1 弗朗索瓦一世，ordinance of 章程，68 and n. 6
Fraud 欺诈，adaptability of equity to repress 衡平法加以制止的可行性，135
French printers' devices 法国印刷商标记，68 and n. 5 – 8，69
Friedrich of Basel 巴塞尔的弗里德里希，device of 标记，68
Froissart 弗里萨特，105 n. 2
Fust and Schoeffer 福斯特和谢弗，device of 标记，65
Fysshe 菲什，John 约翰，case of 案件，62

Gilds 行会：Antiquity of ordinances of 古典的章程，17 n. 2，18；as source of trademark law 作为商标法的渊源，16，125；arbitration within 仲裁，16 – 18；use of individual marks in 使用个人标识，*see* Compulsory marks 参见强制性标识；seals of 标记，44，62，79；competition within 中的竞争，41 – 47；monopoly of 垄断，40 – 41，42 n. 1，52 – 55，74 – 75，77，104 – 105；control of industry 产业控制，ethical basis of 伦理基础，42 n. 1；decay of 衰落，44，81，124；as governmental agencies 作为政府机构，40，81，125；"gild jurisprudence""行会法"，125；relation of 关系，to common law 与普通法，125 and n. 5，126
"Gild Socialists""行会社会主义者"，42 n. 1
Giunta 琼塔，Filippo 菲利普，devices of 标记，67
Giunta 琼塔，Lucantonio 卢坎托尼奥，devices of 标记，67
Glanvil 格兰维尔，13
Goede 歌德，C. A. G.，quoted 引文，134 n. 6
"Gold Dust""金粉"，159
"Gold Flake""金火花"，149
Gollancz 戈兰茨，Sir Israel 伊斯瑞尔先生，20 n. 2
Goodsall 戈德萨尔，John 约翰，case of 案件，87 – 88，94
Good – will 商誉，collective and regional 集体的和区域的，46 – 47，79；protec-

tion of symbols of 保护符号，7，9 and n. 1，80，94，105 n. 2，107 n. 1
Good - will 商誉，individual 个人的，gilds' repression of 行会压制，44，45 and n. 1，46
"Grasshopper" signboard "蚱蜢" 标志牌，134 n. 1
Grave - stones 墓碑，merchants' marks on 上的商人标识，23
Grocers' Company of London 伦敦杂货商公会，arbitration in 仲裁，17
Gross 格罗斯，quoted 引文，15 n. 4
Guildford 吉尔福德，cloth of 纺织品，82，94
Gutenburg 古腾堡，65

Halsbury 霍尔斯伯里，*Laws of England*《英国法》，quoted 引文，151
Halsbury 霍尔斯伯里，Lord Chancellor 大法官，quoted 引文，10
Halstead，controversy with Colchester 反对科尔切斯特，90 and n. 3；91
Hamy 哈米，E. T.，cited 引用，26 n. 7
Handelsbuch 商业票据，in Danzig 但泽，26
Hangard 汉加德，Henry 亨利，sealed cloth of 纺织品标记，31
Hardwicke 哈德威克，Lord 勋爵，decision in *Blanchard* v. *Hill Blanchard* v. *Hill* 一案的判决，quoted 引文，9，134；letter to Lord Kames 至凯姆斯勋爵的信，quoted 引文，135；protection of good - will by 保护商誉，136；fear of monopoly of 对垄断的恐惧，136
Hector 赫克托，Benedictus 贝内迪克图斯，device of 标记，64
Heitz 海茨，studies of printers' devices 对印刷商标记的研究，66
Henry IV 亨利四世，use of swan by 使用天鹅，35
Henry V 亨利五世，use of swan by 使用天鹅，3
Heralds 纹章官，views on merchants' marks of 关于商人标识的观点，24 - 25
Heresy 异端，Printers' Devices and 和印刷商标记，68 and n. 8，74，77
Hobold 赫伯德，William 威廉，case of 案件，54 - 55
Holdsworth 霍尔兹沃思，Sir W. S.，comment on informers 关于告密者的评论，92 n. 1；citation of *Southern* v. *How*，by 引用 *Southern* v. *How* 一案，123
Holmes 霍姆斯，Mr. Justice 法官，on trade - mark law 论商标法，154 - 155；

on “property” 论“财产”，156
Hopkins 霍普金斯，on *Trade – Mark*《论商标》，quoted 引文，10，12
Hough 霍夫，Judge 法官，quoted 引文，5 – 6
How 豪，Ephraim 伊弗雷姆，advertising by 广告，119
Huddlestone 赫德尔斯通，Edmund 埃德蒙德，90
Hynkeley 汉克莱，Robert 罗伯特，mark of 标识，108 – 109

Illinois 伊利诺伊，Supreme Court of 最高法院，147
Incorporeal property 无形财产，trade – marks as 商标作为，5，157 and n. 1
Index Expurgatorius《禁书目录》，68 n. 8
Industrial Revolution 工业革命，129 – 130；England before 之前的英国，129；expansion of 扩张，after 之后，130
Industry 产业，medieval localization of 中世纪区域化，40 – 41；specialization in 专业化，102 – 103
Informers 告密者，rewards to 酬金，92 n. 1
Injunction 禁令，against trade – mark infringement 对商标侵权，first issued 首个颁发，138
Institutiones Grammaticae《语法规则》，63
Insurance policies 保险单，early history of 早期历史，3 – 4；in Admiralty Courts 在海事法院，15 n. 4
Intent 故意，lack of 缺乏，no defence in equity 衡平法上不存在该抗辩，138 – 139，152
Ipswich 伊普斯威奇，Bailiffs of 行政官，28
Italian towns 意大利城镇，craftsmen of 手工业者，38
Italy 意大利，printers of 印刷商，66 – 67

Jackson 杰克逊，C. J.，*English Goldsmiths and their Marks*《英国金匠和他们的标识》，59 n. 4
Jacob 雅各布，Giles 吉尔斯，*Lex Mercatoria* of《商人法》，quoted 引文，127；his definition of “mark” analyzed 分析其对“标识”的定义，127 – 128；*New Law Dictionary* of《新法律词典》，quoted 引文，128；referred

to，147

Jefferson 杰弗逊，Thomas 托马斯，report on trade - mark protection 关于商标保护的报告，quoted 引文，131 - 132

Jenks 詹科斯，Edward 爱德华，quoted 引文，3

Johnson 约翰逊，Dr. ，on advertising 论广告，quoted 引文，130

Judicial conscience 司法良知，trade - mark piracy repugnant to 厌恶商标剽窃，160 and n. 3

Jupp 贾普，*Thomas* 托马斯，*Attorney General* v. 总检察长诉，case of 案件，91 - 100；infringement of Colchester seals by 侵犯科尔切斯特标记，91；examination and punishment of 检验和惩罚，91 - 92，decree 命令，96 - 100

Justices of Assize 巡回法官，administrative duties of 管理职能，126；investigation of clothing industry by 对纺织行业进行调查，126 and n. 1

Justinus et Florus《杰斯丁尼斯和弗拉鲁斯》，64

"Just price，" the "公平价格"，42 n. 1

Kames 凯姆斯，Lord 勋爵，135

Kendal 肯德尔，cloth of 纺织品，82

Kent 肯特，Chancellor 大法官，quoted 引文，9

Kerly 科里，quoted 引文，9

Kerr 科尔，on *Injunctions*《论禁令》，quoted 引文，151

Kersey 克西，John 约翰，*Dictionarium Anglo - Britannicum* of《盎格鲁 - 不列颠词典》，quoted 引文，127

Kerver 克尔弗，Thielmann 蒂尔曼，device of 标记，69

Knight 奈特，Bruce 布鲁斯，L. J. 大法官，cited 引文，9

"Kodak" "柯达"，169

Kohler 科勒，Joseph 约瑟夫，researches of 研究，our starting point，我们的起点 12，19；archœological discoveries since，考古发现 20 and n. 4；on compulsory production marks 论强制性生产标识，38 - 39；cites statute of Novaria 引用诺瓦里亚的制定法，49；on Sheffield cutlers' marks 论谢菲尔德刀具工匠标识，103 - 104；on widow's rights in cutler's mark 论孀妇对刀

具工匠标识的权利，108 n. 5；citation of Struvius by 引用斯特鲁韦，129 n. 3
Korakou 克拉库，ruins of 废墟，20
Kristeller 克里斯特勒，cited 引文，66
Kronberger 克龙贝格尔，Johan 约翰，67

Lambard 兰巴德，*Eirenarcha* of 治安法官，on coopers' marks 制桶匠标识，57 n. 3；on arrow－head markers' marks 箭头制造者标识，105 n. 1
Lamps 油灯，marks on 上的标识，20 n. 4
Langdell 兰代尔，quoted 引文，151
Lagwood and Hotten 拉伍德和赫腾，*History of Signboards*《标牌的历史》，quoted 引文，70－71，134 n. 6
Lastig 拉斯提格，Gustav 古斯塔夫，12，34 n. 4，157 n. 1
Law merchant 商人法，early history of 早期历史，3－4；no trade－mark law in 没有商标法，14，15 and n. 1
Leet Courts 民事法庭：Private litigation in 中的私人诉讼，14；compulsory marks in 中的强制性标识，14 and n. 2；Earl of Salop's Court，14；Wilkinson's *Treatise on* 威尔金森的《论……》，51；bakers' marks in 中的面包师标识，51；brewers' marks in Manchester Court 曼彻斯特法院的锡镴器工匠标识，52；coopers' marks in Southampton court 南安普敦法院中的制桶匠标识，59
Lex Cornelia，false seals 假冒印记，in，13 n. 5
Lex Mercatoria《商人法》，quoted 引文，15 n. 4
Lexicographers 词典编纂者，definitions of "mark" by 对"标识"的定义，127－128
"Liability mark""责任标识"，*see* Compulsory mark 参见强制性标识
Liber Albus《白皮书》，52 and n. 6，53，55 n. 2
Licenses for printing 印刷许可证，74
Linen 亚麻制品，Scottish 苏格兰，marks on protected 受保护的标识，128
Lipson 利普森，*Economic History*《经济史》，quoted 引文，42 n. 1，81
Localization of crafts and industries 手工业和产业的区域化，40－41；effect of

后果，on trade – mark law 对商标法，41

London 伦敦：Localization of industries in 产业的区域化，41；*Letter Books* of 特许状登记簿，55 n. 2，58 and n. 2；merchants' marks in 中的商人标识，23 n. 1，24 n. 1；Mayor and Aldermen of 市长和市政官：correspondence with Calais 与加来的对应关系，31；Aldermen as custodians of bakers' seals 市政官作为面包师标记的监督人，52 n. 6；Hobold's complaint to 赫伯德的控诉，54；Davy's case before 戴维案之前，55 n. 2；ordinances for "turnours" 量器制造者章程，56 – 57；coopers' petition to 制桶匠的请愿，57 – 58

Lucas 卢卡斯，Sir Thomas 托马斯先生，90

Luschner 卢什尼尔，67

Lylling 利林，John 约翰，case of 案件，62

Lynn 林恩，merchants' marks in 中的商人标识，23；weavers of 纺织工人，84 n. 2

Lyons 里昂，printers of 印刷商，68；Milanese armorers at，米兰的武器制造者 105 n. 2

Madan 马丹，Falconer 范可纳，67

"Madeira wine" "马德拉酒"，79 n. 1

Mainz Psalter《美因兹诗篇》，65

Majorca 马卡略，merchants of 商人，26

Malynes 马利纳，definition of merchant of 对商人的定义，15 n. 4；on merchants' marks 论商人标识，124，147

Manchester 曼彻斯特，Leet Court of 民事法庭，52

Mansfield 曼斯菲尔德，Lord 勋爵，on plea of wreck 船难请求，31；on trade – mark infringement 商标侵权，137

Maritime courts 海事法院，no trade – mark cases in 没有商标案件，15；merchants' marks in 中的商人标识，15，31 – 34；law developed in 法律的发展，15 n. 4

Marks and other trade symbols of 标识和其他贸易符号：

Ale – sellers 啤酒销售者，56

Armorers 武器制造者，105 n. 2
Arrow – head makers 箭头制造者，16，105 n. 1
Bakers 面包师，14 and n. 2，15，48 – 56
Barber – surgeons 理发师 – 外科医生，44
Bladesmiths 刀刃工匠，60，61，94 n. 1
Bottle – makers 瓶子制造者，56
Brewers 啤酒酿造者，50 n. 1，55 n. 1，57
Candlemakers 蜡烛制造者，39
Cloth makers 纺织品制造者，7 – 10，16，83
Coopers 制桶匠，14 and n. 2，15，57，58 and n. 2，59
Cordwainers 皮匠，62
Cutlers 刀具工匠，14，79 n. 1.，ch. V. *passim*
Founders 翻砂工，62
Fullers 漂洗工，61
Goldsmiths 金匠，16，59 and n. 4，60，73
Hatmakers 制帽者，62
Heaumers（helmet – makers）头盔制造者，61 and n. 6
Joiners 细木匠，61
Merchant – adventurers 投机商人，45 and n. 1
Painters 画匠，39 and n. 4
Paper makers 造纸工人，77 n. 3，94 n. 4
Pewterers 锡镴器工匠，45，61 and n. 10，102 n. 1
Printers 印刷商，63 – 77
Publishers 出版商，63 – 77
Sail – cloth makers 帆布制造者，130 – 133
Scriveners 代书人，60
Shoemakers 制鞋匠，62
Silversmiths 银匠，39
Soap – maker 肥皂制造者，94 n. 4
Tapermakers 烛芯制造者，39
Tilers 铺瓦工匠，61

Tinsmiths 铁匠，39

Torchmakers 火把制造者，39

Turnours 量器制造者，56 – 57

Walkers 漂洗工，61

Watchmakers 制表匠，137 and n. 3

Waxchandlers 蜡烛制造者，61

Wax – workers 制蜡工匠，16

Weavers 纺织工人，61 and n. 4，84 n. 1，2

See also Compulsory marks，Cutlery trades，Merchants' marks，Trade – marks. 亦参见强制性标识、刀具贸易、商人标识、商标。

Marques de fabrique obligaloires 义务性标记，39

Martin – le – Grand 大马丁，S. 圣，saddlers and 和马鞍制造者，41

Massachusetts 马萨诸塞，*see* Sail – cloth industry 参见帆布产业

Maule 莫尔，J. 法官，cited 引用，9；quoted 引文，143 n. 1

McKerrow 麦克罗，R. B.，quoted 引文，69 *et seq.*（passim）

Mental property 精神财产，protection of 保护，157

Merchant 商人，distinguished from craftsman 与手工业者不同，15 n. 4；as craftsman 作为手工业者，21

Merchants' marks 商人标识：In English literature 在英国文学中，21 – 22；social significance of 社会重要性，23 – 25；as personal marks 作为个人标识，21 and n. 2；hereditary 纹章，24 and n. 3；indicative of ownership 指示所有者，15，21，27 – 34；in Maritime Court records 海事法院记录，15，31 – 34；in ships' registers，船只登记中，26；as identification of strayed and stolen goods 作为识别遗失物和盗窃物的标识，26；in Privy Council orders 枢密院命令，31 – 34

Metropolitan Museum of Art 大都会艺术博物馆，vase at 花瓶，20

Michell 米歇尔，Vincent 文森特，mark of 标识，32

Middle Ages 中世纪，economic theory and practice in 经济理论和实践，16 – 17，38 – 47

Milan 米兰，armorers of 武器制造者，24 n. 3

"Minnesota flour""明尼苏达面粉"，79 n. 1

Misrepresentation 虚假陈述，to purchaser 对购买者，143 and n. 1，164 n. 1

Missaglia family 米萨利亚家族，marks of 标识，24 n. 3；armor by 生产的武器，without marks of 不带有标识，105 n. 2，at 107

Molloy 莫洛伊，definition of merchant，by 商人的定义，quoted 引文，15 n. 4

Monopoly 垄断：Lord Hardwicke's fear of 哈德威克勋爵的恐惧，10；enforcement of by gilds 行会推动，40；in tombstones 在墓碑上，42 n. 1；of York bakers 约克郡的面包师，50 – 51；of London bakers 伦敦的面包师，52 – 55，of printers and publishers 印刷商和出版商，74 – 75，77；of London cutlers 伦敦的刀具制作者，104 – 105；fear of in *Blanchard* v. *Hill*，*Blanchard* v. *Hill* 一案中的恐惧，136；case of *Monopolies* 垄断案件，136；on playing – cards 扑克牌中，abuses of 滥用，136 n. 2；Parliamentary dislike of 议会憎恨，141；recent judicial dislike of 近期的司法憎恨，158 – 159；E. S. Rogers E. S. 罗杰斯，on 论，159；in trade – mark 商标中，actual effect of 实际效果，159 – 160

Morant 莫兰特，Philip 菲利普，*History . . . of Colchester*《科尔切斯特的……历史》，quoted 引文，89 – 90

"Moselle wine" "摩泽尔葡萄酒"，79 n. 1

Negotiable instruments 可流通票据，early history of 早期历史，3，4；in Admiralty Courts 在海事法院，15 n. 4

Non – competing goods 非竞争产品，trade – marks on 上的商标，169，170 and n. 2，3

Norfolk 诺福克，weavers of 纺织者，84 n. 1

Norwich 诺里奇，merchants' marks in 中的商人标识，23；cloth of 纺织品，82，94；weavers of 纺织者，84 n. 1，2

Nuremberg 纽伦堡，printers of 印刷商，65

"Old marks" "旧标识"，protection of 保护，105 n. 2

"One man one mark" rule "一人一标识" 规则，110 and n. 1

"Ordinary purchaser" "普通消费者"，test of 标准，166 and n. 2

"Origin or ownership" "来源或者所有者"，judicial definition of trade – mark

as indicating 司法上将商标定义为指示标识，19 and n. 2；fallacies of 谬误，146 – 148，149 and n. 2
Osnabrück 奥斯纳布吕克，linen of 亚麻，79
Oxford 牛津，swan marks of 天鹅标识，37

Painters' marks 画匠标识，counterfeiting of 假冒，39
Paper – makers 造纸者，early Arabian and European 早期阿拉伯和欧洲人，used no marks 不使用任何标识，77 n. 3；Charter of James Ⅱ to 詹姆士二世特许状，94 n. 4
Parliament 议会，attitude towards trade – marks of 对商标的态度，128 and n. 1，139 – 141，150 – 151
Parma 帕尔马，trade – mark statute 商标制定法，1262，of，1262 年 105 n. 2
"Pasquil" tracts "讽刺" 短文，74
Passau 帕绍，cutlery mark counterfeited 仿冒的刀具制造者标识，105 n. 2
Patents 专利：Royal 皇室，marks awarded in 授予标识，94 n. 4；for inventions 发明，monopoly in 中的垄断权，4，116 n. 3，158 – 159
Penty 潘蒂，*Guildsman's Interpretation of History*《行会成员的历史解释》，42 n. 1
Pepys 佩皮斯，Samuel 萨缪尔，*Diary of* 日记，quoted 引文，89
Pewterers of London 伦敦的锡镴器工匠，ordinance of 章程，against competition 反对竞争，42 – 43；development of trade – mark law by 对商标法的发展，102 n. 1
Pflichtzeichen 强制性标识，39
"Philadelphia Manufacturer" "费城生产者"，on trade – mark protection 商标保护，quoted 引文，132 – 133
Phillimore 菲利莫尔，Lord 勋爵，quoted 引文，149
Piepowder courts 行商法院，14
Pierce the Ploughman's Crede《农夫皮尔斯的信仰》，merchants' mark in 中的商人标识，22
Pigouchet 猪笼草，device of 标记，70
"Pilsen beer" "皮尔森啤酒"，79 n. 1

Piracy 剽窃，merchants' marks and 商人标识与，27 – 34
Plantin 普朗坦，Christophe 克里斯托弗，marks of 标识，67
Pleading 请求，of trade – mark infringement 商标侵权，early 早期，in law 普通法上，138，142；in equity 衡平法上，139
Plomer 普卢默，H. R.，quoted 引文，64 n. 2
Plumbers of London 伦敦的水管工，Ordinance of 章程，against enticement of apprentices 禁止引诱学徒，42
Police marks 管制标识，*see* Compulsory marks 参见强制性标识
Police power 监管权力，enforcement of 执行，in equity 在衡平法上，162 – 163
Pollard 波拉德，*Essay on Colophons*《论出版信息页》，quoted 引文，65 and n. 3
Pollock 波洛克，Sir Frederick 弗里德里克先生，quoted 引文，4
Pomeroy 波莫罗伊，quoted 引文，151
Popham's Reports 波帕姆报告，7
Porcelain 瓷器，marks on 上的标识，20 n. 4
Posters 海报，early history of 早期历史，130 and n. 3
Potters' stamps 陶器标记，20 and n. 4
Pound 庞德，Dean Roscoe 罗斯科院长，quoted 引文，123
Powder 庞德，Thomas 托马斯，memorial brass of 纪念铜牌，24 and illustration facing p. 24
Preston 普雷斯顿，Gilbert de 吉尔伯特·德，49 n. 7
Printers' and Publishers Devices of 印刷商和出版商的标记：
Complaints against infringements of 对侵权行为的控诉，63 – 64；function of 功能，63 – 66 and notes 注释；relation of to colophon 与出版信息页的关系，65 and n. 3；merchants' marks in 其中的商人标识，66；indifference to 缺乏重视，by early printers 早期印刷商，66 – 68；use of several，by 使用多个，67，68 n. 5，69，70；counterfeiting of by French printers 被法国印刷商仿冒，legislation against 制止的立法，68 and n. 6，69；lack of originality of 缺乏原创性，in England 在英国，69 – 70；bequest of "Brazen Serpent" 遗赠"铜蛇"，70 – 72，confusion between sign and device of 对记号和标记的混淆，71 and n. 4，5，72 – 73；blocks，careless-

ness in handling 搬运中的疏忽，73；no registration of English devices 不存在英国标记登记制度，73 and n. 2；no devices in printing licenses 在出版许可证上没有标记，74；heresy and devices 异端和标记，74；*Day* v. *Ward*，75 – 76；Star Chamber decrees 星室法庭判决，76；Parliamentary regulation of printing 议会对印刷业的管制，76，77 and n. 1，2

Privy Council 枢密院：Merchants' marks in cases before 审理的商人标识案件，31，32 – 34；infringement of printers' device 侵犯印刷商标记，and，75；regulation of trade by 管制贸易，84 n. 3，86 – 91，92 and n. 1，93，94 and n. 2，95 – 96；protection of collective and individual marks by 保护集体的和个人的标识，126 – 127

"Probable expectancies" "期待可能性"，protection of 保护，157，171

Production marks 生产标识，merchants' marks as 商人标识作为，21；purpose of 目的，47 *et seq.*；evolution of 进化，*see* Compulsory marks 参见强制性标识，Pewterers of London 伦敦的锡镴器工匠，Cutlery trades 刀具贸易

Produktsionsmark 生产标识，*produktsionszeichen* 生产标识，and，38

Promissory notes 本票，history of 历史，3，4，15 n. 4

Property 财产，trade – marks and trade names as 商标和商业名称作为，5 – 6，152 – 156；definitions of 定义，150，156 – 158

Prorok 普洛洛克，De 德，Exploration Expedition 探险，20 n. 4

Public 公众，deception of 欺诈，as basis of relief 作为救济基础，5 – 6，162 – 163；basis no longer necessary 该基础不在必要，164 – 165；psychological difficulties in 心里上的难点，166 and n. 2；dangers of 危险，166 – 169

Pucci 普奇，Allessandro 亚历桑德罗，34 n. 4

Pynson 皮森，device of 标识，69

Reading 雷丁，swan marks of 天鹅标识，35 – 36

Reed 里德，T. B.，cited 引文，76 n. 2

Regional good – will and marks 地域商誉和标识，*see* Good – will 参见商誉，collective 集体性的

Registration 登记，of merchants' marks 商人标识，26 – 27；of production marks by gilds and companies 行会和公会的生产标识, ch. Ⅲ *passim*; none by Stationers' Company 书商公会中没有, 73; of "old marks" "旧标识", 105 n. 1; of cutlers' marks 刀具制造者标识, 111 – 112, 117 – 118; Jefferson's recommendations of 杰弗逊的建议, 131 – 132; Federal 联邦, growth of 增长, 134; legislatures' attitude towards 立法者的态度, 140 and n. 6, 141, 150 – 151; Constitutional aspect of 宪法方面, 153 – 154; wrongful 违法行为, as cloud on title 对权利的侵害, 156 n. 1

Reliquae Antiquae, 20 n. 2

Renard 雷纳德, G., quoted 引文, 42 n. 2

"Rhine wine" "莱茵酒", 79 n. 1

Rickword 理查德, George 乔治, 93 n. 5

Roberts 罗伯茨, quoted 引文, 67

"Rochester clothing" "罗彻斯特纺织业", 79 n. 1

Rogers 罗杰斯, E. S., historical researches of 历史研究, 13 n. 2; definition of trade – mark by 对商标的定义, 38; views on printers' devices 关于印刷商标记的观点, of, 71 and n. 1; on Parma Statute 论帕尔马制定法, 1262, 105 n. 2

Roman law 罗马法, forgery of seals in 中的仿冒标记, 13 n. 5

Sacon 帅康, Jacques 雅克, device of 标记, 70

Sail – cloth industry 帆布制造业, Massachusetts bounties for 马萨诸塞州给予的奖励, 130 and n. 5, 6, 131; trade – marks on 上的商标, 130 – 131; petition for protection of 请求保护, 131; Jefferson's Report on 杰弗逊的报告, 131 – 132; "Philadelphia manufacturer" on "费城生产者", 132 – 133

St. Albans Press 圣奥尔本出版社, 70

St. Andrews 圣安德鲁斯, *Baxter Books of* 巴克斯登记簿, 48 – 49

Salisbury 索尔兹伯里, cloth seals of 纺织品印记, 82

Salmond 萨尔蒙德, Judge 法官, quoted 引文, 151

Salop 萨洛普, Court of Earl of 伯爵法庭, 14

Sample 样品, sale by 出售, 15 n. 1

Sargent 萨金特, L. J. 大法官, quoted 引文, 158

Sancius 桑吉乌斯，goods of 货物，28
Schoeffer 舍菲尔，colophon of 出版信息页，quoted 引文，65；device of 标记，68
Scienter 主观故意，need not be proven 毋需证明，161
Scotland 苏格兰，merchants' marks in 商人标识，22
Scottish linen 苏格兰亚麻，marks on protected 受保护的标识，128
Seaford 锡福德，swan mark in 天鹅标识，37
Sebastian 塞巴斯蒂安，quoted 引文，11
Select Essays in Anglo－American Legal History《盎格鲁－美利坚法律史论文选》，trade－mark law ignored in 忽略商标法，13
Seligman 塞利格曼，on relation of gild rules to common law 论行会规则与普通法之间的关系，125
Sellars 塞拉斯，M. quoted，引文 17 n. 2
Seville 塞维利亚，high court of 高等法院，merchant's mark in 中的商人标识，26－27
Sheffield cutlery 谢菲尔德刀具，*see* Cutlery Trades 参见刀具贸易
"Sheffield steel" "谢菲尔德钢"，79 n. 1，101 n. 1，107 n. 1
Ships 船只，merchants' marks in registers of 注册簿中的商人标识，26
Shoreham 肖勒姆，piracy in 剽窃，30
Short 肖特，Peter 彼得，devices of 标记，70 n. 5 and illustration facing p. 70
Sign－boards 标牌，71 and n. 4，5；no copyright in 没有版权，71 n. 4，72；imitations of 仿制，Lord Hardwicke on 哈德威克勋爵论，134；in London，在伦敦 134 n. 1；in early New York，在早期纽约 134 n. 1
Silk trade 丝绸贸易，abuses in 违法行为，94 n. 2
Smith 史密斯，Toulmin 图尔明，cited 引文，50
Sources 渊源，unorthodox 非正统的，used 使用的，13
Southampton 南安普敦，Sheriff of 郡长，28；Leet Court of 民事法庭，59；cloth－making in 纺织品制造业，82
Southern v. *How*，various reports of 不同版本的报告，6－10；subsequent history of 后续的历史，9－10，123；Holdsworth on 霍尔兹沃思论，123；as link with modern law 与现代法律的联系，123－124；no contemporary reli-

ance on 现代法院不依靠此案，124；further research into history of 对历史的进一步研究，126
Southwark 南华克，prejudice against 违法行为，54
Spain，西班牙 printers of 印刷商，67
Spanish trade - marks，西班牙商标 compulsory，强制性 39
Specialization in medieval industry 中世纪产业的专业化，102 - 103
Stanhope 斯坦诺普，Richard de 理查德·德，goods of 货物，29
Star Chamber 星室法院，regulation of printing by 管制印刷业，75 - 77；protection of trade - marks by 保护商标，126 - 127
State Courts 州法院，first trade - mark litigation in 中的第一个商标诉讼，133 - 134
"States Rights" "州权利"，and Federal trade - mark legislation，与联邦商标立法 141 and n. 2
Stationers，书商 Company of，公会 Registers of，注册 73 and n. 2
Statutes 制定法，requiring production marks 要求使用生产标识，14 - 16，49 - 50，57，59，61 n. 10，84 and n. 1，2，86，95，102 n. 1，105 n. 1；concerning merchants' marks 关于商人标识，29 - 30；disregard of 未考虑，30 - 31. *See* also TABLE OF STATUTES，*supra.* 亦参见前文制定法表。
Statutum de Pistoribus《面包师法令》，49 - 50
Stevenson 史蒂文森，V. C. 副大法官，quoted 引文，157
Story 斯托里，Judge 法官，quoted 引文，134
Struvius 斯特鲁维乌斯，*Systema Jurisprudentia Opificariae of*《行会法体系》，trade - mark law in 中的商标法，129，n. 1
Sub - standard goods 不合格产品，disposal of 处理，83 n. 2
Supreme Court 最高法院，on deception of public 论欺诈公众，6
Surrey 萨里，cloth - making in 纺织业，82
Sussex 苏克萨斯，cloth - making in 纺织业，82
Swan marks 天鹅标识，reason for 理由，35；registration of 注册，35；records concerning 有关记录，36 - 37
"Swedish matches" "瑞典火柴"，79 n. 1

Sykes v. Sykes, pleading 请求, 138

Talleur 塔勒, de 德, device of 的标识, 69

Taunton 汤顿, cloth of 的纺织品, 82, 87 and n. 2, 88, 94

Taxation 税收, valuation of trade－marks in 其中商标的价值, 167 n. 3

Thomas 托马斯, A. H., quoted 引文, 54－55

Thompson 汤普森, A. Hamilton, quoted 引文, 45 n. 1

"Thwytel" "短刀", meaning of 含义, 103 and n. 5

Thynne 锡恩, Francis 弗朗西斯, quoted 引文, 25

Tokens 标记, merchants' marks on 上的商人标识, 25

Toledo 托莱多, cutlery mark counterfeited 仿冒的刀具标识, 105 n. 2

Touchstone for Gold and Silver Wares, The《金银器皿检验标准》, 60

Tours 图尔斯, Milanese armoreis at 米兰的武器制造者, 105 n. 2

Towns 城镇, sealing of cloth by 纺织品上的印记, 84 and n. 2, 85－86

Trade－Mark Cases, The 商标案, 153－154

Trade－mark law 商标法, perplexities of 混乱, 4－6; first dictum on 第一个判决意见, 6－9; reliance on 依赖, 9－10; no trade－mark law in Year Books 判例年鉴中没有商标法, 13; nor in medieval jurists 中世纪法学家中亦没有论及, 13; nor in borough, fair and market courts 在集市法庭亦未提及, 14－15; traces of 线索, in statutes 在制定法中, 15－16; proprietary marks 所有权标识, 20－35; contributions of gild law of compulsory marks 行会法上强制性标识的贡献, 47－63; administrative law protection of clothing marks 保护纺织品标识的行政法, 78－100; modern trade－mark law in cutlery trades 刀具产业中的现代商标法, 101－121; economic background of modern law 普通法的经济背景, 128－134; producer and consumer in close proximity 生产者与消费者距离近, 129; at Industrial Revolution 工业革命中, 129; not mentioned by Blackstone 布莱克斯通未提及, 129; in expansion after Industrial Revolution 工业革命后的扩张, 130; in United States 在美国, 130; in Massachusetts sail－cloth industry 在马萨诸塞州的帆布制造业中, 130－133; in early American litigation 在早期的美国诉讼中, 134; first common law decision 首个普通法判决,

137；first injunction 首个禁令，138；tardiness of legislative protection 立法保护的滞后性，139 – 141；no extended reasoning in early decisions 早期判决没有扩展推理，142；deceit as English common law basis 欺诈作为英国普通法的基础，143 and n. 1；not in equity 并非在衡平法中，144；nor in American decisions 亦不在美国判决中，144 – 145；text – writers' theory of protection of property 学者关于保护财产的理论，151；equity acts irrespective of fraud 衡平法不关注欺诈，152；controversy whether basis is property protection 关于是否以保护财产为基础的争论，152 – 156；nature of property 财产属性，156 – 158；fear of monopoly 对垄断的恐惧，158 – 160；infringement and judicial conscience 侵权和司法良知，160 – 162；protection of public 保护公众，162 – 163；no longer necessary 不再必要，163 – 165；advertising creates additional equities 广告创造额外的收益，166 – 168；dangers of deception of public test 欺诈公众的危险标准，168；marks on non – competing goods 非竞争产品上的标识，169 – 170. *See* also Registration. 亦参见注册。

Trade – marks 商标：Nature and function of 性质和功能，38，101，147，149 – 150；judicial conception of 司法观念，19 and n. 2，20，21，146 – 147；as property 作为财产，5 – 6；ch. Ⅲ，*passim*，151 – 155，156 and n. 1，157 and n. 1，158 – 160；rights "in gross" in 其中的"总体"权利，111 and n. 2，116 and n. 3，117；legislative attitude towards 立法态度，128 and n. 1，131，139，140 and n. 6，141，150 – 151；economic utility of 经济上的有用性，159 n. 2. *See* also Marks. 亦参见标识。

Trade symbols 商业符号，*see* Marks 参见标识

Trade tokens 商业记号，merchants' marks on 上的商人标识，25

Trespass 非法侵入，loss of bargain as 丧失交易机会，15 n. 1；trade – mark infringement as 作为商标侵权，156 n. 2

Treveris 特雷维里斯，Peter 彼得，device of 标记，69

Tunis 突尼斯，excavations at 挖掘出的文物，20 n. 4

"Twin – shields" device of "双盾" 标记，65，68

Type 类型，infringement of 侵权，76 n. 2

Ugiera Salvagina 乌吉拉·萨尔维吉娜号，case of 案件，33 - 34

Unfair competition 不正当竞争，trade - mark law a branch of 作为一个分支的商标法，4；perplexities of law of 法律的复杂性，4 - 6；gilds and 与行会，41 - 47

Urbaen 乌尔班恩，James called 詹姆斯所称，28

Utica 尤蒂卡，pottery marks at 陶器标识，20 n. 4

Vases 花瓶，marks on 上的标识，20

Vaughan 沃恩，Williams 威廉姆斯，L. J. 大法官，quoted 引文，143 n. 1

Vautrollier 沃托洛利尔，Thomas 托马斯，patent of 特许状，74

Verard 弗拉德，Antoine 安东尼，devices of 标记，68 n. 5

Via degli Spadari 铸剑工匠街，Milan 米兰，24 n. 3

Vinogradoff 维诺格拉多夫，Sir Paul 保罗先生，quoted 引文，10

Vintners of London 伦敦的葡萄酒商，swans of 天鹅，37

"Vogue" "时尚"，169 - 170

Walgrave 沃尔格夫，Sir William 威廉先生，90 n. 3

War *materiel* 战争用具，makers of 制造者，104，105 and n. 1

Watch - cases 表壳，counterfeit names on 仿冒姓名，137 and n. 3

Watkins 沃特金斯，Mrs. E. E. E. E. 女士，quoted 引文，15 n. 1

Weavers 纺织者，marks of 标识，84 and n. 1，2

Welch 韦尔奇，C.，*History of Cutlers of London*《伦敦刀具制造者的历史》，104

Wensler 温斯勒，Michael 米歇尔，68

Westbury 韦斯特伯里，L. C. 大法官，quoted 引文，143 n. 1，152

Westphalian linen 威斯特伐利亚亚麻，79 - 80

Widow's life estate in cutlers' marks 孀妇对刀具工匠的终身财产，101；in Germany 在德国，108 n. 1；in London 在伦敦，108 - 109，112 - 114；in Sheffield 在谢菲尔德，120 - 121

Wife - beating 殴打妻子，punishment of by gilds 行会处以惩罚，56

Wilkinson 威尔金森，John 约翰，*Treatise*《论……》，quoted 引文，51

Wills 遗嘱，forgery of seals on 假冒印记，13 n. 5
Winchester 温彻斯特，Usages of 用途，17 n. 2 at 18，50
Witham 威汉，River 河，Swans on 上的天鹅，37
Wolfe 沃尔夫，Johanne，bequest of device by 接受标记的遗赠，70 – 72
Wolfe 沃尔夫，Reynold，device of 标识，70 – 72；license of 许可证，74
Wolfe 沃尔夫，Robert 罗伯特，bequest of device to 将标记遗赠给，70 – 72
Wood – cuts 木刻，Italian 意大利，relation of devices to 与标记的关系，66
Wool – staplers 毛纺织者，merchants' marks of 商人标识，23，24 n. 1
Worcester，gild ordinances of 行会章程，17 n. 2
Worde 沃德，Wynkyn de 温金·德，70
"Wreck" "船难"，doctrine of 原则，27，30 – 31
Wrotham 鲁特姆，Thomas de 托马斯·德，case of 案件，53
Wynnere and Wastoure《温纳与韦斯特》，merchants' marks in 中的商人标识，22

Yale University 耶鲁大学，collection of vases 花瓷的收藏，20
Yarmouth 雅茅斯，Great 大，*Book of Entries* of《登记簿》，27；weavers of 纺织者，84 n. 2
Year Books 判例年鉴，as sources of trade – mark law 作为商标法的渊源，12 and n. 1，13；nature of law in 法律的性质，13
York 约克，monopoly of bakers of 面包师的垄断权，50 – 51；cutlers of 刀具工匠，102 and n. 3
Ypres 伊普尔，cloth of 纺织品，79

Zell 泽尔，Ulrich 乌尔里希，little use of devices by 几乎未使用标记，66

译后记

本书的作者弗兰克·艾萨克·谢克特（Frank Isaac Schechter），犹太裔美国律师，1890 年出生于伦敦，1902 年随父母移民到美国。他的父亲是美国保守犹太主义的缔造者所罗门·谢克特（Solomon Schechter）。1914 年，谢克特获得哥伦比亚大学法律硕士学位。此后，他应征入伍并参加了第一次世界大战。1919 年，谢克特到伦敦律师学院学习，回到美国后进入 BVD 公司，并任该公司的总法律顾问直至 1937 年去世。1925 年，谢克特获得了哥伦比亚大学颁发的第一个法学博士学位（Juris Doctor）。

《商标法的历史基础》一书是作者的博士学位论文，被作为"哥伦比亚法律研究丛书"的第一卷于 1925 年由哥伦比亚大学出版社出版。在本书中，谢克特以商标功能为线索，追溯了商标法在中世纪的所有权标识和商人标识中的萌芽，回顾了普通法系商标法发展的历史进程，提出了商标法的发展应当跟上商标功能演进的观点。本书以扎实的史料，奠定了现代商标法理论中关于商标法起源和早期历史发展的基本叙事，是现代商标法研究中的经典文献。1927 年，谢克特在《哈佛法律评论》上发表《商标保护的理性基础》（*The Rational Basis of Trademark Protection*）一文，在本书的基础上进一步阐述了保护商标广告功能的必要性，为商标淡化原则奠定了理论基础。

了解历史是为了更好地理解现实。现代商标保护不断扩张，商标领域符号圈地现象频生，对这些难题的求解亦需要历史这面镜子。另外，商标法的历史发展具有其自身特点。然而，在知识产权概念的统御下，商标法的特殊性非常容易被忽视。从起源上讲，商标保护并非如同版权和专利一样源于封建特权；从法律形式上讲，商标法的发展更大程度上依赖于普通法而非制定法。《商标法的历史基础》一书是了解普通法系商标法历史发展的绝好选择。

翻译本书的想法，始自译者撰写博士论文之初。然而，翻译的工作一直时断时续，延宕至今。除了自身的懒顿以外，更主要是本书的翻译难度之大使得译者屡次生中途放弃之心。尤其是，原著中涉及很多译者并不熟悉的领域，例如中世纪法、行会法等；作者引用的史料中不乏中古英语、诺曼法语以及拉丁语文献。对于书中出现的生僻概念，译者通过各种途径检索，最终以译者注的形式在书中标出。对于现代英文以外的部分引文，则只能就其大意进行翻译，在译文之外译者亦附上原文保留备查。水平所限，本书翻译过程中的谬误在所难免，若能得方家指正，幸莫大焉。

朱 冬

2018 年 9 月 10 日

于厦门大学思明校区